O MUNDO PRECISA DE SABER

Gustavo Carona

O MUNDO PRECISA DE SABER

PREFÁCIO DE **Jorge Sampaio**

as missões de medicina humanitária de quem
não conseguiu ignorar o apelo dos que mais sofrem
em cenários de guerra

www.egoeditora.com
geral@egoeditora.com

Ficha Técnica:

Título – O Mundo precisa de saber
Autor – Gustavo Carona
Composição gráfica – EGO
Imagens da Capa e Contracapa – Gustavo Carona©
Fotografias – Gustavo Carona©
Revisão de Texto – EGO
Paginação – EGO
Edição – EGO
1ª Edição – Outubro 2018, Lisboa
2ª Edição – Novembro 2018, Lisboa
ISBN – 978-1727795257
Depósito Legal – 447021/18
Impressão e Acabamento – Ulzama Digital

©2018, Gustavo Carona e EGO Editora

Reservados todos os direitos. Esta publicação não pode ser reproduzida, nem transmitida, no todo ou em parte, por qualquer processo sem prévia autorização por escrito da Ego Editora.

AGRADECIMENTOS

Viveríamos melhor se pedíssemos mais vezes desculpa e disséssemos mais vezes obrigado. Porque a gratidão e o reconhecimento do erro são essenciais para o nosso crescimento pessoal e para o nosso bem-estar.

Os meus agradecimentos são infinitos para aqueles que me formaram como pessoa e como médico. No fundo, nunca poderei fazer a distinção entre os dois.

Agradeço com muito carinho a influência de alguns professores desde a escola primária até ao secundário, principalmente aos que têm gosto em ensinar e nos fazer pensar.

Agradeço a tantos que estiveram envolvidos na minha formação desportiva, muitas vezes por carolice mas que me ensinaram a ser confiante, a perder o medo e a me superar.

Agradeço à Faculdade de Medicina da Universidade do Porto todas as toneladas de ciência que servem de plataforma essencial para qualquer passo na medicina. Sem dúvida a minha maior caminhada no conhecimento, que é a arma mais importante que um médico deve ter.

Agradeço ao Hospital de São João, principalmente ao Serviço de Anestesiologia e ao Serviço de Cuidados Intensivos que me deram tudo o que eu tenho. Agradeço a todos os profissionais de saúde que cruzaram o meu caminho e que me ensinaram, me inspiraram, me humanizaram e me motivaram a ser melhor médico a cada dia. Gostava de mencionar os seus nomes, mas são mesmo muitos. Que saibam que os levo comigo a cada doente e, principalmente em missão, nos meus momentos de maior solidão médica, ouço as suas vozes a falarem-me ao ouvido a ajudarem-me a salvar vidas. Obrigado.

Agradeço profundamente ao Hospital de Matosinhos, em particular ao Serviço de Medicina Intensiva, todo um mundo de excelência que me deram a conhecer, em que cada dia os seus profissionais me fazem sentir agradecido e privilegiado pelo que me ensinam enquanto pessoa e enquanto médico, e mais ainda pelo que me fazem querer aprender. Viver inspirado não tem preço. Obrigado.

Agradeço aos meus pais e irmã, e a toda a minha família, pelo mundo de cores e alegrias, sustentado em valores, pelo qual me fizeram sempre lutar. Tudo o que eu possa retribuir será sempre insignificante.

Agradeço aos meus amigos por ter tanto orgulho no que vou retirando de cada um de vocês. Incorporo pedaços de cada um de vós para poder ser uma pessoa melhor. Obrigado.

Agradeço à minha querida Lulu, pela sua beleza e pureza de espírito que me fazem querer ser um homem melhor a cada dia. Um mundo de obrigados.

Agradeço ao Porto por fazer com que seja tão bom voltar a casa.

Agradeço aos Médicos Sem Fronteiras, às pessoas que lá trabalham, às muitas mais que fazem acontecer e por me permitirem sonhar e ter esperança num mundo melhor.

E a todos a quem agradeci, peço desculpa. Peço desculpa pelas minhas falhas e pelas minhas ausências. Desculpem-me. Desculpem o meu egoísmo, desculpem o ser obstinado, desculpem as preocupações e desculpem-me por me ter perdido nos encantos do mundo.

E a todos a quem pedi desculpa dedico o meu livro, o meu esforço e o meu projecto de vida.

Gustavo Carona

ÍNDICE

Prefácio	9
Uma nota da minha mãe	11
Introdução	14
Tenho tantas saudades tuas, Porto	18
Missões Humanitárias	20
República Democrática do Congo	22
A Bonita História de Gobegnu - 1	92
A Bonita História de Gobegnu - 2	96
Honestidade e Justiça, o Sonho Humanitário	104
Paquistão	108
Querido Porto	164
O Oposto	167
Afeganistão	170
Quando há Sol, não é para Todos	221
Reflexões após a Triste Noite em Paris	225
Síria	230
Índios e *Cowboys*	294
Salvar Vidas	296
Refugiados Sírios	298
One Person can Change the World	300
Conclusão	302

NOTA DO AUTOR

Na quase totalidade do texto optei por não respeitar o novo acordo ortográfico.

A maioria dos nomes são fictícios, por razões de segurança.

Todas as reflexões são individuais e não representam as organizações com as quais trabalhei.

PREFÁCIO

por Jorge Sampaio

Como todos os escritos que nascem na linha da frente, aquela em que a vida roça a morte e por onde serpenteiam as fronteiras traçadas pelo homo sapiens ao longo de sua imemorial existência, amassando conhecimentos, saberes, realizações e práticas, sem que, por isso, as hesitações, dúvidas e interrogações próprias do caminhar humano se diluam ou amenizem, a obra o "O Mundo Precisa de Saber" da autoria do jovem médico Gustavo Carona soa como um verdadeiro e genuíno grito de alerta, uma chamada de atenção e um vigoroso apelo – alerta para a miserável condição humana em algumas partes do globo e designadamente nos sítios onde as suas missões de medicina humanitária se desenrolaram; chamada de atenção para a imperiosa necessidade da acção solidária e comprometida, vencidas a indiferença e o conformismo; apelo à indignação e ao sobressalto para que não continue tudo na mesma.

Em o "O Mundo Precisa de Saber", Gustavo Carona oferece ao leitor simultaneamente um relato com laivos autobiográficos e uma espécie de caderno de bordo que abrange quatro missões que efectuou, como membro da organização Médicos Sem Fronteiras, e que o levaram sucessivamente à República Democrática do Congo, ao Paquistão, ao Afeganistão e à Síria. Foram 4 missões curtas, mas tão intensas e em condições tão extremas que se fica com a impressão de que os 9 meses e meio aqui relatados duraram vidas inteiras e que os casos individuais descritos escondem e revelam simultaneamente, para além de si, a tragédia colectiva destas sociedades, enredadas em conflitos sem fim e de uma crueldade inimaginável, cujas principais vítimas são civis, principalmente mulheres e crianças.

Através desta obra ressoa a história da violência e da injustiça, criadas pelas guerras e o seu profundo impacto na banalização do mal e na completa desumanização da vida. É o lado negro do nosso tempo global que forma a trama desta narrativa e que enforma todas as histórias aqui contadas. Mas, há também um outro lado, o da esperança, fruto da acção solidária, da capacidade de empatia e da resiliência a toda a prova, aqui claramente ilustradas no contexto do desempenho das missões de medicina humanitária.

Eu não sei o que move o Dr. Gustava Carona e, provavelmente, nem o próprio saberá por inteiro. E, como ele, tantos outros médicos, enfermeiros e profissionais de saúde pelo mundo fora que não hesitam em abdicar da sua zona de conforto e, ao risco tantas vezes da sua própria vida, vão ao socorro dos mais vulneráveis, dos mais abandonados, dos mais expostos, conseguindo operar verdadeiros milagres de humanidade, graças designadamente ao enquadramento proporcionado por organizações admiráveis, de que os Médicos Sem Fronteiras são, sem dúvida, um notabilíssimo exemplo. As motivações subjacentes a estas experiências e opções de vida são, por certo, de ordem diversa e, porventura, cruzarão um feixe de factores variados, mas a verdade é que repousam sempre num sentido forte de responsabilidade social e exigem continuadas determinação, coragem e generosidade.

Ser médico em zona de guerra por opção traduz um compromisso indelével para com a humanidade, exercido no quotidiano na ténue linha da frente, naquela em que o inumano, o desumano e o humano se entrelaçam e definem o espaço do bem e do mal, da morte e da vida.

Numa altura em que se celebra o 70º aniversário da Declaração Universal dos Direitos Humanos e em que tantas ameaças e novos perigos impendem sob a sua realização, a publicação de "O Mundo Precisa de Saber" não podia ser mais oportuna. Obrigado, Gustavo Carona, por não nos deixar desistir de ser humanos e de confiar na humanidade.

Lisboa, 7 de Novembro de 2018

Jorge Sampaio

UMA PALAVRA DA MINHA MÃE

por Rosário Carona

Vivíamos temporariamente em Toronto, no Canadá e como não tínhamos família lá, foi a minha querida amiga Mary Anne que se prestou a ficar com a Catarina enquanto fui para o hospital de Mississauga ter o Gustavo (1980).

Nasceu um bebé enorme com quase 5 Kg, sempre fácil, com muita boa disposição. Olhávamos para ele e só se ria, tudo estava bem com ele. Fez quilómetros "de gatas", agarrado a uma fralda, com imensa rapidez, enquanto não começou a andar. Quando fazíamos viagens de avião, lembro-me que percorria todo o corredor, de uma ponta à outra, comunicando com toda a gente.

Lembro-me da minha mãe me ir visitar quando o Gustavo já tinha meses e ao passar com ele no carrinho, me dizer: não imaginas o sucesso que ele faz, toda a gente para e fica a olhar para ele. Irradiava alegria e simpatia. Era assim como bebé.

Regressámos a Portugal e logo fez grandes amigos na Creche e na Escola Primária. Um dia, um companheiro da Primária que tinha síndrome de Down, convidou-o para os anos, sábado à tarde, longe da nossa casa. E eu disse-lhe: "não vás Gustavo, é muito longe e não devem ir os teus amigos", e ele logo me respondeu: "por isso mãe, é que eu tenho de ir" (e lá fui levá-lo à festa onde não estavam quase nenhuns amigos e eu aprendi).

Começou cedo a mostrar o seu lado correcto, humano e a sua personalidade própria, a fazer as coisas que achava e não o que os outros lhe diziam.

Sempre muito activo, muita bicicleta, ténis, vela, futebol, *bodyboard,* capoeira e tudo o que aparecesse, com muitos percalços pelo meio, como cabeças rachadas, pés partidos... porque tudo era feito ao máximo, com paixão. Mas, foi já quando era muito bom para a idade no *bodyboard* e muito conhecido, que teve um acidente no mar e ficou impossibilitado de continuar a praticar o desporto que mais gostava. Passou dias muito difíceis, sem se queixar. Vi-o deitado na cama agarrado à prancha e não tinha palavras para o consolar. Com 14 anos ter uma desilusão tão grande quando os seus sonhos eram, crescer e ir para as ilhas famosas como o Havai... e ser um grande campeão, foi muito duro para ele. Mas, foi a partir deste grande desgosto e contrariedade que o Gustavo começou a lutar, e a lutar com todas as suas forças para conseguir os seus objectivos, como ser médico e ajudar os outros que viessem a sofrer tamanha desilusão.

Estudou imenso, as médias eram exageradamente altas. Dizia-me às vezes, eu rebento mãe, eu rebento, e conseguiu e conseguiu tudo o que quis daí para a frente. Rodeado de muitos bons amigos que muito o ajudaram (gostava de dizer os nomes, mas não devo, eles sabem quem são).

Nasceu no dia 31 de Outubro, Halloween por isso as festas de anos eram divertidíssimas e em ambiente de bruxaria. Nos 18 anos fez um discurso, espantando toda a gente com a facilidade com que expôs os seus sentimentos, dirigindo uma palavra a todos e salientando a presença da Avó, como sendo a pessoa mais importante da sala. Ela ficou comovida, adorava-o. Mais tarde veio a fazer vários discursos nos casamentos dos amigos/as, discursos esses que não deixavam ninguém indiferente.

Sempre com o sonho à frente dele e muitos objectivos a cumprir, que estavam bem presentes num quadro magnético no seu quarto, tirou o curso com trabalho e estudo, mas nunca deixando de praticar o desporto que podia. Trabalhou nas férias para poder realizar esses sonhos, não me pedindo dinheiro que sabia não ser muito.

Contudo, achei que quando se formasse iria sossegar, trabalhar no hospital e fazer uma vida mais calma, mas isso não era com ele, e foi logo para o INEM e até salvamento de helicóptero ele fez.

Nas férias também não sossegava quando foi para Moçambique num projecto de HIV/SIDA e aí conheceu os MSF.

Começou a ir para locais terrivelmente pobres e carenciados de ajuda médica e nunca mais conseguiu deixar de pensar na injustiça do planeta, que a nossa vida é tão fácil e tão confortável comparada com a de tantos povos que estão no maior do sofrimento.

O Gustavo é meu filho, mas por vezes olho para ele com tanto orgulho e admiração que me sinto distante e não mãe.

Ele sabe que não pode mudar o mundo e que é "uma gota de água no oceano" mas verdadeiramente não é, porque o que já nos ensinou a todos é tanto que faz a diferença.

Enquanto estamos no nosso conforto das nossas casas, nas nossas férias, ele está a dar o seu melhor em ambientes tão difíceis com histórias tão bonitas e outras tão tristes.

Espero que ele sinta que quando está nesses lugares, nunca é esquecido por nós e lhe estamos sempre a dar muita força (por vezes com as lágrimas nos olhos).

Um beijo enorme,

Rosário Carona

INTRODUÇÃO

Foi no dia dos meus anos em que levei a machadada final.

O *Bodyboard* era a minha vida. Era atleta, tinha jeito e era obcecado. O meu palmarés começou a crescer cedo e muito rápido. Fiz coisas que nunca ninguém tinha feito e com humildade o digo, acho que nunca ninguém o vai fazer. Ganhava campeonatos consecutivos. Ganhava aos mais velhos e com 14 anos cheguei a uma final de um Campeonato Europeu de seniores. Tinha patrocínios de tudo e uma vontade de vencer imensurável. Treinava antes das aulas, à hora de almoço, ou depois das aulas. Era raro o dia em que não punha os pés na água. Pouco ligava a tudo o resto que me desviasse do meu sonho, conquistar o mundo com a minha prancha.

À vinda de um campeonato onde não houve ondas, paramos em Peniche na praia do Baleal para tirar a barriga de misérias numas ondas pequeninas, mas bonitinhas. O mar parecia tão inofensivo que mesmo com a maré a vazar em cima de uma laje muito rasa, não me inibi de arriscar, entrando dentro de um tubo numa onda que obviamente ia fechar. Dei uma pancada seca e estrondosa com a cabeça e com o ombro, nessa pedra coberta de ouriços. Levanto-me atordoado e assustado com a percepção de que me estava a esvair em sangue, mas não estava. Apenas tinha a testa tatuada de ouriços do mar espetados. Com a ajuda dos meus amigos, tirei o fato e sentei-me na parte da frente da carrinha. Quando cheguei ao Porto, não me conseguia mexer. Fui levado em braços até casa e cheio de dores nas costas, com a sensação que estava paralisado da cinta para baixo. Dou uma semana para que me passasse a contractura muscular, e volto ao mar. Mas nunca mais foi a mesma coisa. Percorri massagistas, fisioterapeutas, quiropratas, ortopedistas, fisiatras, neurocirugiões do norte ao sul do país. Tentei tudo, mas as dores nas costas iam sempre piorando a cada vez que me metia nas ondas. E foi no dia em que fiz 15 anos que um ortopedista me disse aquilo que parecia ser cada vez mais óbvio: "Não vais voltar ao mar!"

Com a minha mãe sempre ao meu lado, pedi-lhe para me deixar na praia uma última vez. E não se recusa um desejo a um moribundo... Estava um dia lindo, sem vento com ondas incríveis na "minha" praia de Leça, que era mais do que uma segunda casa, era tudo para mim. Estranhamente com menos dores que o habitual, despedi-me do amor da minha vida. Estava em estado de choque, não conseguia falar com ninguém... As minhas lágrimas misturavam-se com a água salgada enquanto na minha mente corria uma voz em repetição: "Nunca mais. Nunca mais. Nunca mais...."

Perdi tudo! Fiquei sem mundo! Tive que reaprender a viver. A melhor forma que conseguia descrever o que sentia na altura era que me tinham tirado o chão... e caía, e caía, e caía... em direcção a nada. Durante 6 meses, chorei todos os dias. Todos! Até que passei a ter um dia ou outro em que não chorava. As minhas notas foram muito medíocres para um rapazinho que até então era bom aluno. Sofri, sofri, sofri... perdi completamente o norte até que decidi transformar a minha dor e frustração em algo positivo.

Indignado por a medicina não me dar solução, decidi canalizar a minha força para entrar na faculdade de medicina.

O meu sofrimento parecia-me algo tão aberrante que queria dedicar a vida, a evitar que isto alguma vez acontecesse a alguém. Se dependesse de mim, mais ninguém ia sofrer o que eu sofri.

Decidi ser médico.

Apaixonei-me pela medicina e mais ainda pela possibilidade de salvar vidas com o meu conhecimento e as minhas mãos. Nas vésperas de um exame, fiz uma pausa do estudo e por acaso estava a dar uma reportagem sobre o INEM. Já me estava a parecer mais importante ver aquilo do que estudar um livro qualquer, quando a minha mãe me diz: "Se isto houvesse na altura talvez tivesses conhecido o teu avô!" Eu não disse nada, mas pensei para dentro com convicção: "É isto que eu quero fazer!" E assim me fui mantendo motivado à volta dos livros de medicina. Nada acontece num dia, e nada de importante conquistamos sem sangue, suor e lágrimas. Mas depois, do nada, chega aquele momento em que olhamos ao espelho e pensamos: "Conseguiste! Salvaste a vida a alguém! Podia ter sido outro qualquer, mas foste tu!" E este sentimento não tem preço. Mas o tempo passa e queremos mais... todos queremos mais. E começo a olhar à minha volta. Começo a olhar para o mundo e levo um enorme murro no estômago quando menos estava à espera. O meu coração enviou mensagens muito estranhas ao meu cérebro na primeira vez que fui a Moçambique e senti que o Ipod que escondia no bolso com medo de ser roubado, dava para dar de comer a muita gente... demasiada. E se fosses tu? E se fosses tu a nascer no lado "errado" do planeta, sem saber quando vais comer e completamente vulnerável a um sem número de doenças que te podem matar ou incapacitar? Fome é fome. Dor é dor. Em qualquer parte do mundo. A primeira vez que me voluntariei, paguei o meu voo e as minhas despesas para trabalhar em Moçambique e senti-me fantástico. A minha pequena ajuda fez com que a minha vida fizesse muito mais sentido... Não posso salvar o mundo, mas vou ser feliz a tentar. E então ofereci-me para trabalhar com os Médicos Sem Fronteiras. Foi amor à primeira vista! Com eles podia utilizar os meus conhecimentos onde são mais precisos. Fui para a guerra esquecida da República Democrática do Congo, onde estive 4 meses. o que mudou completamente a forma como olho para a vida desde então. Ali estava eu, num dos países mais problemáticos do mundo onde já morreram mais de 5 milhões de pessoas, nos últimos 20 e poucos anos, e ninguém quer saber. Ser médico nestas circunstâncias é muito mais que uma profissão, é a razão da minha existência na mais pura das essências. Trabalhei até cair para o lado, salvei muitas vidas e parti o coração muitas vezes com a frustração das pesadas derrotas que sofri no hospital. "Abram os olhos para o Congo!", escrevi eu. E se fosses tu?

Mas eu queria mais. Mais vida, mais compreensão, mais mundo. Nunca escolhi os lugares para onde fui, eles é que me escolheram a mim. Fui para a província do Noroeste do Paquistão, o epicentro do maior problema dos nossos dias: "terrorismo", e lá encontrei um dos lugares mais interessantes e complexos do planeta. Uma das zonas mais pobres do mundo onde a magnitude dos problemas nunca parou de me surpreender. Adorei a sua gente e trouxe para casa a mochila cheia de histórias e lições de vida.

Depois, fui para o sul do Afeganistão mergulhar nos seus 40 anos de guerra. Que país! Bonito por dentro e por fora. A experiência conta muito, mas há sempre muito mais emoções virgens do que eu podia imaginar. Apesar de eu me ter entregado de corpo e alma a esta causa, às pessoas, aos doentes, ao hospital, à formação dos locais, acabei sempre com a sensação de que aprendi muito mais do que ensinei, e que trouxe para casa muito mais do que lá deixei. E se fosses tu a viver no maior campo de batalha do mundo? E se fosses tu a ir para a cama dormir sem saber se um drone ia bombardear a tua casa?

Depois, os MSF propuseram-me uma missão na Síria. Eu achei que já não era possível ter mais medo, mas era. Entrar na Síria foi um dos momentos mais intensos da minha vida. Atravessar uma grande parte do país sem lei nem roque, onde as metralhadoras e os campos de deslocados saltam aos nossos olhos a cada esquina. O beco sem saída da Primavera Árabe, onde a população teme pela vida todo o santo dia. E se fosses tu a ver o teu amado país em guerra?

As pessoas inteligentes fazem perguntas. As pessoas estúpidas têm todas as respostas. Desde pequeno que tento compreender o mundo tentando colocar-me na pele dos outros. Não podemos perder a esperança, não podemos deixar de nos preocupar, temos que aprender a tolerar as diferentes formas de viver. Vejam as notícias e abram os olhos para o mundo, e perguntem a vocês mesmos: E se fosses tu? Primeiro vão chorar, mas tudo o resto vão fazê-lo com um sorriso na cara!

Love!

Tenho Tantas Saudades Tuas, Porto
(escrito em missão na República Centro-Africana, em Abril 2016)

Estou longe, e por isso só te vejo quando fecho os olhos, e me transporto, para ti. Fui eu que te pus longe, foi por minha culpa que nos afastámos, mas nem por isso deixo de morrer de saudades tuas. Saudades que asfixiam, saudades que quase me matam... Não fosse o meu orgulho e correria para ti, sem demora, e saltava todas as barreiras para te abraçar, agora mesmo e bem forte.

Tenho tantas saudades tuas, Porto

Se ao menos houvesse um dia, em que não acordasse a pensar em ti. Se ao menos houvesse um dia em que não me deitasse em cima dos teus pensamentos. Se ao menos houvesse apenas, e apenas só um dia em que eu não te amasse...

Tenho tantas saudades tuas, Porto

Deixei-te para que te orgulhasses de mim, deixei-te para ficar mais forte, por ti e para ti. Deixei-te, porque faço parte de ti, e tudo faço para que essa pequenina parte se torne mais bonita e mais nobre... Deixei-te porque sei, que mesmo sem estar o teu lado, cada dia que passa te amo mais... Deixei-te, mas sou e serei sempre teu...

Tenho tantas saudades tuas, Porto

O que dava para te ver mais uma vez... O que dava para que me olhasses, só mais uma vez... O que eu dava, para te sentir agora só por uns minutos... O que eu dava para caminhar ao teu lado... O que eu dava para que soubesses que te amo... O que eu dava para que me amasses... O que eu dava para que perdoasses pelo mal que te fiz... Dava tudo! Dava a minha própria vida! Dava tudo o que tenho, menos a memória que tenho de ti, porque é o meu único pertence.

Tenho tantas saudades tuas, Porto

Quero tanto ver-te de todos os ângulos, quero tanto passar-te a mão, sentir-te nos dias bons e nos dias maus. Quero tanto saber como estás, no que tens pensado, de onde vens e para onde vais, Porto.

Será que ainda conheço o teu cheiro? Será que ainda tens o mesmo sorriso? Ai, se soubesses a falta que me faz o teu humor, se soubesses, o quanto me ensinaste... Mesmo sem te ter, mesmo sem te ver, o quanto me ensinas... Nunca desistas de mim.

Tenho tantas saudades tuas, Porto

Perdoa-me pelo que fiz. Perdoa-me pelo que não fiz. Perdoas? Será que chega se te disser que tudo o que fiz, foi por ti? Será que chega, se tudo o que fizer for para ti? Perdoas-me se souberes que tudo faço para que seja melhor pessoa, é por ti e para ti? Mais não quero, que o teu orgulho! Que te honres, que eu seja teu!

Tenho tantas saudades tuas, Porto

Sofro por não te ter, sofro por não te ver, mas gosto deste sofrer, gosto de tanto gostar de ti... És o melhor que tenho, mesmo quando não te tenho. Orgulho-me de te amar, orgulho-me de tanto gostar. Gosto mais de ti, do que da minha própria vida! Tu és a minha, vida, mesmo sem te viver...

Tenho tantas saudades tuas, Porto

A tua beleza... ai, se eu tivesse a arte de descrever a tua beleza... Mas talvez seja essa a arte, a de só quem te conhecer como eu conheço, saber aprofundar a tua beleza. É uma descoberta, o maior tesouro que conheço. Uma história, uma personalidade, um carácter, incomparáveis e inquebráveis. Sabes bem, que tudo o que quero é ser como tu.

Tenho tantas saudades tuas, Porto

Eu volto, se ainda me quiseres. Eu volto se me deixares amar-te. Eu volto, se me olhares nos olhos, eu volto se me deixares entregar toda a minha vida para te fazer feliz. Eu volto só para estar ao teu lado. Eu volto, só para te dizer mais uma vez, que és tudo o que tenho. Eu volto porque quero te dizer, que TE AMO.

Se eu te voltar a ver, abraça-me com muita força e não digas nada.

MISSÕES HUMANITÁRIAS

de Gustavo Carona

República Democrática do Congo
 - 2009 - 4 meses

Paquistão
 - 2011 - 1 mês

Afeganistão
 - 2012 - 3 meses

Síria
 - 2013 - 1,5 meses

SÍRIA AFEGANISTÃO PAQUISTÃO

REPÚBLICA DEMOCRÁTICA DO CONGO

REPÚBLICA DEMOCRÁTICA DO CONGO

NORTE KIVU - MASISI - 2009

Área - 2,5 milhões de km²
População - 87 milhões de habitantes

Congo, também conhecido como Ex-Zaire ou Congo-Kinshasa ou Congo-Belga.

Há algo português em quase todos os países africanos. O nome Zaire veio dos portugueses que mal pronunciavam "Nzere", que quer dizer rio. Rio este que é a espinha dorsal do território, e é pleno de vida em toda a sua extensão, sendo que é o segundo com mais água do mundo e o mais profundo de todos os rios.

Foi também com o reino do Congo que os portugueses começaram todo o seu gigante e desumano tráfico de escravos de África para as Américas (séc. XV).

A República Democrática do Congo (RDC) é o segundo maior país de África (depois da Argélia), mas o maior da África negra e tem tido uma história marcada por atrocidades. Com cerca de 80 milhões de pessoas, é o 16º mais populoso do mundo, e o 1º entre os países francófonos. Ocupa o 10º lugar entre os países menos desenvolvidos.

Durante décadas, foi gerido como propriedade privada do rei Leopoldo da Bélgica, que também deixou a sua marca de crueldade, exploração e total desumanidade, pela quantidade de gente que matou e mutilou apenas para levar para a Europa todas as riquezas que conseguia, principalmente o caucho para a borracha.

Em 1960, a RDC tornou-se independente e o irreverente e revolucionário Patrice Mbumba o Primeiro Ministro eleito, que bem cedo é assassinado pela mão dos Americanos e dos Belgas por ter ligações à União Soviética, para dar lugar a Mobutu.

Mobutu (1965-97) é um bom exemplo do pior que um ditador Africano pode ser: extravagante, ganancioso, centrado na sua imagem, corrupto e desprovido de interesse em geral pelo povo que representa.

O momento em que o Congo fez correr mais tinta pelo mundo, foi quando em 1974 promoveu aquele que é visto como o maior evento desportivo do século XX, o "The Rumble in the Jungle", que pôs frente a frente num ringue de Boxe em Kinshasa, George Foreman e o lendário Muhammad Ali, que aí reconquistou o mundo.

Em 1994, o genocídio do Ruanda, matou em 3 meses, 1 milhão de Tutsis. Quando a comunidade internacional perseguiu os Hutus culpados pela chacina, estes fugiram para as montanhas indomáveis do leste do Congo.

Em 1996, o Ruanda decidiu invadir o Congo com o apoio do Uganda para derrubar Mobutu, que fugiu para exílio em 1997, na chamada 1a guerra do Congo.

Em 1998, o pequeno Ruanda volta a liderar uma invasão ao gigante Congo, e dado o envolvimento de 9 países africanos, esta fica conhecida como a Guerra Mundial Africana, que oficialmente termina em 2003, mas infelizmente sabemos que dura até hoje.

Hoje chamamos-lhe a Guerra do Leste do Congo ou Conflito do Kivu, que é uma mistura ainda das facções Tutsi e Hutus do Ruanda que estenderam as suas matanças para o Congo, o LRA de Joseph Kony do Uganda, de um Exército Congolês incapaz, vários grupos armados com agendas regionais e as Forças de Paz das Nações Unidas, que aqui abriram uma excepção ao tomar um dos lados (o do exército Congolês) ainda que sem grande sucesso.

Ouro, Diamantes e Cobre, mas acima de tudo os minerais raros Coltano e Cassiterite essenciais para telemóveis, computadores, etc., alimentam este conflito há décadas.

Talvez o Congo seja grande demais para ser governado, pela sua capital Kinshasa que fica demasiado longe de demasiados pontos do país. Em particular do leste do Congo onde o conflito se desenrola desde pelo menos 1994, com mais de 5 milhões de mortos, sem fim à vista.

O Bilhete por Baixo da Porta
Bruxelas - 2009

Lembro-me como se fosse hoje. Foi muito forte, muito intenso. Apanhei o táxi mais cedo para o aeroporto, para poupar dinheiro e aproveitar o voucher de um rapaz que estava comigo na "pensão super rasca", e quando finalmente tive uns momentos para pensar, sentei-me em frente a um computador no aeroporto de Bruxelas, e escrevi de rajada estas palavras que revivo hoje e vos deixo aqui, enquanto chorava baba e ranho. Sempre foi esse o meu estilo, gosto de dizer o que sinto, mas muitas vezes é difícil fazê-lo pessoalmente por vários motivos e, como tal, este *email* que escrevi à família e amigos, é como de quem sai sem querer acordar e deixa um bilhete por debaixo da porta!

"Olá.

Estou neste momento sozinho no Aeroporto de Bruxelas, e tenho finalmente tempo desde os últimos dias para pensar e escrever um email. Há mil e uma coisas que gostava de dizer. Sem dúvida, que a principal razão pela qual faço questão de escrever este email é para vos agradecer. Tenho inúmeros motivos para vos agradecer. Queria agradecer a todos os presentes na minha festinha de despedida, adorei ter-vos tido lá, agradecer àqueles que não podendo ir me ligaram ou escreveram a manifestar a tristeza de não poderem estar presentes, agradecer pelas mensagens de apoio e força que fui recebendo ao longo dos últimos dias... Agradeço mesmo muito por tudo isso! Tudo o que estou a fazer, faço-o por mim, com a total certeza de que, não é na tentativa de embelezar a história da minha vida ou tornar-me mais interessante para os outros que tomei a decisão que tomei. Faço-o porque vou à procura do que todos procuramos na nossa vida, da Felicidade, e esta é uma forma que eu penso que vai ajudar a construir a minha, ou seja, há muito egoísmo neste aparente altruísmo. Não quero mesmo romancear uma história que ainda nem começou. Queria, no entanto, dizer-vos que vos levo no meu coração. É bom levar comigo tantas memórias, tão boas de tanta gente que eu sei que está a torcer por mim, mas ao mesmo tempo, é o que torna esta partida tão difícil e tão penosa, sabendo das saudades que vou ter do meu mundo. Levo comigo o cachecol do FC Porto, que neste momento representa muito mais do que um clube de futebol, representa a cidade que eu amo, onde estão as pessoas que eu amo, representa o meu mundo que eu levo aqui bem perto de mim e bem à vista para que todos vejam o que eu levo comigo... Não consigo evitar que me caiam as lagrimas dos olhos, vou para muito longe!

Não só em termos de distância real, mas acima de tudo de distância e diferença de mundos, não sei bem o que me espera. Apesar de muito cansativo, o meu dia de ontem onde fui metralhado com informação toda ela muito importante, tive a oportunidade de falar com muita gente que esteve no local para onde eu vou e fez parecer a minha viagem mais "normal" e "banal", retirando alguma tensão e carga emotiva que eu tinha. É espectacular o mundo dos Médicos Sem Fronteiras e é realmente um orgulho ser um grão de areia nesta imensidão de gente que tens os olhos postos em practicamente todos os cantos do mundo esquecidos, por vezes inocentemente, pela maioria dos mortais... É incrível a quantidade de gente que lá trabalha e a forma como a organização se processa. Penso que dificilmente terão a noção da grandeza desta organização. Na sede (e atenção que apenas posso falar da delegação Belga que, apesar de ser uma das maiores, existem muitas outras) falam-se todas as línguas, vê-se gente de todas as cores e sente-se uma atmosfera incrível de gente comprometida a uma causa que nem por um momento deixam de transparecer a magia daquilo que fazem, apesar de o fazerem todos os dias. Vê-se que têm muito orgulho e prazer naquilo que fazem, mesmo que tenham um trabalho "de secretária" para que outros, como eu, possam ir para o terreno. O sítio onde fiquei a dormir em Bruxelas por duas noites, não era mais do que uma pensão super rasca, onde partilhei o quarto com um desconhecido, mas esta pensão super rasca era de uma senhora italiana que só recebia pessoas que estavam de chegada ou de partida com os Médicos Sem fronteiras e via-se que adorava a pequena parte que também ela tinha nos Médicos Sem Fronteiras. Recebeu-me já depois da meia-noite, em camisa de noite, com muito carinho e como se eu fosse especial, apesar de ter tido milhares de pessoas como eu na casa dela. Os rapazes que estavam também de partida para Sudão, Bangladesh, Sierra Leoa trabalhavam como logísticos e eram muito boa gente. Foi bom sentir esse calor!

Como todas as minhas viagens começam, aqui estou eu, sozinho no aeroporto de mochila às costas, com a representação do meu mundo para me proteger.

Tive sorte de ter voo directo para Kigali (capital do Ruanda), e já não vou precisar de fazer escala e pernoitar em Adis Abeba. Fico uma noite em Kigali e amanhã de manhã vou para Goma, cidade já no Congo depois da fronteira com o Ruanda, onde passarei também uma noite. Posteriormente, irei para Masisi onde irei ficar. Trabalharei no hospital local e pelo que me foi dito, terei de trabalhar muito, até aos meus limites, tendo em conta que são milhares os doentes que precisam de assistência Anestesico-Cirúrgica como feridos de guerra, cirurgias urgentes e centenas de cesarianas. Há vários médicos Congoleses a fazerem cirurgias, e um Russo, bem como algumas pessoas que fazem Anestesia que foram ensinados por Anestesistas ao longo dos últimos 3 anos, vindos dos MSF e eu continuarei esse trabalho até que alguém me venha substituir.

Nunca é demais repeti-lo: MUITO OBRIGADO e MUITO OBRIGADO!"

A ideia era não Escrever para Não Lidar com as Emoções

Quando cheguei ao Congo, província de Norte Kivu, Masisi, ainda muito fresquinho, no início da minha temporada, era tão difícil lidar com as emoções que tentava não o fazer. Escrever era sinónimo de lágrimas, e esta foi das poucas vezes que o fiz, e apesar de quase não dizer NADA, custou-me imenso. A inexperiência que revelo, mostra uma ingenuidade da qual tenho muitas saudades. Até mentia, para não dizer o que estava a sentir! Agora bem ao longe no tempo e no espaço, recordo com muito carinho este email geral, que foi quase uma excepção à regra. Bons tempos. Saudades, algures em Julho de 2009.

"Olá a todos,

Escrevo-vos porque sei que muitos de vocês gostariam de saber o que se passa comigo. Faço-o quase por obrigação e talvez perceberão porquê com o decorrer do texto.

Cheguei a Kigali, na quarta-feira, com o Genocídio de 1994 na cabeça, imagens do filme hotel Ruanda e com toda a carga emocional que este país significava para mim, mas não, aparentemente estava bastante enganado ou desactualizado. É um país tranquilo e aparentemente seguro, onde as coisas funcionam relativamente bem para o padrão dos países africanos, mas é África! Tudo é diferente. Dormi uma noite num hotel bastante razoável, onde os empregados estavam "colados" à televisão a ver o Michael Jackson memorial. f#$%$&"#!! No dia seguinte, acordei às 5.30 porque vinha um gajo buscar-me para atravessar a fronteira e levar-me até Goma (cidade logo após a fronteira). Não posso dizer que tenha visto muito de Kigali, mas é uma cidade altamente, toda ela monte acima e monte abaixo. Incrível mesmo foi a minha viagem até à fronteira. Foi incrível também ver o sol a nascer e a paisagem de montes atrás de montes com vistas incríveis! Estradas africanas inexplicáveis e o que se vê à beira da estrada, por si só, dava para escrever um livro, mas neste momento, não estou muito virado para o feeling descritivo. Nada para comer, porque isto é assim e na estrada não há nada! Foram 3 horas e pico de viagem, onde me apercebi do quão incrível e diferente é estar nesta África. Ainda há bem pouco tempo estive em Moçambique, mas a surpresa da realidade que nos envolve é quase como se fosse a primeira vez. Apesar de ser bem diferente de Moçambique, há muita coisa em comum nesta África negra, pobre, cheia de cores e cheia de vida.

Na fronteira, que confusão, com aquela tensão policial, mas que representado pela bandeira dos Médicos Sem Fronteiras, esta passagem tornou-se bastante rápida e simples. É reconfortante ver o respeito unânime que todos têm por esta organização e pelo trabalho por ela desenvolvido. Como vos disse no outro email, é com muito orgulho que represento esta bandeira dos MSF!

Passagem para o lado do Congo!!! Uuuuuuuu, muito diferente...

Há uma tensão no ar, muitos gajos de mota com ar de quem trabalha para um "lord of the war" qualquer. Aparentemente, é uma cidade muito perigosa, com as ruas num estado inacreditável, com um vulcão bem perto, bem activo e onde tudo é feito com pedras vulcânicas. Há imensas ONGs representadas e a MSF-Bélgica tem uma casa que serve como base para as muitas missões que tem nesta zona leste. Esta zona será provavelmente a zona de África que teve/tem mais guerras/guerrilhas nos últimos tempos e que já teve várias guerras às quais chamaram Guerras Mundiais Africanas por envolverem vários exércitos de vários países, na pior das quais morreram mais de 5 milhões de pessoas, a mais mortífera desde a segunda guerra mundial.

A casa dos MSF em Goma é bastante "sweet", em cima do lago Kivu e de onde se vê também o tal vulcão. Aí estive umas horas com outras pessoas que estavam a chegar ou a partir, como eu para o meu destino final e actual: Masisi! Fomos num Jeep "à séria", um daqueles verdadeiros todo-o-terreno. Disseram-me que a estrada estava bastante boa, querendo dizer que estava bastante melhor do que normalmente está… Eu já vi algumas estradas em África e NUNCA tinha visto nada assim, uma estrada muito hardcore em terra, cheia de pó. Diziam que já esteve muito pior, porque quando chove, o percurso em que eu demorei pouco mais de 3 horas, pode durar 12 horas ou até ser mesmo impossível de ser feito, por ter buracos/desabamentos de terra onde nenhum carro passa. Quando isso acontece, tem de se fazer o Car Kiss, em que vem um carro de cada um dos pontos e as pessoas têm de sair de um, ir a pé com as malas e passar para o outro, depois do tal ponto intransponível por veículos… Mais uma vez, numa paisagem muito montanhosa e bastante bonita, fizemos 87 quilómetros sempre a subir pela beira dos montes. O condutor de 10 em 10 minutos comunicava por rádio, para os diversos pontos de controlo, dizendo que estávamos de passagem, para que não houvesse dúvidas de que estávamos num carro dos MSF, que não oferecia ameaça para ninguém! Foi uma viagem muito desconfortável e ficámos cheios de pó dentro do carro, mas que, comparativamente com alguns nativos que faziam a viagem de mota e de pretos que *passavam a cor de terra, estávamos num grande conforto… E assim começámos a avistar Masisi, uma cidade toda ela numa colina, num sítio que parece os Alpes Africanos, montes e mais montanhas, mas numa paisagem e natureza africana. Muito, muito bonito. Fica a cerca de 1700 metros de altura, mas o topo da colina onde a cidade/vila se encontra terá uns 2 mil metros… mas é Lindo! Incomparável com o que quer que seja que eu já vi até hoje. Há vários campos de refugiados/deslocados à volta da cidade e muitas cabanas por todo o lado.*

Aqui os MSF têm um escritório e a casa onde vivemos. Difícil de descrever por ser um misto de o mais "roots" possível imaginário, mas com algum conforto, dada a situação onde estamos inseridos… Vivemos aqui cerca de 10 pessoas expatriadas de vários países e parece-me ser tudo boa gente. Alguns já andaram por várias partes deste mundo, o que faz de mim um bebé que está a viver estas coisas pela primeira vez. O chefe (field coordinator) é um Belga com muita experiência e muito, muito respeitado por todas as partes. O que é que são as partes e o porquê deste homem ser tão respeitado, provavelmente só vos explicarei quando voltar.

O hospital é a 300 metros de nossa casa e basicamente será entre estes dois sítios que passarei os próximos 3 meses e meio. Durante o dia, podemos andar pela vila, que não tem nada, a não ser cabanas e congoleses. À noite não podemos sair de casa a não ser que seja para ir ao hospital se formos chamados. O hospital é mais uma vez inexplicável, é África profunda! E os desafios são constantes e intermináveis. Já vi coisas impensáveis e já tive de fazer o que nunca fiz e em condições mil vezes piores do que as que eram normais para mim, mas o nosso pensamento acaba sempre na conclusão de que não podemos salvar o mundo de uma vez só, e que não há quem tenha um centésimo dos conhecimentos na minha área. Como tal, o meu melhor já não será nada mau…

Há tanto para dizer que se torna difícil sequer estabelecer prioridades sobre o que é o mais importante para vos transmitir. Tenho uma espécie de horário, em que há uma rotação para estar de chamada durante as noites, mas os "enfermeiros" de Anestesia que já fazem as coisas mais simples ou frequentes sozinhos têm a minha ordem para me chamar a qualquer momento se for algo mais grave. Por isso, estou basicamente 24 horas à chamada, todos os dias se for preciso, o que me asfixia um pouco…

Estamos a aprender francês sempre que temos tempo, eu e o meu já amigo cirurgião Russo, com um professor congolês e levo sempre comigo um livrito para aprender, visto ser essencial conseguir-me exprimir mais e mais rapidamente. Como já imaginava, o meu principal objectivo é, mais do que o meu trabalho como médico, tentar ensinar os tais enfermeiros que fazem anestesia e que conseguem fazer algumas coisas bem-feitas, mas ainda de uma forma muito mecanizada e sem conhecimentos quase nenhuns sobre a forma como praticam esta ciência tão importante e interessante que é a Anestesia! Vejo no meu amigo russo ainda mais desafios visto que, para ele é ainda mais difícil aprender francês e porque cirurgicamente está a fazer o que sabe e o que não sabe. Confortamo-nos um ao outro com as gigantes dificuldades que nos deparamos todos os dias profissionalmente e pessoalmente…

Há 200 a 300 partos por mês no hospital (fora as que ficam em casa). É inacreditável, o que torna o número de cesarianas bastante elevado, ocupando bastante a vida do bloco operatório. Há muitas infecções graves e também muitos feridos com armas de fogo.

É um misto de alegria e dor escrever-vos, assim como ler as vossas respostas. É bom estar a ver as vossas caras enquanto escrevo este curto resumo de tanta vivência que tive nos últimos dias, mas também me dói muito pensar naquele que vocês sabem ser o meu mundo. Por isso, comecei por vos dizer que escrevo mais por achar que devo do que propriamente por ser aquilo que me apeteça fazer. É difícil retratar a mistura de emoções que vivo neste momento, mas há também a salvaguarda que estou ainda num período de habituação e, com o tempo, vamo-nos adaptando à realidade onde estamos. Digo-vos, muito sinceramente, que para mim é importante que saibam que estou bem, mas que dificilmente vos escreverei mais vezes.

Para animar um bocado: MUZUNGU!!! Quer dizer homem branco em Swahili. Nos 300 metros que faço até ao hospital há milhares de crianças que fazem questão de TODAS a TODAS as minhas passagens fazer saber que sou MUZUNGU! Mas é incrível ver a vida e os sorrisos de todas as crianças e todas eles gostam de dizer olá. É uma vida, uma energia que jamais se sente no nosso mundo!

Muito mais há para dizer, mas acho que até já fui longe demais. Muitos de vocês mereciam uma palavra pessoal, mas mais difícil ainda se torna e como se aperceberam não tenho assim muito tempo livre....

Ahhh, não me posso esquecer que ando de rádio! Comunicamos entre nós via rádio, o que dá uma onda do caraças!! Roger!! Copy!! Over!! Coisas assim...

Para terminar: a internet é mega lenta e nem sempre funciona, assim como o meu telemóvel Congolês. Aqui é mais uma hora, mas vivemos muito ao sabor da luz do sol e por isso acordamos cedo e deitamo-nos cedo, mas vou lendo os emails, por vezes.

Estou bem! Perdido no espaço e no tempo, mas estou bem!
Um forte, forte abraço bem apertado e muitos beijinhos"

O Aperto de Mão

Começo aqui a contar-vos a primeira história de muitas que poderiam ser contadas sobre a minha estadia no Congo, em que trabalhei como médico anestesista para os Médicos Sem Fronteiras, numa região chamada Norte Kivu, na cidade de Masisi, perto da fronteira com o Ruanda. Esta região está muito complicada, pois tem sido inocentemente castigada por uma guerra terrível, que teima em não parar e que terá já morto nos últimos 15 anos, cerca de 5 milhões de pessoas. Como sempre, quem mais sofre nestes tristes cenários, são os civis inocentes: mulheres, crianças, idosos, cuja sorte quis que nascessem numa das piores zonas do planeta para se viver. Mas a vontade de viver, sorrir, amar, ter filhos e tudo mais que caracteriza a magia do Ser Humano está bem presente nesta gente que tem muita vontade de viver e dar vida!

E aqui vai uma história que para mim prova isso mesmo:

No local onde eu estava a trabalhar como muitos outros em África, uma das cirurgias que realizávamos mais frequentemente era a Cesariana, dado a taxa de natalidade ser muito elevada. Como tal, por variadíssimas indicações, muitas vezes éramos então chamados a intervir para que pudéssemos salvar a mãe, a criança ou ambos.

Numa das vezes, como tantas outras, fui chamado ao bloco operatório de urgência a meio da noite, cansado de muitos dias de trabalho árduo, quase sem intervalos. Fiz uma raquianestia, bloqueio subaracnoideu, para os entendidos ou para os desentendidos, uma picada nas costas que anestesia toda a zona inferior ao umbigo, deixando a futura mãe acordada e a ver e a ouvir aquilo que podia. Por falta de monitorização do feto, aconteceu aquilo que também muitas vezes me aconteceu neste hospital, que foi ter de fazer a reanimação neonatal. Mais uma vez, trocado por miúdos, o feto estaria já a sofrer dentro do útero e a cesariana já veio tarde. Por sorte ou por azar, estava lá eu, com alguma formação sobre o assunto, mas pouca práctica, pois nos nossos hospitais do mundo desenvolvido tal suceder é muito mais raro. Este recém-nascido precisava de reanimação activa, dado o sofrimento intra-uterino, uma ajuda numa fase que para uns é tão difícil ou mesmo fatal, que é a primeira vez em que respiramos. Normalmente, uma simples estimulação táctil é suficiente para dar este empurrãozinho ao bebé. Para alguns é necessário a ventilação através de uma máscara, e quando esta se mostra insuficiente e temos sinais de que a oxigenação não está a ser adequada, a frequência cardíaca teima em baixar, o que faz com que o cérebro deste novo ser possa ter danos irremediáveis por falta de oxigénio das células cerebrais. Muito rapidamente, sim, porque tudo isto são segundos ou poucos minutos de actuações e decisões difíceis, há que partir para uma forma de oxigenação mais eficaz, com a colocação de um tubo através da boca na traqueia, actuação esta que tanto caracteriza o médico anestesista.

O que vocês vêem nesta fotografia é então já o final destes momentos de stress, que felizmente tem um final feliz como se pode ver pelo tom rosadinho da pele e lábios deste bebé: a minha mão que parece gigante ao pé deste mais recente congolês; o estetoscópio, que me serviu para avaliar a ventilação deste pequenino, de tamanho adulto, pois não havia pediátrico; o laringoscópio, cujo tamanho da lâmina é ainda mais grave para quem está minimamente ligado ao meio (mas foi esta que tive de usar, adaptando me ao que tinha), é o aparelho metálico que vêem no canto superior da fotografia e que serve para a visualização directa da laringe e da traqueia, com o qual eu introduzi posteriormente o tubo na traqueia e que permitiu uma ventilação e oxigenação muito mais eficaz, o que terá salvo a vida a este bebé. Como disse, toda esta história acaba bem: o recém-nascido respira já sem a minha ajuda, sem ajuda de tubos e cheio de força, espero eu para um dia contribuir para um Congo melhor ou talvez estarei a sonhar demais, mas, uma das lições que aprendi e reforcei todos os dias é que há sempre que pensar positivo com muita força.

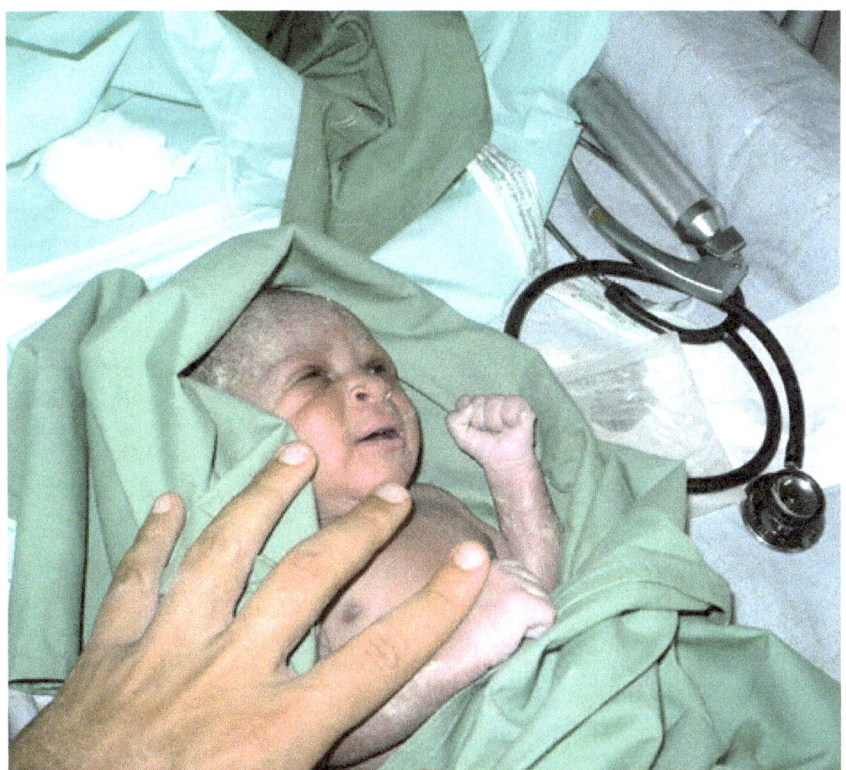

Calma, esta história não acaba aqui. Durante todos os minutos da reanimação do recém-nascido, onde tive de actuar muito rápido e o stress do momento tomou conta das minhas acções, não pensei que a mãe estivesse bem acordada a ver tudo o que se estava a passar, e todo o meu esforço para que este bebé fosse capaz de chorar com vigor, que é tudo o que queremos depois de cortar o cordão umbilical. Imagino o que pensará uma mãe deitada numa mesa de operações, com metade do corpo imobilizado, com um lençol que a impede de ver a cirurgia propriamente dita, mas que ao flectir o seu pescoço para a esquerda vê, durante escassos, mas provavelmente eternos minutos, este estranho branco vindo sabe-se lá de onde às tantas da madrugada, dedicar tanto do seu esforço para que o seu filho nasça saudável nesta zona do planeta que parece ter sido esquecida pelo mundo. Infelizmente, a barreira linguística impede-me de saber o que passa pela cabeça desta mulher que, dentro do azar, teve a sorte de existir um hospital dos médicos sem fronteiras naquela zona de guerra aberta.

Quando tenho a certeza de que o bebé está são e salvo, volto as minhas atenções para a mãe, e como a comunicação verbal é impossível (por eu não falar Swahili), tenho de utilizar outra forma de comunicar, como tantas outras vezes, e então passei a minha mão pela testa e cabelo, acariciando-a, sorrindo e passando a mensagem de que estava tudo bem, e o perigo estava longe do seu bebezinho. É aí que ela me diz algumas palavras que eu não percebo! Estica-me o braço, e eu continuo sem perceber! Até que um enfermeiro congolês (servindo de intérprete Francês-Swahili) me diz: "Ela quer apertar-lhe a mão, Doutor!" E assim foi, apertou-me a mão e olhando-me nos olhos com verdade e transparência, no seu olhar negro e tão profundo, ela disse-me: "Asante Sana!" – ("Muito Obrigado!")

E este Aperto de Mão é o motivo pelo qual corri riscos de que não precisava de correr, atravessei o mundo porque quis, e mais grave do que tudo, fiz sofrer muitos de quem gosto muito, que deixei com o coração a bater, sofrendo sem ter de sofrer...

A todos esses, desculpem, mas esta é a minha forma de vos agradecer e de vos explicar o porquê...

Duas Meninas Maravilhosas

Num Domingo à tarde - muito poucas vezes tinha um Domingo livre para relaxar, era mesmo assim, não havendo mais ninguém para fazer o meu trabalho, tinha que estar pronto para quando fosse necessário, sou chamado pelo rádio com a informação de que acabavam de chegar ao hospital feridos de guerra. Era frequente aos domingos, dadas as demasiadas *Kalashnikovs*. Os militares embebedavam-se e, por uma razão estúpida qualquer, começavam aos tiros.

Quando cheguei ao hospital, os enfermeiros locais disseram-me que os feridos eram crianças!! Merda!! Fosse o que fosse, já era muito mau à partida... O meu coração começa a bater mais depressa, ainda antes de entrar no quarto onde elas estavam. E ali estão elas, duas meninas muito queridas, muito assustadas, aos gritos com dores, e muito sangue por todos os lados.

Noemie, com 10 anos, levou um tiro na parte superior do braço, o que causou uma enorme ferida com fractura do úmero e a Tuliza, com 4 anos, levou um tiro no pé, o que causou uma explosão de inúmeros ossos do seu pé, com um buraco tão grande que até dava para ver através dele.

Porquê?? Como é possível alguém conseguir fazer isto a estas duas meninas maravilhosas? Como é que alguém pode ser tão cruel?

Noemie e Tuliza são irmãs e a sua mãe trabalha num bar da cidade, e foi aí que dois militares bêbados entraram em discussões e confusões, e por uma razão qualquer, começaram aos tiros. Mas, por motivos que desconheço, as únicas balas que fizeram estragos foram as que atingiram estas meninas. A vida é mesmo injusta para alguns...

As Kalashnikovs são armas de alta energia, uma vez que a bala entra no corpo e começa a girar numa direcção aleatória causando uma destruição inacreditável dos tecidos do corpo humano. Vou-vos poupar a ver as fotos das feridas, mas acreditem em mim, são mesmo impressionantes.

Tivemos que levar uma e depois a outra para o bloco operatório. Elas perderam bastante sangue, mas as cirurgias decorreram sem grandes complicações. A Tuliza foi primeiro, bastante assustada, não querendo largar a sua mãe que ficou ao seu lado, até que a anestesia fizesse efeito. Foi um caso complicado, sem Raio-X, com a dificuldade de saber ao certo a gravidade de cada uma das fracturas dos ossos do pé. Lavagem, desinfeção, remoção dos tecidos mortos e em vias de, e tentar imobilizar o pé numa posição em que as fracturas consolidassem de forma a que ela pudesse voltar a andar... tem apenas 4 anos! A Noemie foi logo depois. O buraco que tinha era tão grande quanto o seu braço magricelas, com uma fractura total do seu úmero e uma falha de osso de 10 cm, por explosão no impacto. Cenário horrível, até para quem já viu muita coisa.

Não teve destruição de qualquer artéria ou nervo importante, o que em teoria dava alguma esperança para que um dia o seu braço pudesse ter alguma utilidade, mas poderia usar o braço faltando-lhe uma parte do osso importante? Eu não sei responder a esta pergunta, ou não sabíamos com os meios que tínhamos à disposição. Ela não segura o braço, apesar de ser capaz de usar a mão. Talvez um dia, num programa de reabilitação especializado, alguém possa melhorar a mobilidade do seu membro. Pensar sempre positivo!! Fazemos o que podemos, passo a passo, mas nem sempre é suficiente...

Tal como era de esperar, ficam muito tempo no hospital com idas extremamente frequentes ao bloco operatório. Desinfectar, desbridar, mudar o penso vezes e vezes sem conta, pois o grande risco reside no potencial de infecção que pode ser fatal. E então todo o cuidado era pouco para que isso não acontecesse e felizmente conseguimos evitar que estas duas meninas maravilhosas tivessem qualquer complicação infeciosa.

Todos os dias as via, mesmo sem falar a língua, mas comunicando sem se saber muito bem como. Brincava com elas imensas vezes e conquistei a minha importância na vida delas (e de outras crianças), enchendo vários balões que eram luvas de hospital transformadas em sorrisos voadores. Ao encher balões, o meu coração enchia-se de felicidade por conseguir dar-lhes um motivo para sorrir.

Noemie, era sensata e calma. Nunca a vi triste ou a queixar-se, e tinha sorriso tímido lindo com os seus olhos negros, grandes e profundos. Pura, humilde e genuína. O que mais gostamos nas crianças, em geral, é o facto de serem tão puras e inocentes, mas estas crianças africanas levam esse paradigma ao seu expoente máximo. São tão cheias de vida e de desejo de viver que nos seduzem a cada olhar, a cada sorriso e é impossível não sentir que o centro do mundo está ali, naqueles pequenos seres que pairam à nossa volta.

A Tuliza, como podem ver, é mais para o "rechonchudinha". Um dia, ela estava muito rabugenta, a tentar bater na irmã e na mãe e eu fiquei algo surpreendido porque não era normal. Tentei perguntar à mãe, com algumas palavras e sinais, para perceber o que se estava a passar. E a mãe apontou-me para o sinal que estava colado à cama onde se lia em Francês e Swahili: "Não comer e beber: dia da cirurgia." Era bastante difícil explicar aos doentes que não podiam comer e beber antes da cirurgia para segurança da anestesia, e esta mãe muitas vezes não resistia à tentação de dar comida às suas filhas, mesmo depois de eu ter explicado várias vezes, com a tradução dos locais, o que nos levava a ter que adiar e atrasar o tratamento crucial para estas meninas. E depois eu percebi!! Ahhh, Ahhh!! A Tuliza não estava de mau humor porque tinha de ir ao bloco operatório nesse dia, porque já o tinha feito várias vezes com ela ao meu colo bastante tranquila e calma, aceitando os tratamentos com serenidade, ela estava a bater em toda a gente porque tinha fome!! E sobre isso, eu não podia fazer nada, ou podia, tentar arrancar-lhe um sorriso!

E este foi o único momento em que vi a Tuliza sem o seu sorriso enorme e encantador que animava até os mais deprimidos, e que a mim me deu uma lição para a vida! O seu sorriso era malandro, cheio de energia, dizendo-me o quanto amava a vida mesmo quando passava por uma situação terrível. Ela fez-me prometer a mim mesmo que nunca mais na vida voltaria a estar triste. É surreal, claro, mas como podemos nós estar infelizes? Quais são essas razões tão fortes que nos levam à tristeza, quando esta menina de 4 anos que tem o seu pé completamente destruído por uma Kalashnikov por um militar bêbado, que talvez nunca mais volte a andar normalmente, mantém ainda assim este sorriso que é capaz de conquistar o mundo?! Com que direito é que podemos estar tristes? Eu vou sempre "usá-la" para recuperar o meu sorriso cada vez que estiver triste.

Eu dei o meu melhor para o tratamento destas meninas, mas digo com toda a honestidade que elas me deram muito mais do que eu lhes dei a elas. Elas deram-me uma lição de vida sem preço, e para sempre.

Nunca serei suficientemente capaz de lhes agradecer, mas com estas palavras simples, tento dedicar-lhes esta história, a elas e a tantas outras crianças que sofrem por esta guerra estúpida.

Obrigado Noemie e Tuliza, estarão no meu coração para sempre!

Zone Rouge – Zona Vermelha

O meu dia-a-dia em Masisi, era basicamente casa-hospital, hospital-casa. Uma distância de 300 metros delimitava o meu mundo, e de uma certa forma, fazia-me sentir encurralado numa espécie de prisão. Não tinha tempo, nem podia ir a lado nenhum. As poucas vezes que fui ao centro da cidade, nada havia para ver ou fazer e, assim, passava os meus dias imaginando todo um Congo fantástico à minha volta, mas não ao meu alcance.

Não posso dizer que tenha visto muito deste enorme Congo, nem sequer da região onde eu estava, apesar de Masisi ficar num dos locais mais bonitos em que eu já vivi, rodeado de montanhas verdes e cheias de vida. Ainda assim, é um sentimento estranho e castrador, não poder ir a lado nenhum e viver com a liberdade tão condicionada. Regras de segurança apertadas e a falta de tempo confinam-me a estes pequenos 300 metros. Muitos dos meus colegas, à noite, à volta da mesa, contavam histórias sobre os lugares que tinham deliciado as suas vistas e corações e eu sentia que precisava de ver um pouco mais desta parte da África maravilhosa, que muita gente apelida carinhosamente como os Alpes Africanos. Muitas vezes pedia ao meu chefe, o coordenador do projecto, para ir a "algum" lado buscar doentes para trazer para o nosso hospital, ou fazer algumas das emergências pré-hospitalares que nós fazíamos, mas a resposta era sempre a mesma, para minha tristeza: "Gustavo, tens que ficar no hospital para o caso de chegarem casos complicados para operar!" E eu, claro que percebia que ele tinha razão, mas queria ir na mesma!

Masisi estava sob o controlo do exército Congolês e das Nações Unidas, ainda que frequentemente houvesse conflito activo dentro da cidade, mas, tirando esses dias, a Zona Vermelha começava a cerca de 10 quilómetros de Masisi, e dessa linha em diante, era oficialmente uma zona de guerra, onde havia conflitos quase diariamente e de uma forma sempre imprevisível!

O meu chefe estava nos seus 50 anos e tinha uma experiência ímpar de muitos anos nesta zona do Congo, e poucos sabiam aquilo que ele sabia sobre a complexidade da guerra do Leste do Congo. Ele era uma espécie de lenda e até herói para aquele povo, porque em 2007 este projecto começou graças a ele, quando a guerra estava dentro e a 360º de Masisi. Enquanto todos tentavam fugir daquele cenário ao nível do "Apocalypse Now", ele chegou e decidiu ali ficar e ajudar aquela população, que estava desesperadamente necessitada de ajuda humanitária, inocente vítima desta guerra terrível. Se não fossem os Médicos Sem Fronteiras e a sua decisão de pôr um hospital a funcionar, quando as balas voavam por todo o lado, ninguém tinha ficado seguro em lado nenhum...

Era um Sábado à noite e eu estava a beber um copo de um péssimo vinho do Ruanda (que era tudo o que tínhamos), à conversa com os meus companheiros nos poucos momentos que conseguíamos ter de descontração e aparente "normalidade", quando o meu chefe chegou e me perguntou ao ouvido: "Vou buscar dois doentes a Likueti amanhã, queres vir comigo?" Era uma aldeia no epicentro da Zona Vermelha, zona exclusivamente controlada por grupos rebeldes e onde o exército Congolês e as Nações Unidas eram consideradas o inimigo e nem lá perto conseguiam chegar. Sem hesitação, disse que Sim. "Põe-te pronto às 6.00!" Foi tudo o que me disse antes que continuássemos as conversas cheias de vida que estávamos todos a ter. Eu ia fazendo de conta que seguia a conversa, mas não conseguia evitar que a minha mente estivesse 100% ocupada com as expectativas que iam crescendo sobre o dia seguinte! Nenhum dos meus companheiros lá tinham ido, e como os outros dois médicos eram mulheres, a decisão caiu sobre mim. Talvez elas fossem mais duras e mais experientes do que eu, mas para o meu chefe, tendo em conta que era preciso ir um médico, se ele ia assumir esse risco de ir a um local onde tudo podia acontecer, era desnecessário correr o risco de levar uma mulher. Ser atacado, preso, perdido no mato, violência sexual, tudo era possível, se por azar nos encontrássemos no sitio errado à hora errada!

Finalmente ia a algum lado e estava feliz por isso e também por sentir que os locais de mais difícil acesso, são onde a nossa ajuda se torna ainda mais essencial.

Com o olhar perdido na escuridão da noite, apercebia-me que os meus sonhos cresciam para além do meu imaginário. Até o vinho me começava a saber melhor... O meu coração estava a bater mais rápido, e depois de terminar esse copo fui para a cama ainda não eram 22 horas... Estava certo que não ia conseguir dormir, mas parecia-me uma boa ideia deitar-me na cama entretendo-me a pensar e a falar comigo próprio.

Antes de virar as costas ao Porto, passei por alguns dos meus sítios preferidos da cidade e fotografei-os em memórias com a sensação de que poderia estar a vê-los pela última vez, assim como as pessoas que eu adoro, fixei as suas caras bem vivas nos meus pensamentos. Tudo isso passava na minha cabeça como se de um filme se tratasse, cada imagem, devagar e sem pressa. Brincava com as minhas memórias, pensando em tudo e todos os que fazem o meu mundo, e me deixam tão feliz por estar vivo. Não sei bem se cheguei a dormir nessa noite. Durante muitas horas estava bem entretido, sem TV, sem internet, sem mais ninguém, apenas eu e um mundo de memórias. Chorei e sorri pelas mesmas razões. Tudo o que amo e me faz feliz é também o que me faz chorar. "Saudades!"

Quando me levantei pelas 5 horas da manhã, a viagem nos meus pensamentos tinha chegado ao fim. Era agora tempo de viver o momento! Como muitos dos outros dias, não havia água da torneira (um duche frio era raro mas era uma boa notícia), e fui então buscar um balde de água para tomar banho. Como era demasiado cedo, ainda não havia água aquecida (que era aquecida pelos guardas) e assim foi um banho de balde de água fria para acordar os sentidos. Também não tinha nada para comer por ser tão cedo e os restos frios do jantar não me pareceram uma boa ideia, antes de uma viagem muito longa e acidentada, nas piores estradas que se pode imaginar. Tinha a certeza que durante muitas horas não teria nada para comer, mas estava pronto e nos píncaros da minha motivação para ir.

Dois grandes 4x4, dois motoristas congoleses e o meu chefe que ia fazer a primeira parte do longo caminho de mota para poder regressar mais rápido, pois nesse dia ele ainda tinha que voltar para Goma, e cerca de uma hora e meia de estradas perdidas nas montanhas, levaram-nos até Nyabiondo, uma vila logo após a linha que definia a Zona Vermelha. Foi bastante triste sentir o pulso a esta vila, importante no passado, mas agora rodeada pela guerra. Não parecia ser um bom sítio para viver, mas muita gente ali vivia, dormindo algures pelas montanhas à volta e descendo ao centro da vila durante o dia para fazer os seus mini-comércios de subsistência. À noite, voltavam a esconder-se nas montanhas para que não fossem um alvo fácil para o exército ou para os rebeldes que os roubavam, matavam ou violavam as suas mulheres. A base da MONUC (Mission of the UN in Congo) era também impressionante, um edifício assustador, bombardeado em várias partes das suas muralhas rodeadas de várias camadas de arame farpado e onde se podiam ver muitos dos seus soldados em vigia no alto dos muros, com as suas metralhadoras constantemente apontadas para todo o perímetro da sua envolvência.

Infelizmente não tenho qualquer fotografia destes momentos, pois estas estão totalmente proibidas e, se alguém me visse de camara em riste, poria a minha vida e a dos que estavam comigo em risco.

A partir deste ponto, o meu chefe saltou para um dos 4x4 porque já nem estradas havia dali para a frente e apenas estes poderosos todo-o-terreno desbravavam caminho pela selva adentro. Tivemos que parar inúmeras vezes porque ficávamos atolados, ou para improvisar pequenas pontes com pedras e troncos de árvore para passar os pequenos riachos que cruzavam o nosso caminho, aventura no seu extremo como nunca poderia imaginar, nem nunca teria palavras para o descrever. Paisagem linda com montanhas a toda a volta, palhotas e cabanas àqui e ali, e um verde como mais verde não há, onde tudo é natural e natureza, sem qualquer traço de humanização a estragar a paisagem.

Poucos minutos depois de sairmos de Nyabiondo, na direcção do centro dos centros da Zona Vermelha, comecei a ouvir o radio do carro:

"Gustavo, Gustavo pour Phillipe!" Adorava comunicar por estes rádios enormes e com estes códigos de comunicação que apenas usávamos para mensagens cruciais e que me faziam sempre sentir estar num cenário de um filme.

"Oui Phillipe, je t'ecoute", respondi.

"Ça va, Gustavo?" Mal tínhamos falado de manhã porque tínhamos iniciado a viagem sem perder tempo.

"Trés bien, pas de problem."

"J'ai besoin de parler avec toi!" O que é que seria importante para me dizer, enquanto avançávamos para a "terra de ninguém", antes de chegarmos à zona controlada pelos rebeldes? Por uns segundos fiquei ainda mais nervoso.

"Oui, Phillipe"

"Standart a gagné, hier!" Eu e o Phillipe tínhamos algo de muito forte em comum, o nosso amor incondicional pela equipa de futebol da nossa cidade. Várias vezes tivemos conversas deliciosas, onde discutíamos qual o melhor clube do mundo! E se o FC Porto teve os seus momentos de glória, como em 1987 e 2004, já o Standart de Liege não podia dizer o mesmo, mas eu adorava sentir a sua paixão quando me dizia, que sem margem para dúvidas o Standart era o melhor clube do mundo. A magia do futebol quando é usada da melhor maneira, faz as pessoas falar e partilhar as suas paixões parvas, mas que significam tanto, tanto para mim como para ele. Estávamos em sintonia nas nossas paixões que nos faziam sentir tantas saudades...

"Et Porto?", continuou o Phillipe.

"On a gangné aussi!", Tinha acabado de ler uma mensagem da minha mãe nessa manhã com as boas notícias.

"Mon ami, la vie est Belle!!!", E por um motivo tão supérfluo como o futebol, eu estava feliz e a sorrir graças ao Phillipe, mesmo quando estava a cometer um dos maiores riscos da minha vida!

Obrigado, Phillipe, alma e coração do nosso projecto, sempre com boa disposição e super profissional. Um herói! Depois de 12 anos a trabalhar com os Médicos Sem Fronteiras, e de ter estado em quase todos os locais do planeta onde rebentam bombas, dizia-nos com muito orgulho:

"Eu não trabalho para os MSF. Os MSF são a minha vida!"

Ali estava eu dentro do carro, a viver o sonho, com uma mistura explosiva de medo e excitamento por passar fronteiras que quase ninguém passa. O Phillipe fez-me sorrir e descontrair, mas ao olhar pela janela, a minha mente viajava por milhões de pensamentos. O início da segunda parte desta viagem atravessou selva serrada, e aí percebemos porque é que é tão difícil controlar uma guerra num terreno como este. O chão estava molhado e lamacento como sempre, e muitas vezes não conseguíamos ver nada para além das folhas verdes enormes que se abriam no nosso caminho à medida que avançávamos. Esta floresta densa parecia ser uma barreira natural que separava a zona dos rebeldes e durante muitos quilómetros não vi ninguém, o que é sempre um sentimento estranho e vazio. Havia muitos pequenos riachos, que por vezes se tornavam obstáculos mesmo para estes super potentes 4x4. Saímos do carro, e usámos pedras e troncos para que pudéssemos seguir viagem. Fora do carro, não consegui parar de imaginar com estranheza, que certamente muitas trocas de tiros houve a toda a volta destas árvores. Parecia que sentia a guerra a acontecer em flashes da minha imaginação, apenas porque sabia das histórias que estas terras têm para contar dos últimos 15 anos.

Após um bom pedaço da viagem, a floresta começa a abrir-se e a permitir-nos ver o céu. Algumas pessoas a pé, cruzavam o nosso caminho vindo do nada, naquela espécie de estrada. É difícil chamar-lhe estrada porque os trilhos tinham relva bem alta, fazendo prova de que nada se passava por ali. E estas pessoas já são os "outros", os "rebeldes". Eles não são piores, nem mais culpados da guerra sangrenta, apenas lutam por aquilo que acreditam. Sem querer entrar em políticas, se compreenderem as suas motivações, talvez concluam como eu concluí, que talvez os "maus" sejam o exército Congolês que são apoiados pelas NU e pela comunidade internacional, mas que são responsáveis por muitos mais crimes de guerra e atrocidades do que os ditos "rebeldes". Claro que a maioria das pessoas não tem nenhuma participação activa no conflito e apenas tentam viver as suas vidas, sem mais nenhum sítio para onde ir. Apenas vivem nas vilas e na área onde o "inimigo" está a viver, o que faz delas inocentemente um alvo de sofrimento.

A maioria das pessoas nestes locais perdidos da Terra, ficam imensamente contentes de nos ver. As crianças acenam-nos e gritam de alegria e os adultos sorriem com os olhos bem abertos e a brilhar, perante a nossa presença. Mas aqui era diferente... Ficavam tão surpresos e espantados com a nossa presença, que congelavam sem ter tempo de transparecer o calor das boas-vindas. Até as crianças, que são sempre tão honestas nas suas atitudes, com o tal estado de choque por nos ver, ficavam imobilizadas a olhar-nos fixamente, em reacção à visão inesperada daquelas pessoas brancas dentro de carros, aparentemente para os ajudar.

Nunca esquecerei o olhar nas caras destas pessoas e aquilo que eu lia nos seus olhos antes de um natural "Obrigado por virem aqui!", eu sentia os seus olhares a perguntarem-me: "O que é que estão aqui a fazer?"

"Porque é que estão aqui?"

"Não sabem que há uma guerra por estas terras?"

Estas eram as primeiras reacções que se liam nos seus olhares e passado algum tempo, eu começava a ler esperança nos seus olhos:

"Há algumas pessoas que não se esqueceram de nós!"

"Talvez nem todos se tenham esquecido que existimos!"

Provavelmente estão a pensar que eu tirava demasiadas conclusões destes contactos visuais, mas vocês não imaginam o quão intensa era a forma como olhavam para nós. Surpresa e Esperança! Eu não me sinto especial, mas naqueles momentos eu senti, ao causar estas emoções fortíssimas nestas pessoas desafortunadas, cujos sentimentos são tão fortes que não precisamos de falar com elas, para ouvirmos o que nos estão a dizer.

Passámos por algumas aldeias abandonadas. Foi um dos momentos mais tristes da minha vida. Ver uma vila inteira com muitas cabanas em bom estado, mas completamente abandonadas com a relva a crescer a toda a volta. Ficar nesta Terra de Ninguém era correr demasiados riscos, então abandonavam as suas casas por completo e o seu esforço, o seu trabalho, a sua aldeia, a sua vida era deixada para trás em fuga daquela guerra assustadora.

E a viagem continua... O meu motorista era um dos melhores e mais experientes e já aqui tinha vindo um par de vezes. A determinada altura, pára o carro à frente dum grupo de homens com *Kalashnikovs*, e depois de trocar com eles algumas palavras em Swahili, deu-lhes um maço de cigarros. "Doutor, este é um dos generais do APCLS (*Aliance des Patriotes pour un Congo Libre et Souverain*, um grupo armado que quer dar as riquezas do Congo aos Congoleses) e nós temos que lhes dar alguma coisa! Sabe-se lá o que pode acontecer um dia!" Compreendi bem o que me quis dizer, nunca sabemos se um dia vamos ficar presos no meio desta guerra, e é melhor ter alguns amigos…

Não era fácil para os MSF terem acesso a esta área. Uns dias antes ouvi o meu chefe a ter uma discussão feia ao telefone, com alguém importante do exército Congolês que nos acusava de ajudar o inimigo. Mas o meu chefe afirmava firme e sem hesitar: "Ou tratamos todos ou não tratamos ninguém!" Seja onde for que os MSF trabalhem, é imperativo ter as portas abertas aos diferentes lados do conflito, para que toda a gente perceba que não tomamos partidos, apenas nos preocupamos com as pessoas, nunca olhando para a cor da pele, qualquer crença religiosa ou filiação política.

E, finalmente, três horas após termos saído de Masisi (apenas para fazer cerca de 40 quilómetros), chegámos a Likueti! Era uma pequena aldeia, mas nunca percebemos bem a verdadeira extensão destes agrupamentos de palhotas que se perdem pela selva adentro. De onde eu estava, via montanhas bastante altas e inclinadas. A beleza da paisagem nunca parava de me surpreender, mas o mais incrível era a ponte! Esta aldeia ficava mesmo na beira-rio, a fazer lembrar aquelas aldeias dos índios que vemos nos filmes. O rio era bastante largo, com uma ponte que conectava os dois lados, com seguramente 50 metros de largura. Foi construída por homens sem qualquer maquinaria envolvida, feita de cordas e tábuas de madeira. Parecia que estava a viver num filme do Indiana Jones…

Parámos o carro, mesmo em frente à aldeia, e ao sairmos fomos sendo rodeamos de muitas pessoas. Nunca é agradável ver muitos homens com *Kalashnikovs*, mas sentia-me seguro, pareciam amistosos… O Phillipe começou a falar com o seu chefe, um Coronel do

APCLS e depois apresentou-me a ele. O Coronel começa por nos mostrar a primeira razão de toda esta aventura: uma mulher que tivera três gémeos, dois dias antes e que estava bastante fraca. Três mulheres tomavam conta de cada um dos três bebés. Eram muito, muito pequeninos, pareciam bem de saúde, mas precisavam de alguns cuidados de saúde para que não houvesse dúvidas de que sobreviveriam! Enquanto eu estava a fazer a avaliação clínica dos recém-nascidos, ouço o Phillipe a perguntar ao Coronel:

"Qual destes três é seu?"

"Nenhum, Phillipe", respondeu com um sorriso ingénuo.

"O quê?? Nascem três bebés na sua aldeia e nenhum deles é seu?!?" Os que percebiam francês desmancharam-se a rir porque o Phillipe tinha um sentido de humor incomparável. Muitos mais não percebiam francês, mas riram-se também por contágio e, assim, o que parecia difícil tornou-se fácil. Estava quebrado o gelo e toda a envolvência humana era agradável. O Phillipe tinha estes dotes de magia, no meio deste ambiente para mim pesado, o que me dominava eram os sorrisos...

E continuei a avaliar e a tratar os quatro doentes que tinha em mãos, enquanto o Phillipe procurava a segunda razão para os 40 quilómetros mais longos da minha vida.

Um homem novo, que levou um tiro na parte inferior do tórax, um sortudo por estar vivo. A sua condição clínica merecia muita da minha atenção. Ele era FDLR (*Forces Democratiques de Liberation du Rwanda*), um dos grupos de Hutus responsável pelo genocídio do Ruanda. Fugiram para o Congo quando os Tutsi tomaram novamente conta do poder e a sua razão para existir consistia em um dia devolver aos Hutus o controlo do seu país, visto serem 90% da população, mas que sempre foram oprimidos pelos Tutsi. Não é linear compreender o genocídio do Ruanda, mas o que é certo é que agora é um país seguro e desenvolvido graças a uma enorme ajuda internacional que se sentiu culpada por não ter agido a tempo no genocídio em 1994. Agora este Ruanda é uma das razões pela qual o leste do Congo está a sofrer esta guerra horrenda há tantos anos.

No meio do nada, antibióticos, analgésicos, hidratação endovenosa abundante... Avaliar, limpar a ferida, avaliar o tórax e o abdómen e transportá-lo para o 4x4 que servia de ambulância, onde eu também ia. A mulher com os trigémeos iria no outro carro.

Antes de partirmos, o Phillipe aproximou-se de mim e disse-me:
"O Coronel esteve-me a contar que tem hemorróides, tens alguma coisa para lhe dar?"

"Não, não tenho nada. Ele tem de mudar os seus hábitos alimentares e se não melhorar, talvez tenha que ser operado."

"Arranja qualquer coisa para lhe dar!"

"Phillipe, não tenho nada!"

"Tens que lhe dar qualquer coisa, nem que seja apenas psicológico!"

O Phillipe não tinha conhecimentos médicos, mas sabia bem melhor do que eu a importância do efeito placebo depois de tantos anos em África.

Então peguei na Sulfadiazina (que é um creme para queimaduras) e fui timidamente falar com o Coronel em privado. Depois de lhe ter dado algumas explicações sobre o que não devia comer, dei-lhe o dito creme. O Coronel ficou bastante contente e disse: "Phillipe é muito gentil da vossa parte" e mais uma vez, o Phillipe arrancou-me um sorriso (este para dentro). Este tipo de acções são de extrema importância para que os MSF continuem a ter acesso a estas populações onde mais ninguém chega e que não têm NADA.

O regresso é como sair de uma prisão, nós saímos, eles ficam, sem qualquer hipótese de fuga. É uma sensação tristíssima. Não consigo não olhar para trás, e à medida que arrancamos, toda a aldeia está a olhar para nós. Nos seus olhares, eu ouvia:

"Por favor, voltem outra vez!"

"Não se esqueçam de nós!" Esta é a minha forma de manter a minha promessa, de que eu NUNCA me esquecerei de vocês! E tentarei que o mundo saiba o que se passa nestes locais esquecidos pela humanidade.

Se a ida foi acidentada, o regresso foi bem pior. Durante três horas tive que ir na parte de trás do carro, para me assegurar que o homem ferido não saltava demasiado nos obstáculos mais difíceis, controlando as perfusões e, ao mesmo tempo, segurando-me. Não foi nada agradável. Visto pela positiva, já não tinha tempo para que a minha mente divagasse...

Logo após passar a vila de Nyabiondo, aconteceu outra vez, pela terceira vez no Congo desde que tinha chegado: no meio da Zona Vermelha, na pior guerra dos tempos modernos, ali estava mais uma camisola do FC Porto a passar à beira da estrada. E eu não consegui controlar o entusiasmo, pus a cabeça fora da janela e gritei: "POOOOORRRTTTTOOOOOOOOOOOOO!!!" Tenho quase a certeza que o homem não fazia ideia de onde vinha aquela camisola, mas mais uma vez, enchi-me de felicidade por um detalhe aparentemente tão redundante!

Terei o direito de me sentir feliz depois de toda a miséria que tinha acabado de ver? Sinceramente não sei. Mas o que é facto, é que estas pequenas coisas me faziam sentir vivo e claro, quando chegasse a casa, iria contar este detalhe com muito orgulho aos meus amigos que partilham comigo a paixão pelo FC Porto.

Os trigémeos foram a alegria para toda a gente no hospital de Masisi. Naquelas bandas, não é frequente que três gémeos sobrevivam, mas estes alteraram as estatísticas para melhor.

O Ruandês Hutu foi para casa, levando ainda dentro de si a bala que não sabemos onde se encontrava (não tínhamos sequer raio-X), mas que não o impedia de ter boa saúde, e por isso, seria errado ir à procura de uma bala inocente. Ele fugiu do hospital quando lhe dissemos que podia ir, para que o exército Congolês não o apanhasse.

Poderia ser uma história com um final feliz, mas infelizmente, para mim, não o foi. Um dia depois de ter ido à Zona Vermelha, desenrolaram-se conflitos terríveis, incluindo ataques de helicópteros em muitas das aldeias onde passámos. Fico de coração partido, ao saber que muitos dos que cruzaram os olhos comigo, foram atacados, e estarão algures em fuga e com as suas casas bombardeadas. Quem sabe quantos morreram?!?! Foi apenas "mais um" ataque tenebroso, em apenas "mais um" sítio que ninguém conhece. Mas eu não posso fingir que não estive lá, que não vi as suas caras e isso dói-me de tal forma que quando penso nisto, por vezes, tenho dificuldades em respirar.

Triste também porque um ano e meio depois desta história, o Phillipe foi assassinado ao serviço dos Médicos Sem Fronteiras, na Somália. Chorei baba e ranho durante horas, sem que pudesse partilhar com ninguém do meu mundo esta tristeza. Morreu um homem bom, morreu porque insistia em lutar por um mundo melhor. Tenho pena de nunca mais o voltar a ver. Só espero nunca perder a inspiração que transborda das suas memórias. A ele lhe agradeço o tanto que me ensinou, a ele lhe dedico todas estas histórias.

O Meu Melhor Amigo Por Uns Tempos

Vou-vos contar uma história sobre um miúdo que foi o melhor amigo por uns tempos. Para além do facto de termos criado uma conexão e amizade muito forte, houve momentos em que vi nas suas atitudes algo que me fez acreditar que ele era especial.

Durante uma boa parte da minha missão, estive a ler um livro de uma história absolutamente incrível, talvez a história verídica mais fantástica que conheço. Emmanuel Jal nasceu no Sul do Sudão, no mesmo ano que eu, 1980, mas nasceu no sítio errado à hora errada... Viu todo o seu mundo virar-se do avesso, quando a mãe foi morta, o seu pai ficou algures perdido na guerra, e ele perdeu-se de todos os seus irmãos e irmãs... Viveu em campos de refugiados, até que um dia alcançou o seu sonho de poder guerrear contra aqueles que matavam os seus, os muçulmanos do Sudão (do norte), e então quando tinha 11 anos já se passeava com uma *Kalashnikov*, bastante empenhado no seu treino militar... para matar! Quase morreu na guerra, de fome, em travessias do deserto, viu o seu melhor amigo morrer ao seu lado, e quase comeu um amigo morto, para sobreviver. Uma infância que nem dá para imaginar. Felizmente sobreviveu a toda esta história do além para dedicar a sua vida à paz no Sul do Sudão, expressando-se através de uma música poderosa. Hoje em dia, Emannuel Jal é um *rapper* famoso, cuja música e história de vida mexe com todos a quem toca. Crianças Soldado, uma realidade que ainda acontece em muitos países africanos: Sudão, Congo, Somália, Libéria, Serra Leoa, e certamente em outros mais.

Eu sabia que neste Congo onde eu estava, havia e há muitas histórias como a do Emmanuel Jal que aconteciam à minha volta e, também por isso, a sua história marcou-me profundamente. As "nossas" crianças jogam futebol, divertem-se a aproveitar a magia da infância, tão inocentes e ingénuos, mas as crianças "deles", com a mesma idade, carregam uma *Kalashnikov* e a sua mente é treinada para que a usem para matar. É difícil imaginar, mas é verdade. São Crianças Soldado!

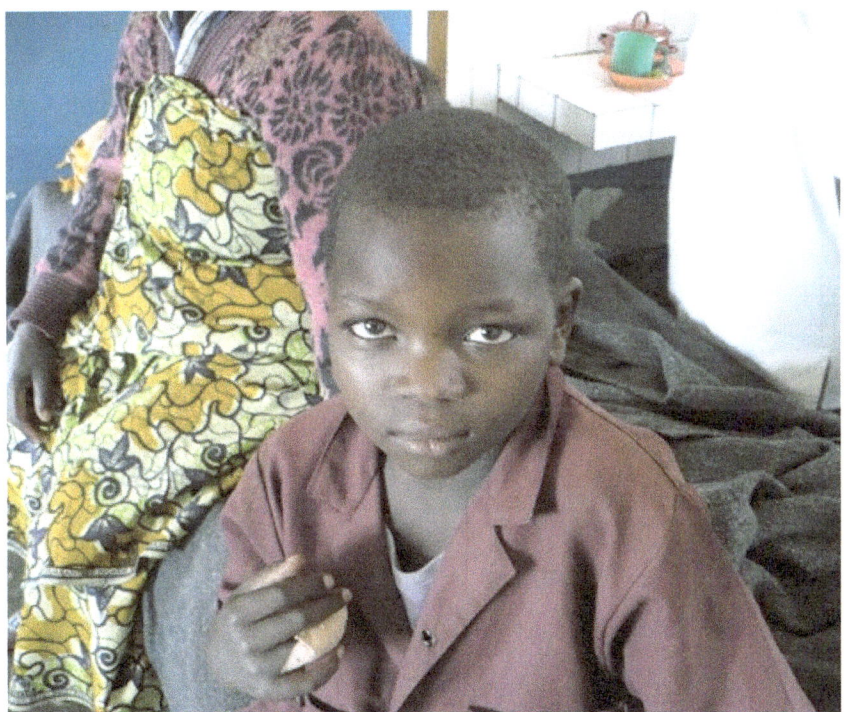

O meu amigo tinha 10 anos e não era uma criança soldado, pelo menos que eu saiba, e nem sequer era uma vítima de guerra. A razão pela qual estava no hospital era uma infecção muito feia de um dos dedos da mão, que precisava de várias cirurgias de limpeza. Este pequeno amigo lembrava-me imenso o Emmanuel Jal. Porquê? Tinha a mesma idade que o Emmanuel Jal quando este aprendeu a disparar. O mesmo charme e sorriso fácil que um dia salvaram a vida ao Emmanuel e a mesma coragem. Ele era duro, valente, corajoso... Tenho a certeza que era duro o suficiente para lidar com coisas que eu nem poderia imaginar. Talvez ele tenha já visto e vivido muita coisa, era o que eu sentia na sua forma de estar.

A primeira vez em que o vi, vi um brilho nos olhos e um olhar suspeito que me fazia compreender com clareza: "Eu não confio em ti! Podemos ser ou melhores amigos ou os piores inimigos!" Como quase sempre, a comunicação tinha uma enorme barreira linguística e, por isso, era feita com brincadeiras, sorrisos, caretas e gestos inventados ao minuto, que me levavam aos poucos a ser merecedor da sua confiança. E assim foi, depois de trocar uns sorrisos e apertos de mão, comecei a lutar com ele na brincadeira e ele adorava. Soltava gargalhadas fortes e genuínas. É difícil explicar a diferença destes miúdos e dos nossos, mas o riso deles é tão puro, tão intenso, tão caloroso, tão cheio de vida, talvez porque como muitas outras coisas que se fazem por estas terras, nunca se sabe se será a última das suas vidas. Os risos destas crianças fazem-nos sentir que temos poderes-especiais.

A primeira vez que ele entrou no bloco operatório, para que fizéssemos uma cirurgia relativamente simples, preparo-me para lhe dar Ketamina intra-muscular. Ia fazê-lo na parte anterior da coxa. Ufffff... foi duro! Quatro homens a segurá-lo, e eu com a seringa na mão. Ele era mais forte que muitos homens, era duro e pronto a lutar pelo que fosse. No final da cirurgia, fiz-lhe um bloqueio do Plexo Axilar, o que quer dizer que injectei anestésico local na sua axila, para bloquear todos os nervos do braço, para que ele não tivesse dor após a cirurgia, que pode ser muito dolorosa. Tinha alguma prática de o fazer com um Neuro-Estimulador, coisa que não tinha em Masisi, por isso usei uma técnica muito antiga, que já tinha lido nos livros e visto fazer, mas que nunca tinha feito... Depois de fazer um destes bloqueios, é normal ter algum bloqueio motor, ou seja, dificuldade em mexer o braço durante algumas horas. Expliquei isso à mãe, para a tranquilizar, enquanto um enfermeiro congolês traduziu de Francês para Swahili.

No dia a seguir, quando cheguei ao hospital, a primeira coisa que fiz foi ver como ele estava. Sem ninguém ao lado para me ajudar na tradução, consegui perguntar se ele tinha dores, e fiquei muito feliz por saber que não tinha. Depois, quis saber se já tinha recuperado a sua força muscular do braço em causa e pedi-lhe que se levantasse na sua cama. Abri os meus braços para que ele me imitasse o movimento, mas ele leu aquele movimento de uma forma bem diferente, e deu um passo em frente e abraçou-me com toda a força! Foi das surpresas mais queridas que já tive. E a avaliação da força muscular dos membros superiores também já estava feita… Que bem que me soube este abraço.

Depois da cirurgia, também lhe dei um chapéu de pano que ele usou alegremente todos os dias.

Mais alguns dias a brincar com ele, a fazer combates de boxe que ele adorava até que o tivemos que levar novamente ao bloco operatório. A sua atitude foi algo que nunca vi, nem num adulto, porque com a nossa empatia consolidada, confiou cegamente em mim. Mas era uma criança e ninguém gosta de agulhas… Quando estava prestes a fazer o mesmo que da primeira vez, injectar Ketamina no músculo da coxa, com um enfermeiro a traduzir, expliquei-lhe o que ia fazer e pedi-lhe que se deitasse, mas ele recusou. Pareceu-me estranho e insisti, mas ele recusou. Pedi ao enfermeiro para lhe dizer que sentado ia doer mais porque o músculo não está bem relaxado, mas ele respondeu sem hesitar: "Ele pode injectar na minha perna, mas eu quero ver!" E assim foi, injectando a Ketamina, ele olhava friamente para a seringa com uma expressão de dor, mas sem se mexer e sem qualquer som de queixume. Ele era duro, era um lutador! Dos mais corajosos que já vi!

Uns dias mais tarde, fui ao hospital para fazer uma cesariana, e lembrei-me de passar no Serviço de Cirurgia para dar uma vista de olhos nos meus doentes, para ver se havia algo de novo, algo de errado, ou se os enfermeiros precisavam de alguma coisa. Mas sem que o pudesse imaginar, levei mais outra lição de vida: por volta das 3 da manhã, o meu pequeno amigo não estava a dormir como era suposto, mas estava de pé ao lado da cama de outro doente. O que estaria ele a fazer? O outro doente era um soldado baleado numa perna, com uma ferida horrível... mas quando digo horrível, não fazem ideia do quão impressionante era, ao ver todos os músculos expostos e um cheiro a infecção tenebroso, que teimava em não se curar. É impressionante até para os que vêem bastantes daquelas, mas o meu amigo não se mostrou impressionado ou repelido e ajudou este homem a urinar, mesmo ao seu lado, segurando no urinol, mostrando o gigante coração que tinha. Forte o suficiente para ali estar, e bom ao ponto de ajudar os que não se podiam mexer.

É estranho dizer isto, mas é o que acontece quando vivemos o dia-a-dia no hospital e nos tornamos muito próximos dos nossos doentes. Quando ele teve alta, fiquei feliz e triste ao mesmo tempo. Era meu amigo e eu fiquei com saudades por ele ter partido.

Esta é a história de um rapaz forte e bondoso que em muito me faz lembrar o Emmanuel Jal, mas o Emmanuel não teve muitas opções na vida para além de matar para viver. Tudo o que peço, é que o meu amigo não seja apanhado nas teias da guerra, porque tenho a certeza que ele era duro para isso e muito mais...

A infância no Congo ou no Sudão é muito diferente. Muitas crianças não sabem quem é o Homem-Aranha ou o Avatar, mas sabem desmontar, limpar, montar e disparar uma *Kalashnikov*. O brinquedo mais comum em África.

Mãe de Dez

Eu estou longe e com as emoções à flor da pele, e talvez por isso, decidi escrever uma das histórias mais intensas, difíceis de partilhar e dolorosas da minha missão no Congo.

Decidi escrever estas histórias para que, de alguma forma, se tornassem imortais, porque não as quero esquecer e não quero que as pessoas esqueçam a dura realidade de alguns locais do nosso planeta. Quero que a minha voz insignificante chegue ao maior número de pessoas possível, e de poder contar como a vida pode ser tão injusta para alguns. É importante saber o que se passa nesta realidade tão distante de nós... Distante não só em termos geográficos, mas acima de tudo distante dos nossos olhos, dos nossos ouvidos e da nossa mente. Fico triste que algumas guerras sejam "famosas" e tenham tanta ajuda internacional, enquanto outras, ninguém sabe que existem, ninguém se preocupa e, por causa disso, milhões de inocentes continuarão ao sofrer horrores, achando que a palavra paz é um sonho inatingível.

Ao tomarmos conhecimento, o nosso coração vai sentir, e depois certamente ajudaremos com dinheiro, com ideias, com o nosso trabalho e também mudando aos poucos a forma de pensar daqueles que tomam as decisões importantes. Acreditem em mim, é uma sensação transcendente ajudar aqueles que tanto precisam e apreciam a nossa ajuda.

Agora a história...

Era um Domingo à tarde, e eu fui chamado ao hospital. Nada de novo. Acontecia quase a cada Domingo, que era suposto ser o meu dia para recarregar baterias... E aí estava uma mulher de 39 anos, que tinha acabado de dar à luz o seu décimo filho, e continuava a sangrar abundantemente após o parto. Primeiro tinham tentado parar esta hemorragia com todos os medicamentos disponíveis, mas sem sucesso, depois a decisão de parar a hemorragia cirurgicamente foi tomada. Quando eu cheguei ao bloco operatório, enquanto trocava de roupa em segundos, apercebi-me imediatamente de que era muito grave a situação. Ouvia a frequência cardíaca através dos bips do monitor... bip, bip, bip, bip... e o meu ouvido treinado dizia-me que estava mesmo muito rápida. E assim era, a 180 batimentos por minuto. Este é o primeiro sinal de choque hemorrágico grave. Quando entrei na sala de operação, ela ainda estava consciente, mas com uma pressão arterial muito baixa de 60/30 mmHg. Senti que independentemente da causa da hemorragia, provavelmente era demasiado tarde...

Naquele momento, os pensamentos atravessaram-me a cabeça

como balas e só me lembrava das coisas que precisava, mas não tinha, como os exames laboratoriais que no meu mundo uso quase automaticamente. Ali, apenas podia medir o valor da hemoglobina, no meio de tanta coisa que precisava de saber para avaliar e tratar desta doente de uma forma correcta. Mais do que nunca, o que dominava as minhas reflexões era "Quem me dera poder tratar desta doente no meu hospital..." A hemoglobina já estava muito baixa – 5mg/dL- e ainda sem começar a cirurgia, sabendo que ela iria sangrar muito mais. Por sorte, tínhamos duas transfusões de sangue disponíveis, compatíveis com o seu. Digo por sorte, porque o nosso banco de sangue estava sempre vazio. Esta população não gostava muito de doar sangue, sentiam que estavam a dar um pedaço de si, como se fosse um braço ou uma perna e, como tal, quase nunca doavam sangue mesmo depois de tudo bem explicado. Acho que muitas das vezes, eles não acreditam em nada do que estas pessoas brancas estranhas lhes dizem...

Tive que intubar a doente (colocar um tudo na traqueia através da boca) para proteger a via aérea e controlar a ventilação. A cirurgia começa. Os cirurgiões abrem o abdómen para ver o que está errado e percebem que tem uma Atonia Uterina, o que quer dizer que o Útero simplesmente já não se consegue contrair, e era por isso que a hemorragia não parava. Ela acabava de ter o seu décimo bebé com talvez mais gravidezes pelo meio. O Útero não foi feito para ser "usado" tantas vezes. Apesar de dedicarmos uma grande parte do nosso projecto ao planeamento familiar, por muitas razões, as mulheres não paravam de ter filhos e uma das maiores razões deve-se ao facto de os homens não aceitarem usar preservativos e nem deixarem as suas mulheres tomar a pílula. Para eles, é um sinal de masculinidade importante o número de filhos e isto é muito comum, "nesta África".

Os cirurgiões tentaram controlar a hemorragia, mas todo o Útero sangrava por todo o lado. Ainda hesitaram, por uns momentos, se deviam ou não fazer uma histerectomia (retirar o útero) e aí eu tive que intervir: "Façam o que têm a fazer para parar a hemorragia urgentemente. O seu estado é crítico e vai ser difícil mantê-la viva, certamente amanhã não sobreviverá a outra cirurgia!" Eu sabia que se ela sobrevivesse, ficaria uns dias num estado muito grave e que durante esses dias, nunca estaria capaz de resistir a outra intervenção cirúrgica. Não aqui, não com as condições que tínhamos.

E então, eles optaram por remover o útero e eu tinha a sua vida a fugir-me das mãos. Apesar das transfusões, a pressão arterial continuava baixa e a baixar e ela precisava de muitos fluídos. Aqui está o grande dilema! A gestão de fluídos. Se for a menos, a pressão arterial baixa demasiado e ela morre por falta de perfusão dos órgãos nobres (cérebro, rins, coração fígado, pulmões...), se for a mais, causa-lhe edema pulmonar que a vai "abafar" quando lhe retirar o tubo endo-traqueal.

Eu estava a tentar dar-lhe o máximo que me parecia que ela era capaz de aguentar, entretanto, já com perfusão de adrenalina (para aumentar a pressão arterial e compensar a reacção inflamatória da cirurgia e das transfusões). Mas era muito difícil de bem regular a adrenalina sem uma máquina perfusora, que não tínhamos, porque a velocidade de perfusão tem de ser exacta.

Na minha cabeça está esta doente, mãe de 10, e a ciência que tinha que usar para que conseguisse salvar a sua vida.

Os cirurgiões terminaram a cirurgia, e estavam contentes com o seu trabalho, porque o tinham feito rápido e bem, mas eu disse-lhes que o mais difícil ainda estava para vir... retirar-lhe o tubo endotraqueal.

Eu sou um médico muito novo e com muito a aprender, mas com alguma experiência na minha área favorita da Anestesiologia, nos doentes críticos e em tentar salvar vidas.

Após alguns minutos, enquanto esperava que o efeito dos anestésicos desaparecesse, calmamente deixei-a começar a respirar sem o ventilador, avaliando como estavam os pulmões em termos de edema. A pressão arterial continuava muito baixa, apesar dos muitos fluídos que lhe dei e da perfusão de adrenalina que infundia a doses elevadas. O que ela precisava era de bons Cuidados Intensivos e ficar ligada à ventilação mecânica durante uns dias, mas nós não tínhamos nada parecido.

Sem pressa, quando me pareceu o momento certo, retirei-lhe o tubo e ela em segundos desenvolveu um edema pulmonar massivo, ao ponto de o coração parar! Começo as manobras de reanimação cardiopulmonar e volto a intubá-la. Faço-lhe as compressões torácicas com todas as forças que tinha e senti o suor do meu corpo e da minha testa a cair-me nas mãos. Assim continuei até à exaustão, mas perdia, ela morreu nas minhas mãos...

Já vi muita gente a morrer na minha curta carreira, e muitas vezes levei-os comigo em pensamento durante muito tempo, mas nunca como esta. Pela primeira vez na minha vida, fiquei com o sentimento amargo e doloroso de que talvez tivesse sido culpa minha, talvez tivesse feito algo de errado, talvez pudesse ter feito melhor... Pela primeira vez, senti-me culpado e até hoje penso nisto com a dúvida de que talvez pudesse ter feito melhor. Gostava de ter tido alguém para partilhar decisões comigo, e concordar ou discordar das minhas acções, mas não havia ninguém com conhecimentos sobre doentes críticos que pudesse aliviar os meus pesadelos...

Ela era mãe de dez, e nada se sabia sobre o pai das crianças. A filha mais velha tinha 14 e já estava a tomar conta do bebé recém-nascido e agora tinha nove irmãos para tomar conta para o resto da vida... Foi demasiado forte ver esta jovem rapariga assustada com o bebé nos braços, ao receber as notícias de que a mãe tinha morrido. Ainda tenho dificuldades em segurar as lágrimas ao rever esta imagem.

Eu fui para casa, e sofri em silêncio durante horas. Os meus companheiros tentaram animar-me, dizendo que fiz tudo o que podia, mas não era isso que eu sentia... O triste facto de que esta mulher não teria morrido nas minhas mãos se tivéssemos os meios, asfixiava-me. E a culpa! Será que fiz tudo que podia? Será que fiz tudo certo? Serei eu o responsável por estas dez crianças inocentes serem agora órfãs?

A olhar fixamente para o céu cheio de estrelas, passei a noite à procura das respostas para todas estas questões que rebentavam na minha cabeça. Mas este céu que cobria as lindas montanhas do Leste do Congo, cheio de vida, cheio de dor, cheio de guerra, não me deu qualquer resposta...

Mulher Africana

Provavelmente todos sabemos que as mulheres não são tratadas como iguais em diversas partes do mundo, provavelmente também sabemos que quanto mais subdesenvolvido for o país, mais vemos discriminação feminina. E também saberão que em todas as guerras, enquanto uns lutam por território e dinheiro, são as mulheres e as crianças que mais sofrem.

É bastante impressionante ver as diferenças de papéis na sociedade entre homens e mulheres neste ponto do planeta. Há muita coisa que eu nunca percebi na forma como vivem, mas há muitas outras que me chocaram profundamente e que saltam facilmente à vista. Todo o trabalho mais duro é feito por mulheres, todo o cultivo das terras é feito por mulheres e, claro, as lidas da casa, o tomar conta das crianças e por aí fora...

Esta região é muito montanhosa e são sempre as mulheres que carregam cargas pesadas às costas, para cima e para baixo da montanha, enquanto que os homens não carregam nada! São das montanhas mais inclinadas que já vi, e as cargas que levam são inimagináveis: 40, 50, 60 quilos, quem sabe. E, para além do que carregam, como madeira, carvão, água, ainda levam uma criança ao pescoço durante caminhadas de horas. O seu fácies de esforço e esgar de dor são de cortar a respiração, mas assim é a sua vida, todos os dias. O meu respeito e admiração pelas mulheres africanas vai para além do que possam imaginar, e crescia a cada dia, depois de tudo o que vi... Mas teremos alguma ideia daquilo que elas passam? Temos alguma ideia de como os seus direitos são violados? Conseguiremos imaginar o seu sofrimento físico e psicológico nestes tempos de guerra?

Vou-vos contar uma história, a história de uma mulher, uma mulher Africana, uma mulher Congolesa, e que é apenas uma história no meio de milhões de outras.

Ela já estava no hospital quando eu cheguei a Masisi para o começo da minha missão. Tinha 39 anos e era bastante calada e tranquila, sempre com um sorriso quando nos aproximávamos dela. Olhos grandes e expressivos, bonita e confiante. Como quase todos os doentes, não falava francês, e como tal, não comunicávamos directamente. Mas havia ali algo no seu olhar, na sua expressão, nas suas acções que me faziam acreditar que era uma mulher sensata, inteligente e segura de si mesma... E, como todas as mulheres, vestia os tecidos coloridos que tanta vida dão a esta África negra.

Ela tinha uma grande quantidade de ligaduras a envolver o seu braço direito, e eu perguntei o que lhe tinha acontecido. Os enfermeiros locais começaram a contar-me a sua história:

"Ela levou um tiro no braço!"

"Mas porque é que disparam sobre uma mulher?"

"Ela resistiu..."
"Resistiu a quê?"
"Violação!"
"E ela conseguiu escapar?"
"Conseguiu no início, mas depois eles foram atrás dela, deram-lhe um tiro no braço, apanharam-na e violaram-na na mesma..."
"Quem?"
"O exército Congolês!"

Este foi o meu primeiro dia de trabalho no Congo, demasiada realidade para um primeiro dia. Ela tinha um buraco no braço bem grande, causado por uma bala de uma *Kalashnikov*, que partiu o Úmero e que provavelmente lhe deixou o braço inutilizável para todo o sempre... Pouco podíamos fazer com as condições limitadas que temos à nossa disposição. Levámo-la ao bloco operatório diversas vezes para desbridar e limpar a ferida e a cicatrização decorria com normalidade, mas quando se tem cerca de 10 centímetros de osso em falta, não há forma de consolidar este enorme fractura. Ela estava a sofrer bastante. E era óbvio que detestava entrar no bloco operatório, mas eu sentia confiança no seu olhar. Olhava para nós com esperança, sem fazer qualquer pergunta, embora eu nunca percebesse onde vão eles buscar tanta esperança, quando não temos grande coisa a oferecer nestes casos... Ela precisava de uma qualquer espécie de prótese que segurasse o peso do seu braço para que, ainda que com limitações, o pudesse utilizar. Depois de uma grande batalha burocrática, conseguimos enviá-la para um programa de próteses e reabilitação em Goma (a maior cidade da região) e eu quero acreditar que alguma coisa foi feita por esta mulher inocente.

Perdemos a conta a histórias como esta. Durante a guerra, os homens conseguem o que querem, como a comida, o dinheiro e as mulheres com um método simples: a *Kalashnikov*! Os rebeldes, mas muito mais vezes o exército Congolês, violam as suas próprias mulheres. Os que supostamente deviam proteger a sua população, são a pior ameaça. Violam, roubam, incendeiam aldeias, sem quaisquer remorsos. Tens uma arma, então consegues o que queres!

O Congo, e mais especificamente esta região onde eu estava, os

Kivus, é de longe a pior região do mundo em termos de violência sexual. Alguns relatórios apontam para que 70% das mulheres desta região já foram vítimas de violência sexual alguma vez na sua vida.

Os Médicos Sem Fronteiras, criaram um programa de assistência às vítimas de violência sexual, oferecendo a estas mulheres prevenção contra doenças sexualmente transmissíveis, contracepção e apoio médico e psicológico, criando elos de ligação com muitas das vilas e comunidades à nossa volta, para que elas pudessem chegar ao hospital, escondendo o seu verdadeiro motivo. E todos os dias, muitas novas vítimas nos chegavam a este programa com tentativas de violação, violação, violação por grupos, ferimentos por machetes ou por balas. Algumas eram violadas e mortas. Crianças, adolescentes, mulheres idosas, tudo o que se pudesse imaginar... A dor que as domina, caminhará com elas o resto dos seus dias. Muitas fugiam das suas aldeias com vergonha, outras escondiam-se em silêncio com o medo da rejeição. Há casos de mulheres que foram usadas durante dias por grupos de homens armados, e que quando foram libertadas, puseram fim à sua vida, preferindo a morte à vergonha!

Milhares de mulheres, AGORA, encaixam em toda esta triste descrição que acabaram de ler. Porquê? Porque é uma guerra que ninguém quer saber, mas que é bem real.

Petit Gustavo

Já passou um ano desde que soltei as amarras em Portugal para ir para o Congo, com a mochila cheia de sonhos, medos e questões, nada sabendo sobre o que me esperava do outro lado da minha viagem. E agora estou de volta, de volta à minha vida, tentando não esquecer as emoções que me dominaram na minha missão no Congo. A minha vida continua como se nada tivesse acontecido, mas há outra coisa que também continua: a guerra no Congo! Nem uma, nem apenas uma vez, eu ouvi falar sobre a pior guerra do mundo desde que voltei. É até difícil encontrar notícias sobre o que se passa nas maravilhosas montanhas do Congo, sobre os que morrem na guerra, à fome, com malária, ou outra doença qualquer... Não são simplesmente importantes para nós, para que apareçam nas notícias. Quando hoje procurava notícias sobre África, li que o maior assassino de crianças com menos de 5 anos é a diarreia. Duas mil crianças morrem por dia de diarreia e a quase totalidade podia ser facilmente evitada com medidas muito simples – água corrente, higiene básica, utilizar um WC. Parece fácil, não parece? Mas não é. E a cada dia que acordamos preocupados com a nossa vida stressante, 2 mil crianças com menos de 5 anos, morreram no dia anterior por não terem estes recursos, algo que nós damos como garantido à nascença. Espero, sinceramente, que a criança desta história que vos vou contar, não sofra de qualquer um dos muitos assassinos do mundo subdesenvolvido.

Ele tinha duas semanas de idade e vomitava desde a nascença. Perdia peso e estava a ficar extremamente desidratado. Para além do meu grande amigo cirurgião Yaroslav, naquela altura, estava um cirurgião Belga muito polivalente, que já tinha muitos anos de experiência em África e que era muito sábio. Ele suspeitou que o recém-nascido pudesse ter uma Estenose do Piloro, uma doença que vemos com alguma frequência nos recém-nascidos, que no fundo é um aperto à saída do estômago e que faz com que o bebé cada vez que mame, vomite, causando-lhe a morte se não for tratado. O cirurgião chamou-me e disse-me que queria operar este pedacinho de gente no dia seguinte. E eu fui então ver e avaliar o rapazinho com algum receio logo à partida. Todos os Anestesistas têm algum medo de bebés tão pequeninos, mas assim desnutridos e desidratados, muito pior, principalmente quando não temos exames laboratoriais. Já vi alguns casos destes em Portugal, que não apresentam um desafio ou risco de vida, porque o diagnóstico é feito sem demoras e os bebés encontram-se bem hidratados, nutridos e em pleno equilíbrio fisiológico, especialmente no que diz respeito ao que chamamos equilíbrio hidro-electrolítico: fluidos, ácido-base e iões. Bem, uma coisa jogava a meu favor, não havendo qualquer opção, se o bebé não fosse operado, morria, e quanto mais se adiasse, menos hipóteses teria de sair com vida.

Fui para casa "devorar" os livros que trouxe comigo para estudar tudo o que conseguisse para estar à altura da situação. O problema é que os livros que nós temos, não nos preparam para trabalhar sem recurso a análises, e portanto, muita coisa tinha que presumir ou tentar adivinhar sobre o estado do bebé. Para quem não sabe, a Anestesia não consiste apenas em adormecer as pessoas, mas envolve todos os passos do antes, durante e após a cirurgia. Se o bebé morre nas minhas mãos, será sob a minha total responsabilidade. Depois de fazer muitos cálculos, voltei ao serviço de Pediatria e preparei as perfusões misturando os fluidos, a glicose e os iões, e depois expliquei em detalhe aos enfermeiros o que se passava na minha cabeça e a velocidade de perfusão que previa até ao dia seguinte (não temos máquinas perfusoras, por isso temos que contar as gotas, coisa que felizmente para estes enfermeiros era práctica corrente). Foi para mim muito exigente e desgastante a preparação para este doente. Tive que misturar os meus conhecimentos médicos com o que tinha lido nos livros, adaptando-me às condições de trabalho que tínhamos e com uma boa dose de esperança que tudo corresse pelo melhor... ufff... Os recém-nascidos são muito difíceis de gerir e quando estão em estado crítico são extremamente imprevisíveis. Um pequeno erro da minha parte, podia-lhe custar a vida... Durante as minhas avaliações consecutivas do pequenino, a mãe estava sempre ao lado muito atenta e preocupada com os dias que aí vinham. Quanto mais ela via os Muzungus (os brancos) à volta do seu filho de 14 dias, mais ela ficava nervosa, com mais perguntas inquietantes sobre o prognóstico do seu menino. Como sempre, eu tentava responder com palavras simples, mas com a verdade cruel de que tudo podia acontecer.

O dia seguinte, era apenas mais um dia com muitas cirurgias e muitas anestesias para fazer, mas com um caso muito especial e delicado. O recém-nascido parecia ter ganho alguma vida depois de 18 horas de perfusões preparadas por mim, mas fiquei com o coração muito apertado quando a mãe banhada em lágrimas, me entrega em mãos o bebé.

Nesse dia, cheguei ao bloco operatório bem cedo, para que pudesse preparar com calma todos os medicamentos e material adequados para este pedacinho de gente. Tudo estava pronto quando ele chegou. Tentei explicar aos enfermeiros anestesistas, que trabalhavam comigo, o máximo que consegui, mas fiquei sempre com a sensação de que não se aperceberam do quão grande era este desafio para mim, o de "segurar" este bebé que estava tão fraco e desidratado.

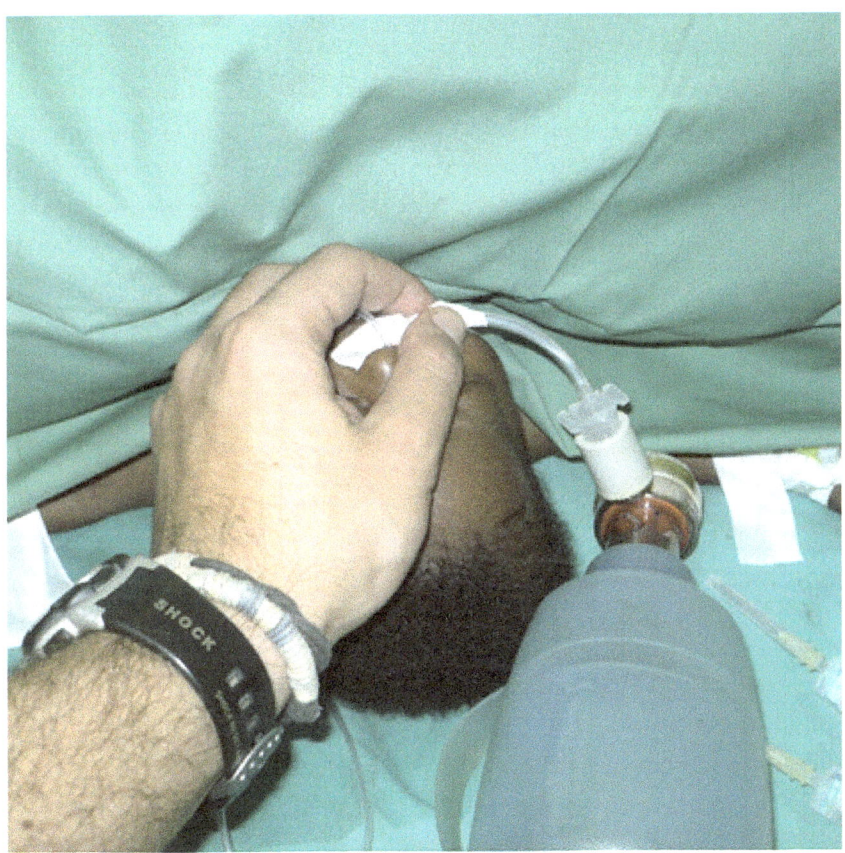

A indução da anestesia decorreu normalmente e, sem percalços, entubei a traqueia do bebé. Segui todo o plano e cálculos feitos previamente durante toda a anestesia. Os cirurgiões começaram a operar e logo confirmaram o diagnóstico. A saída do estômago (o piloro) foi cortada para que se tratasse esta doença. A cirurgia foi um grande sucesso, mas o meu sossego estava longe de estar conquistado. Tive que esperar para ver se ele estava capaz de recuperar em pleno a sua capacidade de respirar e se acordaria sem problemas. Levou algum tempo, mas correu tudo muito bem. O bebé acordou bem e muito calmo, e no recobro todos os seus sinais vitais continuaram impecáveis. Estávamos todos muito contentes, especialmente a mãe, e após uma pequena explicação do que tinha acontecido, preparei-a para a demora para o voltar a ver no seu estado prévio. Trouxe-a até ao recobro e ela chorou de alegria por o ver bem. Foi tão bonito! Ela ficou sentada a olhar fixamente para o menino, sem sequer piscar os olhos, até que lhe dei permissão para o pegar ao colo. Ela estava extremamente preocupada pelo bem-estar do seu bebé. Por vezes, as pessoas pensam que por tantos morrerem, eles não sofrem como nós, mas não é verdade! Sofrem extactamente da mesma forma!

Mas o meu trabalho ainda não tinha chegado ao fim. Tinha que me assegurar que recuperava a sua saúde perdida até ser um bebé normal para os seus dias de idade. Com a ajuda das perfusões e esperando que a cirurgia não tivesse complicações, esperámos pelo momento em que o bebé começasse a ser amamentado com normalidade. Fui fazendo o seguimento de perto a cada dia do pós-operatório e deliciava-me com o sorriso da mãe que a cada dia era maior, assim como o recém-nascido, que crescia a olhos vistos. A cada dia, sentia que estávamos mais perto da vitória, e a cada dia a mãe mostrava mais alegria e orgulho quando me passava o bebé para as mãos para eu o avaliar. É incrível como estabelecemos uma relação com laços fortes, sem falar a mesma língua, apenas com sorrisos, alguma linguagem gestual, e umas traduções aqui e ali feitas pelos locais.

O bebé não podia estar melhor, a mãe não podia estar mais contente e eu também estava muito feliz. Quando estava prestes a ter alta, uma semana após a cirurgia, fui à ala pediátrica para me despedir da mãe e do bebé, que agora com 21 dias transbordava saúde. A mãe começou a olhar para mim determinada e dirigia o seu Swahili na minha direcção... Infelizmente não percebia nada (a minha preocupação era melhorar o meu francês), mas um enfermeiro Congolês entrou em cena para traduzir:

"Doutor, a mãe quer que você escolha um nome para o bebé!" Aqui, ninguém dá os nomes antes do nascimento. Imagino que uma das razões seja porque nunca se sabe o que vai acontecer até o bebé ficar bem.

"Mas eu não sei nome nenhum em Shawili!", respondi eu.

"Não é isso. Ela quer dar o seu nome ao bebé!" Bem, correu pelo meu corpo uma descarga de adrenalina que não dá para imaginar. Até senti as pernas a tremer. Nunca me tinha acontecido nada parecido e fiquei extremamente emocionado com aquela frase.

"O meu nome é Gustavo, pergunta-lhe se ela gosta!", disse eu.

"Ela diz que gosta muito e pergunta o que quer dizer o nome!"

Uuuupppsssss, não faço ideia. Acho que todos lemos alguma vez na vida o significado do nosso nome, mas eu nunca dei muita importância. Em muitas regiões de África, atribuem ao nome um grande significado, e por isso, eu não podia desiludir aquela mãe e aquele pequenino.

"Quer dizer forte, corajoso e inteligente!" Mostrando os meus músculos, menti com confiança. Ela riu-se e assimilou a informação num regozijo de alegria.

Virei as costas à mãe e ao Petit Gustavo, depois de lhes dizer adeus. Com as lágrimas nos olhos, fui para o meu *spot* favorito do hospital, de onde se podia apreciar uma vista maravilhosa da paisagem que nos rodeava a 360º, enquanto pensava no *Petit* Gustavo.

Nestes momentos, em que vemos o nosso esforço recompensado por uma vida salva, e depois sentimos que alguém está disposto a dar o nosso nome ao seu filho como sinal de apreciação, tudo passa a fazer sentido. Deixar para trás todos os que amamos, faz sentido. Perder todo o Verão, faz sentido. Perder dinheiro, arriscar a vida e desafinar alguns parafusos na minha cabeça, tudo faz sentido. Não cabia no meu sorriso ao pensar que agora havia uma criança com o meu nome no Congo. Será que o ia voltar a ver? Iria ele sobreviver à guerra? Transformar-se-ia numa criança-soldado? Sobreviveria à Malaria? Ou iria ser parte das 2 mil crianças que morrem por dia, por diarreia ou por qualquer outro dos assassinos de África?

Pensava no meu afilhado, quase com 1 ano, e na sorte que tinha por ter nascido numa parte do mundo onde os cuidados de saúde são tão desenvolvidos, e onde as crianças crescem saudavelmente quase sempre sem problemas. O *Petit* Gustavo tem o seu destino à mercê de uma roleta russa. Até ali tivera bastante sorte, que no meio das montanhas em guerra encontrou um hospital onde os cuidados de saúde diferenciados e gratuitos eram uma realidade. É muito caro fazer funcionar todo um hospital com capacidade cirúrgica, e muitas vezes me perguntava se usaríamos o dinheiro correctamente, se por exemplo em campanhas de vacinação não se salvariam muitas mais vidas... A resposta é simples: sim, salvar-se-iam mais vidas dessa forma, mas ao mesmo tempo, há algo que estamos a oferecer que não tem preço: Esperança! Com uma mensagem para a população que vive num dos piores locais do planeta – há algumas pessoas do mundo, vindas sabe-se lá de onde, para prestar cuidados de saúde de grande qualidade, e capazes de tratar situações complicadas, para que um dia este local se torne no paraíso na Terra que deveria ser.

Uma vida foi salva, mas muitos receberam uma mensagem fortíssima: há pessoas pelo mundo fora que se preocupam com o que se passa no Congo, especialmente aqueles que doam o seu dinheiro aos Médicos Sem Fronteiras ou a outras organizações, e tornam o trabalho no terreno possível.

É para todas estas boas pessoas que são felizes ao se preocuparem e a dar, que eu dedico esta história. Que o *Petit* Gustavo viva por muitos anos, para que um dia a sua mãe lhe conte a história e ele possa contar ao mundo de como a sua vida foi salva, para que a ESPERANÇA nunca desapareça!

O Melhor Dia da Minha Vida

Cada vez mais, tudo à volta do futebol é sobre milhões, corrupção e violência, mas se olharmos para o futebol como deveríamos, veremos que é algo de maravilhoso com um poder de alcance e impacto inimaginável. Nascido na Europa, viajou pelo mundo inteiro, tornando-se no maior desporto do planeta e África não é excepção. Eles são loucos por futebol de norte a sul e até nas montanhas em guerra do Congo, o futebol tem um papel importante, ainda que diferente. Pela primeira vez, o campeonato do mundo será em África, e isso deixa-me imensamente feliz. Espero sinceramente que se não for Portugal, que seja uma equipa Africana a ganhar. África merecia isso e muito mais...

Eu adoro desporto, e preciso de desporto, e enquanto vivi em Masisi, não tinha muitas opções. Não havia nada para fazer... A primeira coisa que perguntei quando lá cheguei foi se seria possível jogar futebol em algum lado, mas ninguém me sabia dizer se o era. Decidi ir correr o mais que conseguia, com o rádio na mão por razões de segurança, muitas vezes de madrugada, com o nível das nuvens ainda abaixo das montanhas onde eu estava. Deliciava-me com a paisagem, a neblina e o nascer do sol e tinha momentos lindos de reflexão antes de ir trabalhar para o hospital. Quase sempre tinha "centenas" de crianças que corriam pedaços do percurso ao meu lado que a toda a hora gritavam: "MUZUNGU!" (homem branco). Não sei bem porquê, mas a alegria de me verem a correr era imensa, como se ver um homem branco a correr sem motivo nenhum, fosse a melhor coisa que lhes aconteceu naquele dia. Nunca esquecerei estas pequenas maravilhas do dia-a-dia, como os sorrisos, os incentivos e energia destas crianças que corriam comigo. Difícil de descrever, mas saboroso de relembrar.

Mas correr não me chegava, eu precisava de futebol. E continuei a perguntar, até que alguém me disse que havia um campo de futebol nas imediações da cidade. Ficava a uns 7 quilómetros da nossa casa, e já algo fora da cidade. Contudo, havia um grupo de rebeldes, os APCLS (um grupo de Congoleses que luta pelos direitos do Congo e da sua população, fazendo um esforço para que as riquezas do Congo fiquem no Congo), de cerca de mil soldados que estavam acampados à volta do campo de futebol. Perguntei ao Phillipe, o meu chefe, responsável pela nossa segurança, se seria seguro dar uma espreitadela neste campo de futebol e para meu espanto ele disse-me que não havia problema, que estes homens não são uma ameaça para nós, e que, na verdade, são até bastante amigáveis... Como tal, num belo dia, decidi ir lá ver o que se passava, aproveitando uma das corridas. Depois de 15-20 minutos a correr pela estrada principal, viro à direita, para uma descida sinuosa, de onde ainda não se avistava o dito campo que ficava a uns 2 quilómetros de distância. Vestido com a minha *t-shirt* dos MSF para me identificar e com o rádio para o caso de ser preciso alguma coisa, cumpria todos os requisitos de segurança, mas senti o meu coração a começar a bater mais rápido. Eu estava sozinho, dirigia-me para o desconhecido, até que de repente... Uaaaauuuuuuu... a vista do campo de futebol abriu-se à minha frente.

Sinceramente, é difícil de imaginar que no mundo possa existir um campo de futebol tão deslumbrante como aquele, no meio de montanhas verdes e imponentes, com uma vista para montanhas até ao infinito, parecia suspenso no verde por magia, quase demasiado perfeito para ser verdade. Eu continuava a correr na sua direcção e, aos poucos, fui vendo as palhotas dos rebeldes desenharem-se no meu horizonte. Ao aproximar-me, comecei a ver muitos deles com as suas Kalashnikovs, a sair das palhotas e a olhar para mim. Aí, eu parei a olhar para eles e para o campo ainda longe, de uma posição bem superior. Conseguia ver muitos Congoleses a jogar futebol e as minhas pernas tremiam de vontade de jogar também. Mas, naquele momento, comecei a ouvir os gritos dos rebeldes ao longe: *"Come on!" "Join us!" "Have a drink with us!"* E saltaram-me vários pensamentos à cabeça: mil gajos com *Kalashnikovs* a convidar um branco para se juntar a eles?! Tinha prometido à minha mãe que não faria nada de muito estúpido ou de muito arriscado e senti que estava prestes a falhar essa promessa, então, retraí-me com medo. Acenei cordialmente para os muitos que me olhavam, virei as costas e voltei a correr para casa. Sentia uma grande mistura de emoções, feliz por ter encontrado aquele sítio lindo, mas triste por não ter ido até ao fim, jogar futebol, fazer amigos...

Alguns dias mais tarde, um enfermeiro Congolês veio-me pedir dinheiro para apoiar a equipa de futebol local, para um evento especial no Domingo seguinte. Dei-lhe algum dinheiro e perguntei com os olhos a brilhar se poderia jogar. Ele aceitou, provavelmente com a sensação que acedia a um capricho de um branco com dinheiro.

O dito Domingo chegou, e eu não cabia em mim de tanta excitação. O meu amigo e colega Yaroslav veio comigo, mas apenas para ver. Eu não fazia ideia do que me esperava no campo de futebol. Encontrei-me com o tal enfermeiro no centro da cidade, e assim se fez um grupo que caminhava para o tal campo do paraíso. Havia imensas pessoas que caminhavam também na mesma direcção e fui-me apercebendo que iam todos ver o futebol. Começava a sentir que era algo de importante, mas tudo era uma surpresa para mim.

O facto de que havia um grande grupo rebelde acampado no local em causa, parecia perder a importância. Estava uma tarde linda de sol, e ao aproximar-me do campo de futebol, fiquei incrédulo com o que os meus olhos iam desvendando: milhares estavam a ver o jogo que decorria antes do meu. Todo o cenário ultrapassa a imaginação de qualquer filme com a multidão entusiasmada a envolver o campo, as montanhas carregadas de verde a toda a volta... Queria muito ter tirado fotos, mas pareceu-me ser perigoso levar a máquina.

Quando estava a cerca de 1 quilómetro, o barulho da multidão de espectadores ressoava bem alto. Nunca tinha visto um jogo a ser vivido daquela maneira. Os jogadores eram muito atléticos e jogavam ao estilo africano, nos seus saltos, voos, contactos bem agressivos... O público amava essa intensidade e viviam o jogo como se fossem gladiadores no coliseu de Roma. Uma forma de viver o futebol completamente diferente de tudo o que eu já tinha visto na minha vida.

Mas quando eu e o Yaroslav chegámos, por alguns momentos, as atenções vieram na nossa direcção. Imagino que não estariam à espera de ver "Muzungus" naquele lugar. Olharam-nos fixamente sem vergonha, pois estavam certos que o que viam não era suposto estar ali.

O meu jogo vinha a seguir e eu já estava a ficar nervoso. Era impossível não ficar. Quanto mais ouvia a multidão aos gritos, mais vontade tinha de jogar. A polícia, o exército e os rebeldes APCLS, eram responsáveis pela segurança e controlo da área de jogo, e distribuíam bastonadas a toda a hora naqueles que pisavam a linha do campo. Com as suas metralhadoras ameaçavam os mais ariscos para que recuassem uns centímetros, mas não era tarefa fácil. Havia demasiadas pessoas, eu diria não menos que 5 mil pessoas à volta daquelas 4 linhas e todos queriam estar o mais perto possível do jogo e dos jogadores. Às vezes ficavam loucos. Mais do que uma vez, invadiram o campo por uns minutos, quando a polícia e os militares perderam totalmente o controlo da situação. Típico de África – amor e ódio – vivendo o momento como se fosse o último das suas vidas. Eu estava tão excitado, depois de tanto tempo a querer, finalmente ia acontecer e logo naquele palco apocalíptico. Ia jogar futebol!

Afastei-me do campo para conhecer o meu treinador e os meus companheiros de equipa e senti que os seus olhares estavam todos em sintonia: "Porquê é que este Muzungu quer jogar connosco? Este idiota quer se exibir ou quê?" Foi isto que li nos seus pensamentos, mas porque era um médico branco de uma organização que emprega mais de 500 pessoas em Masisi, talvez a melhor coisa que tinham na sua cidade, não conseguiram dizer-me que não. Tinham que me deixar jogar. Perguntaram-me em que posição é que eu jogava e eu respondi no meio-campo. Ainda que com tanta gente, sentia-me sozinho… Comecei a dar uns toques na bola para aquecer e vi os miúdos deliciados e deslumbrados com os truques que eu conseguia fazer.

O momento aproxima-se. O enfermeiro que me trouxe era o responsável médico da equipa e trazia máscaras e luvas na sua maleta. Começou a distribuir 1 grama de Paracetamol a cada jogador e eu perguntei-lhe: "O que estás a fazer? Porquê?" Respondeu-me prontamente: "Para prevenir, tomam um analgésico, antes que aconteça." Eu não conseguia parar de me rir.

Deram-me um equipamento quando o jogo estava prestes a começar. Quando a multidão se apercebeu que um branco, médico no hospital, estava pronto para jogar, a sua curiosidade e interesse aumentou ainda mais.

Quando o jogo começou, o que eu senti transcendia tudo o que até ao momento tinha sentido na minha vida. Estava no campo a ouvir imensos gritos, de uma enorme multidão a viver o jogo como se fosse a final da liga dos Campeões, apesar de ser apenas um evento amigável de equipas locais. Alguns jogadores jogavam descalços, mas a sua forma física era impressionante, muito melhor que a minha. Jogavam muito duro, a relva era muito irregular, e por isso o futebol era muito directo e de combate, mas desde logo perceberam que a forma como eu tratava a bola, tinha mais qualidade, uma técnica mais refinada. Tacticamente e tecnicamente era melhor do que todos eles, mas todos corriam mais do que eu, com ou sem chuteiras... Cada vez que fazia um domínio de bola ou fintava alguém, o público delirava. Tantos, aos gritos: "Muzuuunngguuuuuuuuu!" Eu estava completamente dominado pelas emoções, e nunca jogar futebol tinha sido tão especial na minha vida, um prazer simples, mas transcendente. Quando parava uns segundos para pensar, vinham-me as lágrimas aos olhos. Nunca me tinha sentido tão especial e tão admirado. Paisagem idílica, multidão de milhares na loucura, no meio da guerra. Nada mais interessava para aqueles que ali estavam, para além daquele jogo de futebol. Não havia Tvs, ou rádio, ou uma máquina fotográfica que fosse... Nada havia para provar que aquilo alguma vez acontecera. Quem está, está e apenas estes viveram aquele dia mágico. Eu tentava agradar ao público o mais que conseguia, sem tentar ser a estrela, mas jogando para a equipa. Eles, por sua vez, não acreditavam que este "frágil" homem branco saltava lado a lado, jogava duro, lutava por cada lance com a mesma intensidade que todos os outros... Por esses esforços, recebia ainda mais gritos e aplausos para reforçar a minha motivação.

Mesmo antes do intervalo, marcação de um canto a favor da nossa equipa. O canto é batido, o defesa corta para fora da área e aí estou eu, ataco a bola com convicção, e chuto de primeira com toda a força. E é Gooooooolllloooooooo!!! Nãaaaooo, não entra! Passou a rasar o poste, e acertou em cheio num soldado. Eu só o vejo a cair para trás com a *Kalashnikov* a voar por cima da sua cabeça. Era isto que o público amava, estes momentos cómico-trágicos davam alegria a todos os que absorviam o momento.

Chega o intervalo. Sou cercado por centenas de crianças que lutam aos encontrões para tocar na minha pele. Tento juntar-me aos meus companheiros e treinador, que acabam por ser obrigados a forçar uma nesga na multidão para que eu consiga respirar. O treinador olha para mim com os olhos a brilhar e todos me dirigem rasgados elogios.

Segue o jogo. Muitas vezes a minha mente divaga para o Porto, para o MGC (a minha equipa de futebol), e para todos aqueles que eu gostava que estivessem a viver aquilo comigo, o sentir África na sua forma mais pura. Parece haver cada vez mais pessoas a ver o jogo. Há uma "claque desorganizada" que começa a gritar o meu nome e as emoções quebram-me por completo a concentração. Cada vez que tenho uns segundos de descanso, olho à volta e vêm-me as lágrimas. As minhas pernas começam a ficar muito cansadas, mas eu sinto que tenho uma missão a cumprir: dar a toda esta gente, que já sofreu tanto com esta guerra, momentos de alegria, algo que os faça felizes. Corri, disputei bolas no ar e no chão, passei, fintei e lutei até ao meu último fôlego, para o delírio de todos. A multidão fica em êxtase!

Termina o jogo, ganhamos 3-0 (como se isso interessasse!). Tinha dores nas pernas e nas costas como nunca antes, mas também uma deliciosa sensação de missão cumprida.

Mais uma vez fui emboscado por crianças e adultos. Sem exagero, centenas lutavam para me tocar ou ver-me de perto. Senti que para eles, eu era mais importante que o Cristiano Ronaldo e tive que ser resgatado por vários homens fortes para me libertar do sufoco humano. As crianças agarravam-me e não me largavam. Felizmente o 4x4 dos MSF estava ali para nos levar para casa, porque senão, acho que não teria forças para caminhar até casa "a lutar" com a multidão.

À ida para casa, o enfermeiro que me levou, disse-me: "Dr. Gustavo, você foi o melhor jogador e fez algo de muito especial para a nossa gente hoje!" Palavras e sentimentos que o dinheiro não pode comprar. Só por isso, todos os esforços que eu fiz para ali estar, tinham valido a pena.

Fiquei famoso na região. Nos dias seguintes, toda a gente falava sobre o jogo de futebol. Quem lá esteve, adorou e teve um daqueles dias que ficam para a vida, quem não esteve, queria ter estado... Fiquei todo dorido durante vários dias, mas desfrutava de cada uma das minhas dores como prova das emoções fortes, deste que foi O Melhor Dia da Minha Vida, porque ajudei a dar algum entretenimento a quem nada tem.

É isto que acontece quando aproveitamos o melhor do futebol.

O Meu Clube (1)

Quando eu era pequenino e a minha mãe me via a brincar com um grupo (três seria suficiente), ela costumava dizer algo do género: "Que clube tão fantástico!" e era exactamente isso que eu tinha no Hospital de Masisi, um clube fantástico. Nem sempre era o mesmo, alguns entravam, outros saíam ao sabor das admissões e altas do hospital.

Quando não falamos a língua não é fácil criar laços, mas com as crianças é bem diferente. Com coisas muito simples, conquistamos sorrisos, fortalecemos a confiança e fazemos amigos. Como todas as crianças no mundo, tinham uma capacidade de aquecer todas as almas com os seus golpes de charme. Penso que quando estamos longe de casa, quase sem contacto do resto do mundo, precisamos que alguém nos aqueça a alma para estarmos em paz com as nossas emoções, para encontrarmos razões para sorrir, para ajudar a esquecer que estamos no meio de uma guerra e todas as pessoas de quem gostamos estão infinitamente longe. E pouco a pouco, com truques, graças, sorrisos e pequenos presentes, dei por mim com uma ligação muito forte com algumas das crianças do hospital.

Mais do que nunca, vivia para trabalhar, e durante os 4 meses que lá estive, só não fui ao hospital 3 ou 4 dias, todos os outros: trabalho, trabalho, trabalho, muitas vezes sem pausas e sem comida até à noitinha. Claro, quando vivemos para trabalhar, as relações que estabelecemos no hospital são muito fortes, até ao momento que parece que são tudo o que temos na vida.

    A nossa rotina (minha e do cirurgião) era quase sempre a mesma, se não tivéssemos nada de muito urgente, tínhamos uma reunião matinal com o *staff* local. Os Congoleses adoram reuniões mas eram uma enorme perda de tempo. Tentávamos lutar contra o status quo, mas não é fácil, eles adoram discutir sobre tudo e sobre nada. Por vezes, fazia-se uma reunião especial, para coisas tão importantes como decidir quem ficaria com a chave de um determinado armário, e assim derretíamos uma hora. Mais para o final, com muita luta, conseguimos exterminar algumas dessas reuniões para que tivéssemos mais tempo para tratar dos doentes. Estes são alguns dos obstáculos que encontrámos ao trabalhar nestes locais, não é só a guerra ou a falta de meios, mas toda uma mentalidade muito diferente de tudo o que conhecemos. Depois da reunião matinal, fazíamos a visita ao serviço de Cirurgia que era bastante interessante e muitas vezes até divertido. As conversas com os doentes, perdidos em traduções entre Swahili, Francês e Inglês e o bom humor dos Congoleses alegravam as manhãs. Fazíamos o ponto da situação de todos os doentes, um por um, discutindo o tratamento e o plano para as cirurgias de cada dia. Eu, como Anestesista, essencialmente, interferia nos mais graves, no controlo da dor, dos fluídos e dos antibióticos, e fazia a minha avaliação dos que estavam prestes a ser operados. Mas muitas outras questões, sobre as decisões cirúrgicas não me diziam respeito, embora estivesse sempre à escuta. Era nestas primeiras horas da manhã, que eu brincava com os meus amigos pequeninos. Às vezes, um ou mais, davam-me a mão e acompanhavam o grupo que fazia a visita, como se fossem parte dela. Eram os momentos mais felizes do meu dia. Simplesmente adorava atirá-los ao ar, fazer balões com as luvas de plástico, corridas, desenhos (tenho a certeza que muitos nunca tinham visto um lápis ou uma caneta) e com algumas palavras e linguagem gestual, divertíamo-nos imenso. Era uma sensação maravilhosa quando alguns corriam na minha direcção mal me viam de manhã, provavelmente querendo mais um balão, que eram um grande sucesso. Derretiam-me o coração por completo e sentia-me especial aos seus olhos, crianças estas que directa ou indirectamente sofreram tanto com aquela guerra terrível. Da maioria deles nunca cheguei a saber o nome, ainda que das poucas frases que sabia dizer era *"Jina lako nani?"*. Com ou sem nomes, na minha memória, vou-me lembrar deles para sempre.

As duas irmãs queridas que foram vítimas directas do conflito foram uma forte história por si só. Por muitas razões, faziam parte do meu grupo favorito. Ainda me lembro como se fosse hoje, quando me chegaram às mãos com as suas feridas por balas de *Kalashnikov*, as suas roupas ensanguentadas, os seus gritos de desespero, e depois a sua evolução, e de quando vi os seus sorrisos pela primeira vez ao levá-las vezes sem conta ao bloco operatório, contra a sua vontade, sem dúvida, mas com a sensação que sabiam quem eu era e que confiavam em mim de alguma forma. Claro que isso fazia uma enorme diferença de cada vez que lhes tinha que injectar a Ketamina ou colocar um cateter numa veia.

A cama da Tuliza era muitas vezes o ponto de encontro da criançada porque ela não podia andar por causa da bala que lhe destruiu o pé. Naquele Congo, de cada vez que chamava alguém pelo nome, a resposta imediata era *"present"* em Francês. Comecei a perceber que em Swahili faziam o mesmo e que se responde algo como "abê". Então, de cada vez que passava pelo quarto da Tuliza, eu chamava-a: "Tuliiiizzaa!" e ela respondia-me de uma forma muito querida com a sua voz abebézada: "Abê!"

A outra menina, também gordinha, que era parecida com a Tuliza, também fazia parte do grupo, mas não fazia ideia porquê. Estaria doente? Não me parecia. Deveria ser familiar de algum doente de outro serviço do hospital e estava muitas vezes por ali, mas não sei de onde vinha. Encaixava bem no Clube, sempre a sorrir e a pedir-me alguma coisa.

Maria, tanto a dizer sobre a Maria, provavelmente a mascote mais famosa do hospital de Masisi durante muito tempo... Tinha 5 anos. Quando cheguei, já "vivia" no hospital há 3 meses, e 4 meses depois quando saí, ainda lá ficou. Não era vítima de guerra, era "apenas" vítima da pobreza. Tinha uma queimadura exuberante. Quando não há electricidade, tudo depende do fogo e do ferver da água e, com muita frequência, as crianças queimavam-se por tudo e por nada, vítimas da falta de segurança e da sua forma de viver. A Maria tinha queimaduras em muitas partes do corpo que cicatrizaram com sucesso, mas a parte posterior da perna era um pesadelo... Muitos enxertos de pele foram tentados, mas a falta de higiene levou a muitas infecções desta ferida que nunca cicatrizava. Ela era triste, olhos tristes, expressão triste... Só com muito esforço a conseguia fazer sorrir e ela era de longe com quem eu passava mais tempo, e a quem eu dava mais atenção.

Uma vez, ofereci-lhe um livro de pintar com lápis de cor, mas não teve o efeito que eu esperava. Tentei explicar como se pintava, mas cheguei à conclusão que os nossos mundos eram demasiado diferentes! Ela nunca tinha visto nada parecido, e penso que este tipo de actividades nunca tinha chegado a estas partes do mundo. No meu outro presente, tive uma grande surpresa! Encontrei um poster numa revista com uma foto de elefantes, dei-lhe o poster e colei-o na parede ao lado da sua cama. Ficou bastante contente com a sua nova "decoração" de espaço. Quando voltei no dia a seguir, o poster não estava lá. Fiquei um bocado frustrado e pensei com os meus botões, que seria normal que algo tão frágil se destruísse facilmente, mas pedi ao enfermeiro para lhe perguntar onde estavam os elefantes. E a Maria apontou para a janela dizendo que "eles fugiram para a selva". Uns dias mais tarde, fui surpreendido com o poster na parede outra vez, e voltei a perguntar o que se passou. Ela sorrindo disse-me: "os elefantes voltaram da selva porque tinham saudades minhas!" Insignificâncias que me deixavam encantado com esta menina. A mãe dela estava "muito" grávida, como todas as mulheres africanas (parece que estão sempre grávidas) e durante toda a estadia da Maria no hospital, ela continuava a trabalhar. Aqui a vida continua sempre. Apanhava e vendia lenha e coisas do género e a Maria passava a maior parte do tempo sozinha, quase sempre com gesso na perna na tentativa de cicatrizar a ferida. Coitadinha.

O irmão da Maria estava por lá. Não sei se deu para perceber, mas quando algum membro da família está no hospital, toda a família dorme por lá ou à volta. Muitas vezes vêm de vilas longínquas, e chegam depois de vários dias a caminhar. Por ali ficam, e à noite, havia vezes em que via três, quatro ou cinco pessoas a dormir na mesma cama, ou debaixo da cama. Bastante higiénico, não é? Mas não havia forma de dar a volta a essa questão. Este pequenino tinha menos de 2 anos, e como todos os outros, estava sempre sujo, especialmente no nariz e só tinha duas ou três t-shirts extremamente podres. Estava sempre a correr de um lado para o outro, em passinhos pequeninos e também fazia parte dos melhores momentos do meu dia. A minha relação com ele foi trifásica: começou por ter medo de mim, fugia de mim e gritava quando eu lhe tentava dizer olá. Passou por uma fase em que tolerava a minha presença, mas ainda com imenso medo de qualquer contacto com o "Muzungu", e acabou numa fase maravilhosa em que corria na minha direcção todo feliz, cada vez que me via, e como reflexo saltava para o meu colo.

Continua…

O Meu Clube (2)

Quem realmente roubou o meu coração, que me fez sorrir mais vezes e que, sem dúvida, é de quem tenho mais saudades, mais de um ano depois de ter saído do Congo, foi o Dorika, meu querido Dorika.

Eu acho que ele tinha 5 anos e fazia parte do Clube que "vivia" no serviço de Cirurgia. Ali estava porque o seu pai era um daqueles doentes de longa duração. Umas semanas após ter chegado a Masisi, o meu chefe pediu para falar comigo em privado, para explicar alguns factos importantes sobre um doente que iria chegar, que era "inimigo" do exército Congolês. Chamava-se Sikito (o pai do Dorika) e era Ruandês, um dos soldados do FDLR. Se tentasse explicar a complexidade da guerra do Congo, perder-me-ia em páginas escritas e certamente ficariam ainda mais confusos. Ainda assim, posso adiantar alguns factos interessantes, sem tentar ter uma abordagem política na minha escrita... A história desta guerra no Congo começa em 1994 no Ruanda, quando a maioria dos Ruandeses, que antes tinham sido designados de Hutus pelos Belgas, 90% da população, decide matar os restantes 10% que têm sempre governado o país, os Tutsi. Durante cerca de três meses, os Hutus mataram a torto e a direito todos os Tutsis que conseguiram – o genocídio do Ruanda. Com pouco mais do que manchetes, mataram 1 milhão de um total de 7 milhões de Ruandeses (eu sei! É mais do que 10% e nem todos os Tutsis morreram, é complicado de explicar). Esta rebelião Hutu foi liderada por uma força revolucionária chamada Interahamwe, que são os principais culpados do genocídio. Depois de chacinarem 1 milhão, com a ajuda (muito tardia) da comunidade internacional, o genocídio chegou ao fim e os culpados foram perseguidos e os Interahamwe fugiram. Para onde? Congo! Para as bonitas montanhas do Congo. Um país já em destroços era o local ideal para fugirem e tentarem montar a sua resistência ao poder Tutsi. Por isso, os Interahamwe ainda estão no Leste do Congo (na zona onde eu estava), bem armados, bem treinados e bem motivados para um dia voltarem ao seu país. Por isso, se intitulam FLDR, *Forces Démocratiques de Libération du Rwanda*, o que me leva de volta ao Sikito e à conversa em privado com o meu chefe.

Eu e o Cirurgião fomos informados que estávamos prestes a receber um soldado do FDLR, ferido por uma bala. Não é fácil gerir estas situações da forma que os Médicos Sem Fronteiras o fazem: ou tratamos toda a gente ou não tratamos ninguém, ou ambos os lados do conflito, ou nenhum... Os MSF defendem as vidas humanas sem olhar à cor, às crenças religiosas, ou às visões políticas. A nossa dedicação será sempre a mesma e é muito importante não só que mantenhamos essa linha de actuação, mas também que a população saiba que é essa a nossa linha de actuação. A nossa missão não é interferir, a nossa missão é salvar vidas e se um dos lados do conflito quer ser tratado pelos MSF, é bom que saibam que o outro lado será igualmente tratado no mesmo hospital. Mas isto é muito difícil de se conquistar, porque nunca conseguimos agradar a toda a gente e haverá sempre alguém que dirá que estamos a ajudar o inimigo! O exército Congolês tentava impedir que os MSF tratassem os rebeldes, mas o meu chefe era peremptório sobre esse assunto: feridos e doentes serão sempre vistos de uma forma neutra no hospital. Na verdade, fazíamos esforços extra para chegar às zonas controladas pelos rebeldes, para que ficasse claro que tentávamos chegar a toda a população. Mas no hospital, Sikito e outros evitavam falar demasiado, para não dar nas vistas, porque havia precedentes. O exército podia prendê-lo no hospital, apesar de ser proibido pela Convenção de Genebra (quem quer saber dessas convenções no meio do nada), ou então prendiam-no no minuto em que saísse do hospital. Eles falavam uma língua diferente, no caso dos FDLR era o Kinyarwanda, língua falada no Ruanda, mas não no Congo.

Assim, podem perceber a pressão emocional que vivíamos no hospital. Tanto quanto eu saiba, apenas eu, o cirurgião e o meu chefe sabíamos que ele era FDLR, mais ninguém sabia, apesar de que poderiam suspeitar.

O Sikito tinha uma fractura no fémur causada por uma bala de *Kalashnikov* durante uma troca de tiros, e pior do que a falha de 10 centímetros de osso, era a infecção do mesmo osso. Ele chegou-nos dias ou semanas após ser ferido e por isso a nossa missão de o tratar tornou-se muito, muito difícil, se é que possível. Sikito estava sozinho no hospital, sempre deitado, sem falar com ninguém e levámo-lo muitas vezes ao bloco operatório para lhe limpar a sua horrível osteomielite. Chegou francamente desidratado e fraco e quase nem falava. Apesar de a infecção não ter grandes melhorias, o seu estado geral melhorou imenso. Era magérrimo, mas forte, olhos grandes expressivos, tímido mas de sorriso charmoso. Dizia algumas palavras básicas em Inglês (no Ruanda, Francês e Inglês são ambas línguas oficiais) e quando lhe perguntávamos *"How are you?"* presenteava-nos com um sorriso convincente ao responder *"I am fine!"*.

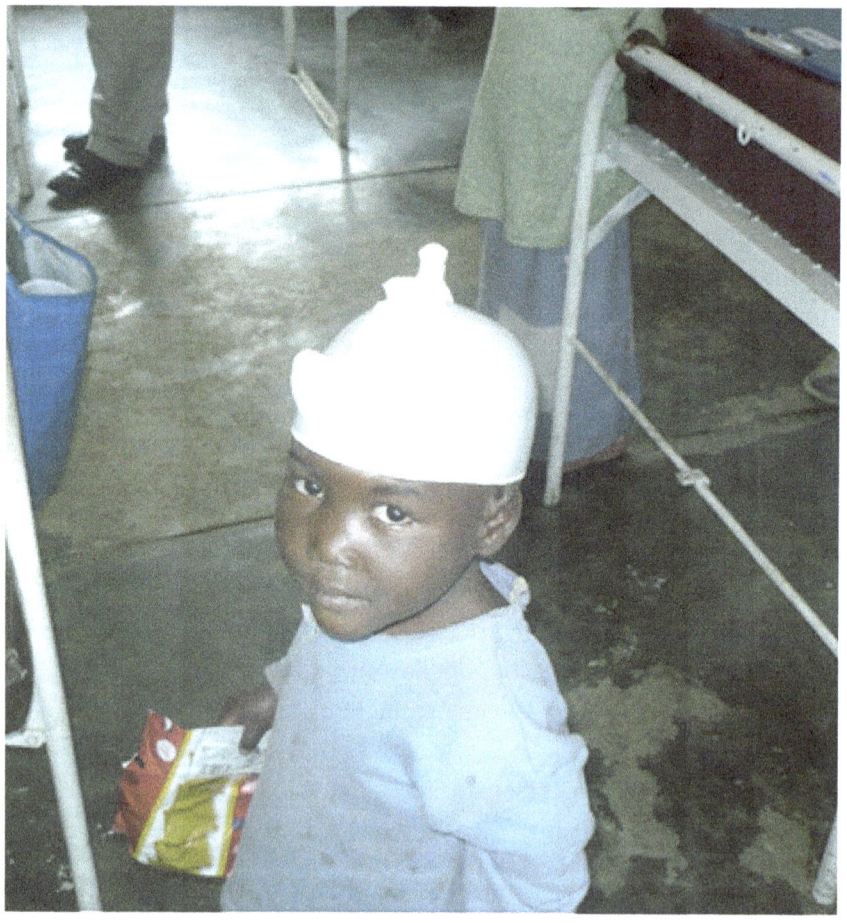

Após vários dias, a sua mulher e o seu filho chegaram. O Sikito ficou muito contente por os ter a seu lado, mas talvez estivesse a arriscar a sua vida e da sua família porque eram todos Ruandeses e o Dorika, provavelmente nascido no Congo, não falava Swahili, apenas Kinyarwanda.

Então o Dorika tornou-se parte da minha vida. Imediatamente conquistou a minha atenção. Era muito querido e de fácil interacção, sempre a sorrir como nenhum outro e super activo, a correr e a brincar entre e debaixo das camas. Comecei a adorá-lo e ele a mim. Parecia que estava à minha espera a cada manhã, e corria para me abraçar mal me via. Adorava as minhas palhaçadas e eu atirava-o ao ar e ele ficava louco de alegria. Era amoroso com as outras crianças e embora não falasse a mesma língua, via-se que fazia amigos com muita facilidade.

Sikito, a sua mulher e o Dorika ficaram no hospital até ao dia em que eu me vim embora. A infecção parecia não querer ir a lado nenhum, mas mantínhamos a esperança e a dedicação para o tratar sem o amputar. Durante cerca de três meses, brinquei todos os dias com o Dorika, e ele delirava com os meus balões. Por vezes, até dava uns passeios à volta do hospital. Eles são tãoooo fáceis, aproximam-se sem hesitar e, sem medos ou dúvidas, brincam com toda a gente. Uma das memórias mais ternurentas que tenho dele era da sua forma de falar. Como as crianças aprendem rápido, o Dorika já dizia algumas palavras em Swahili e eu as poucas que sabia dizer tentava usar o mais possível. Em Swahili usam muito a expressão *"Pólé Pólé"*, que quer dizer algo como "devagarinho", e que de alguma forma representa bastante o estilo Africano. Por vezes, dava então umas voltinhas no hospital com a Maria no meu colo (que não conseguia andar com o gesso), de mão dada com o Dorika, mas o Dorika queria ir sempre mais e mais rápido, enquanto eu estava sempre a repetir *"Pólé Pólé Dorika"*. Ele repetia da forma mais querida que se possa imaginar com a sua dicção abebezada sem dizer os Ls, *"Póié Póié"* e eu repetia só para o ouvir de novo! Quando lhe perguntava *"Habari gani?"* (Como estás?), a versão do Dorika de "Muzuri" (bem) era deliciosa... "Muzuii." Pequenos e parvos detalhes que explicam o quanto eu adorava esta criança.

Mas um dia o meu Mundo colapsou! Bem, estou a exagerar um bocado, mas quando vi o Dorika de vestido comprido verde fiquei em choque. Eu percebo que nesta África eles sejam extremamente pobres, quase sem roupas para as crianças ou para eles mesmos, mas vestir um rapazinho com vestido comprido tipo princesa, é demasiado! Na minha perspectiva de "macho latino" considerava que vestir um rapazinho assim, poderia traumatizá-lo psicologicamente para o resto da sua vida!

E no meio da minha raiva, comecei a pensar: "Será que o meu rapazinho corajoso e selvagem é uma menina?". As crianças têm todas o cabelo rapado, muitas vezes até as mulheres adultas, por razões de higiene, e por isso, às vezes, é difícil de distinguir. Ele comportava-se como um rapaz, dizia-me o meu instinto, mas não podia estar mais enganado! Ele era uma ela! Perguntei aos enfermeiros e eles confirmaram. O "meu" rapazinho era uma menina! Tanto tempo a brincar com ela e não me apercebi. Acho que fiquei algo desiludido, por razões bastante estúpidas, claro. Claro também que a minha relação com ela não mudou nem um bocadinho. Na verdade, fortalecia-se a cada dia e a minha admiração e adoração por esta corajosa menina não podia ser maior.

Chegou o dia em que decidi dar uns porta-chaves com a palavra Portugal, que a minha irmã me tinha dado, a todas as crianças. Como acontece com tudo o que lhes damos, ficaram extremamente felizes, mesmo que um porta-chaves lhes seja perfeitamente inútil. Eles estavam felizes e eu cada vez mais triste porque a minha partida estava a aproximar-se. Sempre imaginei que iria ao hospital mesmo antes de partir para me despedir de toda a gente de uma forma calorosa, mas quando chegou o dia, simplesmente não consegui. Talvez seja por isso que ali estou, pelas sensações fortes, mas algumas ultrapassam-me por completo, são demasiado intensas. E estas crianças sobre as quais escrevi, principalmente a Dorika, foram a principal razão pela qual não consegui dizer adeus a ninguém no hospital no dia da partida... Foram o centro da minha vida durante 4 meses e imaginar vê-los pela última vez cortava-me a respiração! Não faço ideia do que pensavam eles sobre estes brancos estranhos que habitavam no seu país, mas não queria que me vissem a chorar, principalmente quando nem sequer podemos dizer alguma coisa para nos explicar... Foi extremamente difícil chegar ao Congo e adaptar-me a viver numa zona de guerra, mas deixar tudo para trás foi muito mais duro e doloroso!

Estas crianças, O MEU CLUBE, são a razão pela qual eu tenho de escrever e descrever sentimentos íntimos sobre uma realidade difícil de enfrentar, mas que não pode ser esquecida, porque nós, enquanto Seres Humanos somos todos iguais!

Agora, no meu conforto europeu, pergunto a mim mesmo onde estará aquela menina maravilhosa que roubou o meu coração, e cuja história de vida nos conta a complexidade da pior guerra em que nós vivemos, desde a Segunda Guerra Mundial.

Os Olhos Mais Doces

Já foi há mais de 1 ano, mas ainda me sinto feliz por escrever sobre aquilo que vi, vivi e senti. O porquê de escrever? Penso que a maior razão é ajudar quem precisa. Também é verdade que escrevo porque me faz sentir bem, e me ajuda a aliviar alguma da pressão que por vezes parece que me vai comer por dentro. Pressão causada pelo facto de a vida ser mesmo muito dura para alguns, e nós simplesmente não querermos saber! O mundo nunca será perfeito para todos, e todos sabemos disso, mas quando alguns estão preocupados apenas em comprar um novo BMW enquanto outros todos os dias lutam pela vida, é demais... Até que ponto é que somos egoístas? A minha intenção não é dar uma lição de humanidade a ninguém, a minha intenção é partilhar os meus pensamentos e contar-vos histórias de pessoas cujas vidas nos deveriam fazer pensar sobre o que é realmente importante.

A história seguinte é poderosa e é apenas um de muitos exemplos das coisas horríveis que acontecem nesta guerra terrível! Sim, há uma guerra no Congo! Sabiam disso? Talvez não. Já são tantos anos de guerra que já não aparece nas notícias, se é que alguma vez apareceu... De qualquer das formas, há uma guerra no Congo. Se cada pessoa que ler o meu livro ficar a saber que a guerra do Congo é a pior dos nossos tempos, já dou os meus objectivos como conseguidos. Não me parece que esteja a pedir muito, um passo de cada vez.

Era apenas mais um dia de trabalho, quando sou chamado pela rádio com a informação de que estavam a chegar feridos. Um homem, uma mulher e um bebé, todos feridos por balas de *Kalashnikov*. Uma família humilde que foi atacada pelo exército, o exército Congolês, aqueles que supostamente deviam estar a protegê-los, entraram na sua cabana para os roubar e, sabe-se lá porquê, começaram a disparar... bang, bang, bang, bang, bang, bang... É difícil imaginar, até para mim, mesmo depois de ver esta família de feridos. Como é que é possível que estes homens sejam capazes de fazer tais coisas? É isto que a guerra faz às pessoas, da mesma forma que vimos aqueles soldados americanos (com muito mais treino e educação que os Congoleses) a matar inocentes, incluindo crianças, de um helicóptero no Iraque (o famoso vídeo que a *Wikileaks* publicou para todos verem). Acho que matar se torna normal para eles.

Sabem qual foi a primeira coisa que me veio à cabeça? A mesma que em muitas outras circunstâncias semelhantes, que eles foram os sortudos! Sortudos porque a bala não os matou, muitas das vezes apenas por um centímetro. Eles não eram apenas sortudos, eles eram os sortudos porque muitos outros levam tiros todos os dias e não são a história de ninguém, são apenas mortos. E todos os que tratei têm histórias inimagináveis porque são uma pequena minoria, a dos que levam um tiro e não morrem!

Então esta família de "sortudos" foi roubada e agredida a tiro. O bebé que teria uns 2 anos, teve muita "sorte", levou um tiro no tórax, mas era apenas uma ferida de entrada e saída nos tecidos superficiais. Às vezes pode-se morrer disso, se não for limpa e desbridada cirurgicamente, a ferida vai infectar e depois as coisas podem correr muito mal, mas felizmente não foi o caso. Levámo-lo ao bloco operatório, abrimos a ferida, desbridando todos os pedaços de tecidos (pele, músculo, gordura...) em que a bala tocou, e para isso, a ferida fica muito mais aberta, talvez dez vezes maior do que os buracos de bala originais. Limpámos, limpámos e limpámos e uns dias mais tarde removemos todos os sinais de infecção. Depois de algumas viagens ao bloco, fechámos a ferida como gesto final para a cura. Sim, até uma ferida superficial exige bastante para que se salve uma vida e no caso de um bebé de 2 anos tudo fica mais complicado neste hospital do fim do mundo, onde as condições de higiene estão longe de ser as ideais.

O pai "sortudo", também teve muita "sorte", não era uma ferida superficial, mas a bala entrou e saiu da coxa sem tocar no osso. Quando toca no osso, é fractura grave pela certa e tudo se torna infinitamente mais complicado, se se tiver a sorte de não se perder de imediato a perna ou o braço. Mas não foi o caso, este homem "sortudo", não tinha fractura, mas uma ferida de entrada e saída de bala que depois de operada, torna-se num espetáculo de anatomia a céu aberto das estruturas da coxa.

Então a coxa deste pai "sortudo", custou-lhe muitas horas no bloco operatório, limpeza e desbridamento a cada 2 dias, mas pode-se dizer que a sua vida nunca esteve em perigo.

O mesmo não poderia dizer da mãe "sortuda". Nem se percebe bem o trajecto da bala, mas tinha três buracos no seu corpo apenas por uma bala. Entrou na parte superior do seu seio, saiu pela parte inferior do seio e entrou na cavidade abdominal sem porta de saída. Estes casos facilmente podem pôr a vida em perigo, um desafio enorme para o cirurgião, e também um grande desafio para mim, como Anestesista naquelas condições. O abdómen tem que ser aberto para que se saibam os danos que a bala fez e finalmente tentar encontrá-la. Esta mulher "sortuda" teve de facto muita "sorte" porque a bala não causou nenhuma lesão de órgão ou vaso importante. A bala estava escondida atrás do colón, num sítio difícil de encontrar, mas não causou nenhum dano irreparável.

Até hoje tenho aquela bala ferrugenta comigo. Muitas vezes olho para ela e perco-me nos meus pensamentos, lembrando-me de onde a bala veio. Uma pequena história numa guerra gigante, nas lindas montanhas do Congo, onde vida é para muitos sinónimo de GUERRA.

Ali estávamos nos dias seguintes no serviço de Cirurgia, com um bebé a chorar demasiado pequenino para perceber o que aconteceu à sua família, com o pai a seu lado, a recuperar bastante bem. O seu maior problema era estar a ver a sua mulher 24 horas por dia a lutar pela vida durante dias até passar para o lado dos fora de perigo. Ela levantou-me uma série de desafios médicos que fui tentando adivinhar e resolver o melhor que sabia com as condições limitadas que tínhamos. Esta família "sortuda" como um todo deu-me muitas dores de cabeça, horas de trabalho e preocupações para além das questões médicas. Na minha cabeça, a pedra basilar desta história serão sempre Os Olhos Mais Doces que eu já vi na minha vida.

Como sempre levei algum tempo a perceber quem era quem naquele serviço de Cirurgia sempre cheio de doentes e familiares. Com os dias a passar, aquela menina de 10 anos começava cada vez a chamar-me mais a atenção. Como irmã, com a mãe em estado crítico, e o pai imobilizado, assumiu todas as responsabilidades de tomar conta do irmãozinho mais novo que levou um tiro no tórax. O único membro da família que não levou um tiro, passou tantas horas no hospital como os seus familiares, e vivendo este drama familiar de uma forma muito dura, principalmente para uma menina de 10 anos.

Como sempre, a comunicação não era possível pela barreira linguística, então tudo o que lia era o que os seus olhos me diziam. Era alta e magra, muito independente e madura para a idade. Nunca a vi chorar, apesar de a vida não lhe sorrir de forma alguma. Era bastante tímida e sentia que ela me observava à distância, sempre carregando o seu irmãozinho às costas, como qualquer mulher daquelas bandas. Mas os seus olhos, eu perdia-me nos seus olhos... As fotografias nunca serão fiéis à beleza, à pureza, à inocência dos Olhos Mais Doces que eu já vi. Acho que nunca lhe perguntei o nome, mas nunca a esquecerei, bem como à forma como me olhava quando me entregava o seu irmãozinho em mãos, quando este estava prestes a ser operado outra vez. Parecia muito mais madura do que a maioria dos adultos, confiando-me a responsabilidade do seu irmão, de quem ela tomava conta todos os minutos do dia. Depois da cirurgia, quando eu lhe devolvia o irmão em mãos, ela olhava-me como se me estivesse a dizer: "Eu sou demasiado criança para toda esta dor, mas eu sou forte, eu sou capaz!" Parecia mais fácil comunicar com ela apenas olhando-a nos olhos, do que com muitos outros através de palavras.

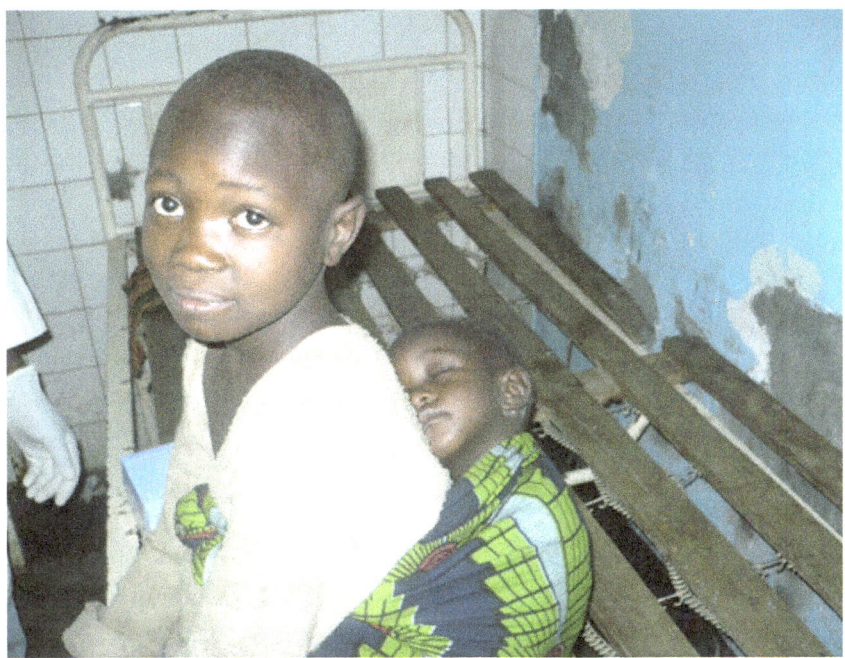

É incrível o quão madura uma criança pode ser, não deveria ser assim, mas a vida é f#$%$& para tanta gente e quanto mais olho à minha volta, mais eu vejo a falta de valores da nossa sociedade e a facilidade com que aceitamos a perda de milhões de vidas, seres humanos, como nós, causada pela ambição de alguns.

Há uma parte de mim que começa a odiar este mundo, onde as palavras de nada valem, os valores de nada valem, as vidas de nada valem. É o egoísmo, a ambição, o dinheiro e o poder que, independentemente dos crimes que estejam a ser cometidos e o sangue que esteja a ser derramado, controlam o nosso mundo! E somos todos culpados por isso, porque nada dizemos e nada fazemos...

O MUNDO PRECISA DE SABER

A Bonita História de Gobegnu - 1

Chego a Lalibela no dia 30 de Outubro, véspera do meu aniversário de 29 anos. Lalibela, este incrível sítio no norte da Etiópia, estará provavelmente na lista dos locais mais impressionantes deste planeta. No meio duma lindíssima paisagem de montanhas, encontram-se as igrejas escavadas nas rochas, há cerca de 800 a 1000 anos, a mando do rei que mais tarde veio a dar o nome a esta vila/cidade. O primeiro europeu a pôr os olhos nestas magníficas construções terá sido um padre português de nome Francisco Alves, no século XVI, que relatou nos seus escritos de viagens que não poderia descrever o que estava a ver, para não correr o risco de ser tomado como mentiroso.

Estou eu então neste local super especial pela sua localização nas montanhas, pela sua riqueza histórica, quando entro numa pequena lojinha, dentro de uma espécie de contentor, para ir à internet. Lá dentro, está a dona desta mesma loja, a Gobegnu, uma linda rapariga de 27 anos com um sorriso por demais acolhedor, que muito gesticulava e emitia uns sons totalmente incompreensíveis. De imediato, um amigo dela que estava na loja, me diz que esta jovem é surda! Como médico, infelizmente já muito habituado ao sofrimento dos outros, não me impressiono, mas obviamente que fico tocado.

Enquanto tentava ler os meus *emails*, nesta internet extremamente lenta, a Gobegnu por gestos e sons, com a ajuda do tal amigo, conversa comigo e, de alguma forma, a comunicação torna-se possível. Estando eu de calções e sapatilhas com ar desportista, ela pergunta-me se eu corro ou se gosto de correr, e eu de imediato respondo que sim. Pergunta estranha, mas o amigo explica-me que a Gobegnu é uma excelente atleta, sendo campeã da região norte e 2ª da Etiópia dos 1500 metros. Não percebendo muito destas modalidades, num país como a Etiópia que tem um sem número de campeões olímpicos, fico obviamente impressionado.

Conversa puxa conversa, sempre de uma forma muito pouco usual para mim, ela pergunta-me se eu quero correr com ela no dia seguinte. Estando Lalibela a uma altitude de quase 3 mil metros e num terreno muito acidentado, cheio de subidas e descidas, eu tento desde logo desculpar-me dizendo que estou habituado a correr à beira mar, a 0 metros de altitude e num terreno totalmente plano. Mas depois respondo que sim, que seria um enorme prazer no dia dos meus anos partilhar uma corrida com ela, que me dava muitos sinais de ser um ser humano fora do normal.

A 31 de Outubro de 2009, achava eu que tinha combinado às 7:00 da manhã, quando alguém bate à porta do quarto do meu hotel, às 6:00. Dentro da cama, pergunto: "Quem é?" e não obtenho nenhuma resposta, ou não fosse ela surda. Vou à porta totalmente ensonado depois de ouvir pela segunda vez alguém bater e vejo esta linda rapariga com o tal sorriso que mais uma vez me ilumina o coração, no seu traje de atleta, onde claramente dá para ver que aquelas pernas já correram muitos quilómetros. Tendo em conta que a comunicação era obviamente limitada entre nós, enquanto bocejava, faço-lhe sinais dizendo que precisava de 5 minutos. E é assim que começo o meu dia de anos, na mística cidade de Lalibela, com a Gobegnu às 6:00 a sorrir para mim e pronta para me "matar" neste *jogging* matinal.

Lavo os dentes e a cara, ponho uns calções e umas sapatilhas e aí vou eu. Como muitos outros sítios em África, a vida para muitos começa bem cedo com o nascer do sol e é lindo ver toda aquela gente nos primeiros raios de sol. Talvez fosse especial na Etiópia, mas é muito positivo na minha opinião ver que muita gente faz desporto logo pela manhã.

Tal como combinado, o objectivo era evitar muitas subidas e descidas, o que era obviamente impossível. É incrível ver o povo bem de perto, olhá-los bem nos olhos, enquanto o tempo ia passando e as pernas iam aguentando, e ver o sol nascer por trás das montanhas com mais de 3500 metros, e contemplar esta paisagem única enquanto controlava a respiração. Íamos comunicando por sinais, coisas simples sobre o que víamos e sobre o ritmo da corrida. Gobegnu dava-me conselhos sobre a respiração. Após uma hora daquela que terá sido provavelmente a corrida mais incrível da minha vida, cheguei ao fim claramente exausto e com dores por todo o corpo e com a certeza de que a minha nova amiga correu a um ritmo bastante mais lento que o seu habitual.

Depois de visitar pela segunda vez as espectaculares igrejas de Lalibela e de ter passado umas horas bem espirituais e com muita introspecção no meu dia de anos, fui novamente à Lojinha da Gobegnu, onde conheci a sua mãe que sabendo um pouco de inglês me explicou que a sua filha terá tido uma infecção com 2 anos de idade, o que lhe causou a surdez para a vida.

Não sabendo como festejar o meu dia de anos, resolvo convidar a Gobegnu para jantar comigo. Quase sempre no meu dia de anos estou rodeado de muita gente, gente que conheço há muito tempo, família e amigos de quem eu gosto muito e que eu sei que também gostam de mim. Para muita gente, o dia de anos não acarreta demasiada importância, mas eu faço parte do grupo de gente que gosta muito do seu dia de anos e que lhe atribui um grande simbolismo. Gosto muito, portanto, de ter gente à minha volta, de festa, de risos, de muitos copos e diversão. Mas desta vez foi muito diferente, muito calmo, sem ninguém que estivesse realmente ligado a mim, e com uma rapariga super especial, mas com quem a comunicação tinha enormes barreiras. Ela lia muito bem os lábios na sua língua (Amarihgna) e conseguia compreender lendo nos lábios algumas palavras em inglês, mas quando eu escrevi num papel algumas palavras, apercebi-me que o seu inglês era extremamente limitado. Restava-nos os gestos, não sabendo eu nada sobre linguagem gestual. E assim foi o meu jantar de anos. Durante o dia, recebi também alguns telefonemas daqueles que eu tanto gosto e de quem tanta falta sentia e ainda sinto. Que dia de anos tão diferente e tão inesperado. No hotel onde jantei com a Gobegnu, tive ainda tempo para ouvir a típica música do norte da Etiópia com as suas extremamente particulares danças com movimentos principalmente dos ombros, mas também da cabeça e do pescoço. Incríveis, difíceis de descrever e bem mais difíceis de imitar.

Como quase todas as outras pessoas do norte da Etiópia, também a Gobegnu sabia fazer estes incríveis movimentos com os ombros e com a cabeça. Mas o que de imediato me enchia a cabeça de perguntas era de como é que se podia dançar sem se ouvir a música. Como é que se pode sentir o ritmo sem ouvir? Não consigo de forma alguma responder a estas perguntas, mas o que é facto é que a Gobegnu conseguia e quem não soubesse, jamais imaginaria que ela não conseguia ouvir a música ao sabor da qual estava a dançar...

A Bonita História de Gobegnu - 2

Após 4 meses no Congo a trabalhar arduamente, a minha intenção era trabalhar mais 2 meses para os Médicos Sem Fronteiras, se possível num lugar bem diferente. Estava com ganância de viver, de conhecer, de compreender, de dar o meu trabalho em troca de obrigados e lições de vida. Passaram à minha frente as hipóteses de ir para o Paquistão e Iraque, que acabaram por não se concretizar para grande tristeza minha. Estive quase, quase de bússola apontada para a Libéria, muito entusiasmado por tal, mas entraves burocráticos na altura ditaram o fim dos meus serviços para os Médicos Sem Fronteiras, em 2009. Alternativa? Viajar 2 meses por África! Que chatice ;)!

Não tinha medo de nada a não ser da minha ignorância. Queria engolir o mundo. Não tinha planos, nem livro-guia, nem internet... Tinha a mochila às costas, voo marcado de regresso de Kigali para Europa, e 2 meses pela frente. Atravessar a fronteira do Congo para o Ruanda é como sair de uma prisão e ver as gigantes portas a bater atrás de nós, deixando um chorrilho de emoções para trás. Agora, ia à aventura, a respirar ar livre, sem guerra...

Se eu me perdesse aqui a contar os 2 meses de viagens de autocarro, táxis, pensões... São aventuras, dentro da aventura, e perdia páginas e páginas de momentos apaixonantes... Andei com os gorilas no Ruanda, percorri a Etiópia de norte a sul, deslumbrei-me na costa do Quénia, fiz um Safari de sonho, subi o Kilimanjaro, e fiquei hipnotizado em Zanzibar, para depois acabar num dos recortes mais bonitos do planeta, Victoria Falls! E apesar de tudo e do tanto que vi e vivi, foi no sorriso da Gobegnu que para mim África teve o seu momento apoteótico. A garra, a alegria, a simpatia, a doçura, a força e vontade de viver, como eu nunca tinha visto, tudo junto tão puro e tão genuíno apenas num ser-humano, o que me leva a querer reviver estes dias e a contar-vos a seguinte história.

Depois de quebrar as minha regras de viajante de "pé descalço" e presentear-me com um bom jantar, num bom hotel com a Gobegnu, porque se eu achava que merecia, tinha a certeza que ela muito mais, fui deixá-la a casa ainda muito cedo. Procurei um barzinho a ver se me animava e lembro-me que bebi uma espécie de licor local a saber a mel, bastante estranho. Eu estava por tudo, o barzinho estava animado, mas eu não estava com cabeça para aquilo, sentia que não podia ter um tecto, as minha ideias precisavam de respirar... Fui como quase sempre nesta viagem, sozinho e sem rumo. À noite, em África, o silêncio assombra-nos e ouvimos o nosso coração a bater como se fosse o pulsar do centro da terra, ecoando num céu escuro e infinito. E assim eu vou pelas ruas de Lalibela, quando ouço uns cânticos bizarros vindos de uma das igrejas, todas elas abaixo do nível do chão, dando a sensação de haver vida no subsolo. Claro, ávido pela descoberta, aproximo-me e os cânticos vão ganhando forma. Há muitos uivos e danças com contornos tribais. Aproximo-me com algum receio, pois a intensidade do momento faz transparecer alguma exclusividade e a minha presença estranha não merece por parte dos locais qualquer reacção. Subo a um muro da Igreja para ganhar perspectiva e timidamente tiro a minha câmara fotográfica, mas logo me apercebo que está muito escuro, e das fotos não há qualquer esperança que possam retratar o que estou a ver e muito menos a sentir. É uma cerimónia nocturna cheia, cheia de gente, vestidos todos de branco, envoltos na escuridão com algumas tochas na parede. Dava-me jeito ter um guia que explicasse, mas a espectacularidade da incompreensão, aguça a minha atenção. A espiritualidade sentia-se no ar, e percebi facilmente que aqueles cânticos, gritos, uivos, pretendiam chegar ao céu. Contemplo os batuques e a alternância de intensidades, e arrepio-me nos momentos mais altos da noite. É a celebração de uma santa, com significado importante para a cidade e estes rituais nocturnos respiram crenças e devoções de um povo, todo ele cegamente devoto a Cristo.

Volto para casa, contente e relaxado, e a pensar como é possível viver tanto e tão intensamente, quebrando tantos paradigmas na minha cabeça. E ainda tinha mais dois dias de Lalibela pela frente.

Mais um dia, mais milhares de aventuras...Tomo um grande pequeno almoço, porque nestes sítios nunca se sabe muito bem quando vamos comer outra vez, e começo a andar a pé, sozinho pelas montanhas fora, na procura de mais um aglomerado de igrejas fora da cidade, sem pressas ao sabor das minhas vontades. Andar, andar, andar, completamente maravilhado pela paisagem, pelas pessoas, pelas aldeias por onde vou passando, pela paz que me rodeia, até chegar ao local que procurava. Uma reentrância brutal numa montanha rochosa, cheia de vegetação, com pássaros exóticos de várias cores e um caminho sinuoso pelas pedras, levam-me até à Igreja onde encontro alguns sacerdotes, de sandálias e vestes brancas e que me vão mostrando várias peças incríveis de arte sacra, gravuras que contam lendas, e uma bíblia em tamanho gigante super colorida. A igreja é incrível, escavada para dentro da escarpa, mas depois de ver as de Lalibela, o que me capta a atenção é a envolvência e o cenário digno de um filme. Deixo umas moedas pois este local merece ser conservado e preparo-me para voltar calmamente sempre sem pressas, sem rumo. Quando estou quase a chegar à estradinha que me levou até lá, um casal de Etíopes aborda-me dentro de uma pick-up moderna. Não estava mais ninguém à volta. O homem diz-me que vão visitar uma igreja a uns 30-40 quilómetros de viagem, e perguntam-me se eu pagava para ir com eles. Já tinha visto igrejas suficientes, mas, adivinhem? Aceitei. Negoceio por alguns euros e a vontade de ver mais e mais e mais, leva-me a entrar para aquele carro. Sentir-me no meio daquela paisagem montanhosa, dentro da Etiópia profunda, bem longe das rotas turísticas, é simplesmente fantástico! Nem tudo são rosas: o velhote que toma conta desta igreja quer cobrar-me a mim, mas não aos etíopes, por não ser um deles. Não acho piada à discriminação e fico do lado de fora, à espera, mas ele quer o meu dinheiro de qualquer maneira e diz-me que tenho que pagar só por estar ali. Eu respondo que não pago. A minha motivação para não alimentar aldrabices em África podia-me levar a discutir o dia todo só para não lhe dar 1 euro! O velhote também está bastante motivado e ameaça-me com um ferro se eu não me for embora, quando eu estou apenas à espera do casal para a minha boleia de volta. Digo ao velhote que ele não é um bom cristão e que vai para o Inferno. Alto argumento, hein? Momentos engraçados...

    De volta a Lalibela, vou com a janela bem aberta, como se fosse um cão, para que não haja nada entre os meus olhos e as maravilhas que me rodeiam. E como já tenho saudades daquela fonte de energia que era a Gobegnu... Queria também ver os meus emails de parabéns e vou à loja da internet. Até hoje, ainda me perco naquela magia só de lembrar aquele sorriso com alma, aquele olhar dócil e profundo que esconde uma guerreira que corre dia e noite nas estradas africanas sem ouvir os carros. Reage a todos os infortúnios transformando-os em ouro. Um coração que parecia ter íman, que ilumina em seu redor e que me inspira só por existir. É incompreensível como é que de uma barreira linguística tão grande resulta uma comunicação tão agradável. A internet, como sempre, leeeennnnttaaaaaa! Cada clique dá para 5 minutos de conversa, e só não desisti de me conectar com o meu mundo porque a companhia é única. A Gobegnu, super hospitaleira, prepara tudo para fazer uma cerimónia de café, que tanto caracteriza aquele país – café fresquíssimo e maravilhoso, ervas e flores no chão e, surpreendentemente, pipocas! Com o tempo a passar, alguns amigos dela iam entrando e saindo e eu ia contando o meu dia, contando aquilo que vira... Ela parecia perceber, pelo menos continuava a sorrir e nunca se inibia de tentar comunicar.

    O dia está a chegar ao fim quando ela me convida para conhecer a casa dela. A amabilidade com que espontaneamente faz os convites, desarmam qualquer um e torna-os irrecusáveis. Eu vou sem pensar muito. Já suspeitava, mas tornou-se evidente: uma família muito pobre, em que tudo o que estava naquela casa valia menos do que a minha televisão. Todas as divisões onde viviam 6 ou 7 pessoas cabiam na pequena sala do meu apartamento, mas estava tudo muito limpo e bem arrumado, e de imediato me oferecem o pouco que tinham. A avó, muito humilde, olha-me fixamente como se fosse um extraterrestre e ri-se e eu rio-me também... O que mais me marcou foi o álbum de fotografias que a mãe foi buscar, que era uma espécie de *hall of fame* da carreira desportiva da Gobegnu, onde ela aparece a competir em estágios da selecção da Etiópia, e no pódio a receber medalhas. A Gobegnu, senta-se ao meu lado enquanto eu folheio o álbum, e emite muitos sons na tentativa de me explicar o que se passa naquelas fotos. Eu pouco percebia, apenas reconhecia "abeba", quando ela se referia a Adis Abeba. Sentia-se uma envolvência comovente, com brilhos de olhares que substituem as melhores das conversas que já tive, mas havia um pormenor que me intrigava: como é que a Gobegnu tinha umas sapatilhas Nike? Na Etiópia, uma refeição num sítio turístico pode custar 2 euros, mas umas sapatilhas Nike, são mais caras do que na Europa. Por várias vezes, os miúdos na rua pediram-me as minhas sapatilhas, porque a estes sítios pouco ou nada chega... Pergunto à mãe como tinha ela encontrado umas sapatilhas tão boas e a mãe sorri e diz-me que foi um turista que a viu a correr descalça e depois lhas enviou por correio. Surda, pobre, grande campeã a correr descalça e com tanta alegria a cada suspiro. Volto para o hotel, na escuridão de África, radiante pela sorte que me tinha calhado nestes dias em Lalibela com a Gobegnu...

E ainda falta um dia... É Domingo e a Gobegnu não trabalha na sua lojinha e, como tal, vamos os dois subir ao pico mais alto de Lalibela. Fica a mais de 3500 metros de altura e destaca-se entre todos os outros picos que se vêem no horizonte. Como não poderia deixar de ser, também lá em cima há uma Igreja, santuários e outros símbolos religiosos. São 2 a 3 horas de subida de caminhos bem complicados com algumas partes assustadoras. A maioria das pessoas vão de burro e com guia para poupar as pernas, mas eu tinha a minha guia privada, diferente do guia ideal, mas que não trocava por ninguém...

Começámos cedo, comprámos água e arrancámos antes que o

calor intenso se fizesse sentir. Subimos, lado a lado, a "conversar" e é difícil explicar como foi possível, mas foi e muito bem passado. Sorrisos, sons, alguns gestos e miraculosamente íamos comunicando. Claro, há muitos momentos de um mágico silêncio pleno de conteúdo e à medida que vamos vendo a cidade de Lalibela a distanciar-se, o horizonte de montanhas lindas cresce à nossa volta. Os caminhos vão-nos trazendo muitos pedaços de África profunda, Etiópia profunda, cabanas de quem vive do que cultiva nas montanhas e nos recebem com expressões alegres, crianças de cortes de cabelo a fazer lembrar as estrelas de futebol, com cristas, círculos ou triângulos na cabeça, mas cuja "moda" vem das antípodas dos milhões da televisão, pois nesta fase o ponto de electricidade mais próximo já está bem longe. Muitas viagens dentro da viagem, a contemplar os diferentes lados de visão que a montanha nos oferece à medida que vamos subindo. As pernas dão-nos muitos sinais negativos, mas o coração não deixa a cabeça processar o cansaço. O caminho é para se fazer e este mais do que nunca vale mais do que o destino, que também é incrível.

Há zonas da montanha em que temos pouco mais de 2 ou 3 palmos para pôr os pés, e onde olhar para baixo já não é aconselhado. São pedaços grandes do caminho que nos dão um friozinho na barriga. Nesta fase mais *hardcore* da subida, ao começarmos a avistar a meta final, deparamo-nos com uns estranhos buracos na parede da montanha. De acordo com a Gobegnu, é o lugar para onde alguns monges se retiram durante meses, sozinhos num buraco fechado com uma pedra, com uma pequena passagem só para água e comida. Já quase nada me surpreende, é outro mundo!

Finalmente, chegamos à Igreja, de onde, bem lá de cima, se vê uma dimensão de terreno lindo até perder de vista. Mais uma vez, Igrejas já tinha visto muitas e mais interessantes, mas todas têm uma história, e é fantástico imaginar como teria sido feita aquela construção num local tão difícil de aceder e tão longe de toda a civilização. Tive a sorte de me sentar ao lado de um simpático casal de americanos que subiu de burro e com guia, e que num inglês perfeito, lhes explica todas as nuances do local onde nos encontrávamos. Eu, sem pressas, parasito estas explicações enquanto observo a Gobegnu, e a forma tão espiritual e religiosa de todos os seus movimentos, neste que é um símbolo tão importante da sua impenetrável fé! Os americanos, bem ao seu estilo, através de meia dúzia de perguntas e das minhas respostas, ficam imediatamente apaixonados pela Gobegnu, saindo a ganhar nesta curta troca de experiências. Seguimos caminho e fico seguramente alguns minutos, parado, paralisado, maravilhado com o que vejo, como se a beleza da paisagem não fosse suficiente: um grupo de monges de vestes brancas está sentado numa gigante pedra arredondada que parece pendurada numa das arestas do cume da montanha, em rezas permanentes. Que mundo é aquele? Que sorte a minha de o poder ver e tocar de tão perto...

Mas ainda há um extra: este cume não é bem o cume. Em boa verdade, há que subir mais um bocadinho, uma escarpa vertical de cerca de 50 metros. Há um miúdo que, por tostões, se propõe a explicar por onde se sobe. A Gobegnu vem comigo, claro, mas num certo ponto esta guerreira fica com medo e faz sinal de que fica à minha espera. Eu vou atrás do rapazito que, de sandálias, faz esta escalada parecer fácil, mas não era, temo pela vida. Subo devagar, sem sequer imaginar o sarilho em que me meto se algo me acontecesse ali, até que por fim chego ao cume dos cumes recebido por macacos que ali habitam. Aquela plataforma que não tem mais do que 100 metros quadrados, permite uma visão panorâmica de 360º puramente mágica, onde nos sentimos como um pássaro a voar.

Calmamente, descemos aquela magnífica montanha até Lalibela, sempre a "conversar". Já não falta muito tempo de sol quando chegamos à cidade, e depois de um grande sumo de fruta, a Gobegnu leva-me a um sítio para ver o pôr-do-sol, pois também Lalibela estava por si só pendurada numa montanha. E ali estamos a olhar para um gigante vale, com uma longínqua linha de montanhas na nossa frente, onde este super forte, quente, intenso e ardente sol africano se põe para delícia dos meus olhos. Não há terra, nem céu, nem sol como em África e eu estou certamente num dos seus pontos mais mágicos, com alguém que me inspira como poucos me inspiraram na vida. Foi um pôr-do-Sol inesquecível...

O tempo chega ao fim com voo marcado para o resto da minha viagem. No dia seguinte de manhã, estou com a mochila às costas, pronto para apanhar o *transfer* para o aeroporto, e lá está a Gobegnu. Já sabia que não ia ser fácil aquela despedida. Os meus não sei, mas os olhos da Gobegnu falavam, e naquele momento, em poucos segundos, ela disse-me muita coisa. Por momentos, sinto o tempo congelado enquanto lhe tento dizer, por telepatia ou o que quer que fosse, o que lhe gostava de dizer... Ela deixa cair algumas lágrimas, e retira o fio prateado que tenho à volta do pescoço com um coração e põe-no na minha mão. Não por mim, mas por ela, tive medo do que as pessoas pudessem pensar, pois estava gente na rua, mas abracei-a com muita força, dizendo para mim "Até sempre!". Rapidamente, entro na carrinha, porque odeio despedidas, e olho para trás uma última vez para ver a incrível imagem que guardo até hoje da Gobegnu, linda no meio da rua, de olhos molhados a brilhar e a sorrir enquanto dizia adeus...

E lá fui eu, sozinho nos meus pensamentos, a contemplar as minhas memórias, enquanto a estrada serpenteava o caminho até ao aeroporto. Que ser humano tão bonito, que força, que doçura, que magia, que energia, que sorriso, que garra, que pureza, que determinação, que genuinidade e transparência – um hino à vida!

A minha ex-namorada foi 2 anos mais tarde à Etiópia e a Lalibela, e sem pensar muito, enviei por ela, umas boas sapatilhas para dar à Gobegnu. A descrição foi que se desfizera em sorrisos. Em troca, enviou-me uma miniatura da espectacular Igreja de Saint George de Lalibela que com muito carinho guardarei para sempre, para que nunca me esqueça da sua bonita história.

Honestidade e Justiça, o Sonho Humanitário

Acompanho há tanto tempo as *TED Talks* que já me perdi no número de vezes que fui inspirado ao longo dos últimos anos. A ideia de fazer o que já tantos fizeram por mim, na minha muito amada cidade, só por si, já me enchia de orgulho, pois adorava tirar da zona de conforto os meus conterrâneos, e levá-los a ser mais ambiciosos! Que o desejo de ser ricos nos faça acordar mais cedo, trabalhar mais duro e deitar mais tarde, mas que esta riqueza nada tenha que ver com as nossas posses, mas sim com o tamanho do nosso coração na luta por um mundo melhor.

Desde 2009 que já dei umas voltas pelo mundo como médico, em alguns dos cenários de conflito mais "complicados" dos nossos dias... Gosto de contar histórias que contam a história daquilo que de mais importante se passa no planeta, enquanto por cá passamos e, com isso, tento pôr os olhos de quem me lê e de quem me ouve, onde eu tive o privilégio de ter os meus. Sim, o privilégio, porque só assim podemos viver em VERDADE, e a CONSEQUÊNCIA de não o fazer é e será absolutamente catastrófica, o fim da humanidade, o fim da empatia de um ser humano pelo outro.

Já perdi a conta ao número de vidas que me fugiram das minhas mãos ensanguentadas mas, felizmente, muitas mais foram as que graças ao enorme esforço de gente focada em não desistir, cá ficaram para contar a história e assim exponenciar estas sementes de esperança.

Salvar vidas é tudo o que eu sei fazer, mas é impossível não entrar e sair de uma guerra, sem pensar nos "porquês" e nos "porque nãos", e fazer algo mais para que este mundo seja mais justo e menos egoísta. Chego sempre à conclusão de que há soluções que estão bem ao nosso alcance, e reflito profundamente em certas questões que me invadem a alma e que humildemente gostava de partilhar com vocês:

1) A guerra do nosso dia-a-dia: a nossa individualidade tem tanto de pequenino, como de espectacular. Esquecemo-nos sempre que antes de apontar o dedo, deveríamos mergulhar na pergunta: o que é que EU podia fazer melhor? Na guerra a mesma coisa: ao mesmo tempo que ficamos incrédulos, porque estes ou aqueles atacaram os outros ou aqueloutros, negligenciamos o facto de que estamos sempre em pequeninas guerras, pelas mais pequenas coisas, na família, no trabalho, no trânsito, ou até connosco próprios! Se acabássemos ou minimizássemos estas pequenas guerras não estaríamos também a acabar com aquelas bem maiores?

2) A submissão dos políticos: em democracia, os políticos não são líderes, são seguidores! São seguidores de vontades e maiorias. Tudo o que nós "simples eleitores" e cidadãos temos que fazer, é mostrar-lhes que a nossa preocupação com o próximo aquém e além-fronteiras é superior a todas as outras prioridades. Obriguemos os políticos a preocuparem-se em nosso nome, mostremos que para nós cidadania é, em primeira análise, humanidade. Os políticos que nos expliquem o que é que nós fizemos ou não fizemos para que existam tantas guerras, para que tanta gente morra à fome ou de doenças facilmente evitáveis! Que nos façam orgulhosos de ser portugueses! Se formos muitos a querer a paz, esta virá atrás de nós.

3) O Poder e a Culpa das mulheres: num mundo que infelizmente ainda é demasiado dominado por homens, as mulheres esquecem-se sobre o poder que têm e a responsabilidade por omissão de não o usarem adequadamente. Os homens fazem tudo para ter a admiração e atração das mulheres. Se as mulheres deixarem de admirar homens maus, se deixarem de admirar homens pelo seu poder, pela sua riqueza, pela sua agressividade e, ao invés, valorizarem principalmente a beleza do seu coração,

verão a transformação que isso terá, com muitos mais homens a viver sobre outros ideais. Recusem-se a dormir com quem faz maldades e o mundo será muito melhor!

4) Eu tenho um dom: tenho um dom que se chama 6 anos de estudo e outros não sei quantos de estudo e trabalho que uso da melhor forma possível onde ele é mais preciso. Mas todos nós temos um dom e temos e podemos usá-lo para tornar este mundo mais igual.

5) Pais e filhos: aqui é que a "coisa" se complica... Cada vez que deixo o meu conforto para ir salvar vidas para uma qualquer catástrofe humanitária vou com o coração partido pela dor que causo nos que mais gostam de mim. Todos nós somos filhos, muitos de nós somos ou seremos pais e se os nossos pais e os nossos filhos merecem todo o nosso amor e dedicação, o que merecerão os pais e os filhos dos outros? Se ao deixar a minha mãe triste e até mesmo desesperada, eu conseguir fazer num ponto do planeta 100 mães felizes, parece-vos justa a equação? Porque teimamos em achar que a nossa vida e a dos nossos é mais importante do que a dos outros?

6) Perdoar: a arte mágica do perdão tem de ser mais trabalhada, cultivada e valorizada. Se guardarmos rancor nas nossas almas, travaremos em nós uma evolução de uma vida alegre e feliz, mas pior do que isso, perpetuaremos para todo o sempre os males desta bolinha azul onde vivemos! Temos que nos libertar totalmente dessas amarras de qualquer sentimento negativo a quem algum dia nos fez mal e assim quebrar o ciclo para todo o sempre. Perdoem e perdoem-se!

Estas são algumas das muitas ideias que gosto de explorar, para que a luta por um mundo melhor seja sustentada naquele exercício que tem tanto de difícil como de fundamental, de nos projetarmos na pele do outro, com Honestidade e Justiça!

Infelizmente a HUMANIDADE também precisa de marketing. Eu nem sempre sei como, ou onde ou mesmo com quem, mas sei que vou dedicar a minha vida na luta por um mundo melhor!

PAQUISTÃO
PROVÍNCIA DO NOROESTE - TIMERGARA - 2011

Área - 0,88 milhões de km²
População - 182 milhões de habitantes

Com 210 milhões de habitantes, é o 5º país mais populoso do mundo. Contém a segunda montanha mais alta do mundo e, dizem os peritos, a mais difícil de escalar, o K2.

Paquistão significa "terra dos puros", talvez porque foi criado de raiz para ser exclusivamente a terra dos muçulmanos da Índia. Em 1947, Muhammad Ali Jinah, o pai do Paquistão, oportunisticamente aproveitou a libertação da Índia do domínio do Império Britânico, para criar um estado que pela primeira vez fosse "só" para muçulmanos. Esta separação da Índia, conhecida como a "partição", foi dos episódios mais sangrentos que há memória, pois o fluxo de muçulmanos para um lado e hindus para o outro, levou à matança de cerca de 2 milhões de pessoas de parte a parte, em poucos meses. Daí resultou aquele que é o conflito mais longo da actualidade, a luta por Kashmir, e uma rivalidade eterna entre Índia e Paquistão.

Nesse momento, foi também criado o Paquistão Oriental, que em 1971 se tornou independente e é hoje o Bangladesh.

A democracia deste jovem país sempre foi frágil, alternando entre golpes de estado militares e governos civis de curta duração. A tensão política com a Índia motivou vários conflitos e uma militarização exponencial deste estado que é o único país muçulmano com bomba atómica.

Durante a ocupação soviética do Afeganistão (1979), o Paquistão teve uma posição chave ao intermediar o apoio dos EUA e dos países árabes aos Mujahideen que lutavam contra os russos. Quer os americanos, quer os árabes nunca puseram um pé nesta guerra, mas injectaram milhões através dos Serviços Secretos Paquistaneses. Guerra Fria para os americanos, Guerra Santa (Jihad) para todos os outros.

Em 1992, quando os russos regressam a casa, fica um vazio de grupos armados com motivações religiosas com base no Paquistão e sem guerra para combater. Assim e aqui nascem os grupos fundamentalistas/extremistas islâmicos como os conhecemos hoje, como a Al-Qaeda então liderada por Osama Bin Laden.

A tensão política externa e interna é permanente, num povo muito activo a manifestar as suas opiniões na rua e com um gatilho muito sensível para a violência.

Benazir Bhuto, filha de um ex-Primeiro Ministro, parecia ser uma lufada de ar fresco, com uma educação no UK e nos EUA, liderou o país com coragem. Mas sendo mulher, sobretudo sem usar véu, num país com uma ala da população tão conservadora, era um alvo a abater e após várias tentativas, foi assassinada em 2007.

É um dos países mais complexos na sua geoestratégia e com uma relação com o ocidente algo ambivalente e de difícil compreensão. Por um lado, tem uma relação de parceria muito próxima com os EUA, mas por outro, é de lá que vem o maior número de extremistas, que fazem do Paquistão o epicentro do terrorismo.

A Província do Noroeste sempre teve um estatuto político especial pois a sua divisão com o Afeganistão é algo fictícia, sendo que são o mesmo povo e falam a mesma língua, o Pashtun, que em tudo difere da língua mais falada no Paquistão, o Urdu, muito mais próximo do Hindi. Por este motivo, esta região é extremamente pobre, subdesenvolvida, rural, conservadora islâmica e politicamente quase sempre em guerrilha contra Islamabad, o que se traduz por ataques constantes à bomba, da autoria principalmente dos Taliban, movimento este puramente Afegão mas que há muito transladou para as regiões contíguas do Paquistão.

Conhecida no mundo inteiro e proveniente desta província, Malala, prémio Nobel da Paz em 2014, foi vítima de tentativa de assassinato por parte dos Taliban, apenas por ser uma menina que queria estudar.

Agora, o Paquistão

Eu tinha que escrever, a minha cabeça estava prestes a explodir com tantos pensamentos cruzados. Eu quase não dormi, o que poderia ser considerado normal tendo em conta as quase 12 horas de jet lag, dos últimos 2 dias, mas menos compreensível depois de me ter deitado com uns copos. Mas sentia as minhas ideias a voarem de um lado para o outro, e por isso uma enorme vontade de escrever, com a única certeza que me vou perder na minha escrita e que 90% ficará por dizer... Os altifalantes aos gritos às 5am para as orações da manhã, também não ajudaram.

O motivo pelo qual comecei a escrever este livro, nasce de um desejo enorme de fazer conhecer uma terrível realidade que acontece a cada dia enquanto vivemos as nossas vidas "normais", e que 99,9% da população mundial não faz a mínima ideia que existe, como é o caso da guerra do Congo com tantos anos e tantas vítimas, em que me choca como é que os media mundiais insistem em esquecer. Contando histórias de vida que eu vivenciei de bem perto, pareceu-me a melhor forma de fazer a minha voz insignificante, ser ouvida e com fotos por razões óbvias. Por mais que eu consiga escrever e descrever, nada substitui o impacto de ver estes mundos a cores que nem nos filmes de Hollywood conseguimos ver. E com isso quero dizer que nunca esquecerei o Congo, de uma forma que até me dói o coração que penso no tanto que ainda ficou por dizer. Mas tenho uma vida e um trabalho a cumprir, muito para além da escrita!

Onde tudo começa e acaba: o aeroporto. Tinha sido muito mais duro na primeira vez, mas ainda assim, quando deixamos os nossos entes queridos para trás e partimos sós "contra" o mundo, sentimos a aventura começar. Pouca roupa na mochila (e que estúpido sou eu, porque está um frio de rachar para onde eu vou), livros de medicina, alguns livros sobre o Paquistão, um livrinho para tentar aprender umas palavras de Urdu (a língua mais falada no Paquistão) e Pashtun (a língua mais falada na região para onde eu vou) e uma carga de relatórios e documentos sobre a missão. Adivinhem o que vai fora da minha mochila? Exibindo-o o mais que consigo, representando tudo o que eu gostava de levar comigo, mas não posso, como a minha cidade, a minha cultura, os meus amigos, a minha família e o meu mundo: o meu cachecol do FCPorto! Quando tenho uns minutos para parar para pensar, seguro-o com firmeza, aperto-o com força e dou-lhe beijos! As lágrimas caem-me enquanto começo a sentir saudades no imediato de tudo o que deixei para trás. Meu Deus! Amo tanto o meu mundo! Provavelmente a gente de negócios que vai no mesmo avião que eu para Frankfurt, começará a perguntar-se o que se passa de errado comigo. Nada! Na verdade, são lágrimas de alegria e lágrimas de saudades que me fazem sentir extremamente feliz por estar vivo, e que são a prova de que sou uma pessoa muito sortuda!

Continuo a ler a autobiografia da Benazir Bhutto, ansioso por ver tantas das coisas que ela descreve sobre o seu país. Passo uma noite de escala em Frankfurt, provavelmente no hotel mais barato das imediações do aeroporto, mas muito melhor comparado ao que eu estou habituado. Não se pode dizer que eu desgoste de lençóis macios e suaves, de um chuveiro fantástico e de um super pequeno-almoço *buffet*...

Mas onde é que fica Abu Dhabi no mapa? Ah, ah, parece bonito! Voo com a ETIHAD dos EAU. Duas palavras sobre esta companhia aérea: *Ohhhhh Yeaaahhhhhh!!!* As hospedeiras são bonitas, simpáticas e falam todas as línguas. Um hospedeiro do Líbano é tão simpático que até ficámos amigos. Entre todos os melhores filmes recentes, videojogos, comida maravilhosa, a minha vontade de devorar as leituras sobre o Paquistão e a minha missão que começava, eu queria que este voo de 8 horas durasse para sempre!

Parecia ser bonita durante a noite, Abu Dhabi, e fico com muita vontade de um dia conhecer aquelas terras.

E aqui as coisas começam a ficar interessantes... Que mundo tão diferente, de pessoas diferentes que vejo, enquanto atravesso o aeroporto para a minha próxima porta de embarque. Depois, aquilo que eu já suspeitava: Islamabad/Paquistão não é um destino turístico muito concorrido, e eu sou o único no avião sem vestes Árabes/Muçulmanas. A maioria das mulheres vai de burka e a paranoia, que já li algures, de que é uma ofensa apenas o olhar para elas, começa-me a dominar os pensamentos!

Tenho que me habituar, vai ser muito "pior" no local para onde eu vou. Tenho que fazer um reset na minha cabeça sobre alguns assuntos, mas leva-me algum tempo! Mais um voo curto, mas fantástico da ETIHAD e chego ao *Benazir Bhutto International Airport*, Islamabad. A polícia fronteiriça tira-me uma foto e verifica o meu passaporte.

Depois, pego na minha mala, na expectativa de ver o que está do outro lado das portas de saída aeroporto e se lá estará alguém à minha espera com o meu nome num papel para me levar ao meu destino...

É daqueles momentos em que tenho que respirar fundo e inspirar-me enquanto digo a mim próprio: "Vamos lá embora, c%#$&#%#$!" As portas abrem-se e... Mãeeeeee, quero ir para casa! Estou a brincar, mas o choque é de arrepio na espinha: à minha frente estão centenas de Paquistaneses amontados, prensados mesmo à saída (já tinha lido que eles gostam muito de multidões). Estou todo motivado, até porque tenho o meu cachecol do FC Porto com superpoderes! Defino o meu plano de ataque para furar a multidão, e vou determinado na direcção dos 4 ou 5 homens que têm papeis na mão com nomes escritos. Nunca antes tinha desejado que o meu nome fosse Yang ou Smith ou qualquer outro nome que me levasse embora daquele inferno porque o meu nome não estava em lado nenhum e lá se ia o meu sentimento de me sentir importante. Enfrento corajosamente outra vez a multidão e vou de um lado e para o outro, e não encontro ninguém com o meu nome ou com MSF escrito em algum lado... São 3 da manhã, está frio e a chover, estou em Islamabad e não tenho números para quem ligar, nem nenhuma morada para onde ir! Sou abordado, a roçar o massacre por imensos homens, sem serem agressivos, que me propõem táxis (e eu adorava aceitar, mas não sei para onde ir) e propondo-me telefonemas com uns tipos de telefones estranhamente portáteis porque parecem telefones de casa que eu já tinha visto no Ruanda (eu também tinha um telefone, só não sabia a quem ligar!). Tu tem calma Gustavo, ainda tens o teu cachecol que te protege e o guia da *Lonely Planet* do Paquistão (que eu comprei, não para viajar mas porque era uma boa forma de aprender sobre o país) e que poderia ajudar a encontrar um hotel para onde ir. 20 ou 30 minutos de dilema entre rejeições de táxis e telefonemas e aparece um Paquistanês com um papel com o meu nome e o logo dos MSF. Se o visse em Portugal à noite, acharia que me ia roubar, mas naquele momento, achei que era o meu melhor amigo!

Ao sair do aeroporto de carro, numa viagem de cerca de 30 minutos, a minha primeira impressão foi reparar nos checkpoints militares! Eram uns atrás dos outros e passámos por pelo menos uns 10 até chegar à casa onde ia passar a noite. Uma vez mais os militares não pareciam muito interessados em mim...

No dia a seguir, acordo numa casa vazia e, com a ajuda de um guarda, chamo um carro para me levar à base dos MSF. Agora de dia, retiro as primeiras imagens da cidade: Islamabad é uma cidade muito estranha, criada de raiz para ser a capital, quase sem património histórico, com ruas e avenidas desenhadas geometricamente que delimitam as zonas como se fosse um jogo de computador. A2, F6, G3, etc., mas bem à vista está uma parede de montanhas logo ali nas imediações, que parecem mesmo uma muralha natural: The Margalla Hills.

Timergara era a cidade a que iria chamar casa durante a minha missão, mas porque eram umas 5 horas de viagem dura, só uma ou duas vezes por semana partiam carros dos MSF de Islamabad para lá. Eu teria que me preparar aprendendo todas as regras culturais e tudo o mais que os *briefings* nos fazem assimilar sobre como é viver e trabalhar nestes locais tão especiais. E por isso, eu estava algo "preso" em Islamabad. Passei o dia inteiro em diversos *briefings* e, mais uma vez me apercebi o quão importante eles são. Sinto-me bastante cansado, mas tento absorver toda a informação que me dão.

Briefing da administração: perceber a estrutura do projecto, receber o dinheiro do *per diem*, *visas*, e mais papelada.

Briefing do Coordenador Médico: perceber como o hospital funciona, o que é que tem sido feito, o que está por fazer e muitas outras coisas... Aqui começo a ficar muito entusiasmado com o projecto. A população é altamente carente de cuidados médicos e há toneladas de trabalho a fazer.

Briefing cultural: Não fazem de ideia da exigência e intransigência das regras culturais. É uma das regiões mais conservadoras e fundamentalistas islâmicas do mundo. Não se pode tocar, falar ou olhar para uma mulher (até para as estrangeiras que comigo trabalhem) e milhões de outros detalhes, o que torna o nosso trabalho como médicos bastante mais complicado. Há tanto a dizer sobre este assunto.

Briefing de segurança: é segredo. Não posso contar.

Briefing com o chefe de missão do Paquistão: compreender toda a complexidade das questões políticas e militares do Paquistão. A região para onde eu vou, na fronteira com o Afeganistão, perto de Peshawar é de uma complexidade infinita. Em tempos, uma zona muito quente da "Guerra Fria", hoje em dia como todos sabem, está marcada pela presença dos Taliban! Quanto mais sei, menos eu percebo. A relação Afeganistão-Paquistão-USA é intensa! Há coisas que sinto que não devia escrever, neste momento, mas acreditem quando vos digo que é complexo! Neste momento, a situação está muito tensa, mas não temos razão nenhuma para acreditar que podemos ser um alvo a abater e nosso *networking* com a comunidade é muito bom e a aceitação dos MSF é óptima, como organização puramente médica que oferece cuidados de saúde grátis e de excelente qualidade.

Ainda Preso em Islamabad

Depois de todos os meus *briefings*, alguns futuros companheiros de equipa vieram de Timergara para Islamabad para descansar durante o fim de semana, o que é permitido uma vez por mês. Parecem ser pessoas fantásticas e de imediato se sente a sua felicidade por estarem em "liberdade". As mulheres podem destapar as caras, os homens não precisam de evitar olhar uma mulher nos olhos ou dar um aperto de mão e por aí fora... Eles transbordam felicidade como alguém que acabou de sair da prisão e eu estou super feliz por os conhecer.

Fomos jantar fora num grande grupo, a um restaurante chique, num clube Francês. Os *checkpoints* militares são uns atrás dos outros e desta vez a segurança é muito mais apertada porque estamos a entrar na zona diplomática. Buscas, passaportes e mais buscas e mais *checkpoints*. Para entrar no restaurante, a segurança é como num aeroporto dos USA, com uma enorme tensão no ar!

Ainda não aprendi na totalidade a história básica do Paquistão, mas chegou-me aos ouvidos que há 3 dias foi morto um ministro Paquistanês. Por cada uma das bombas que vemos na CNN, há mais 50 a explodir aqui e ali. É complicado, muito complicado…

O jantar foi muito agradável e aqueles que tinham acabado de chegar de Timergara, aproveitaram a cerveja e o vinho como se fosse um luxo supremo, porque em Timergara há uma tolerância zero com o álcool. E claro, eu também fui influenciado a desfrutar um último copo antes de entrar na "prisão".

Viagem para Timergara

Acho que vai ser uma grande desilusão para os meus, porque eu também fiquei bastante desiludido. A minha ideia inicial de contar histórias baseadas em fotografias, colapsou por completo, porque nestas zonas há uma tolerância zero por parte dos MSF no que às fotografias diz respeito.

Eles adoram decorar e ornamentar os seus veículos. Os "tuk-tuks" e as camionetas chamam a minha atenção, mas quando vejo os grandes camiões… uuuaaaauuuuu, é como uma exibição a céu aberto, pelas cores, desenhos, decorações e trabalhos nas madeiras onduladas que são como que uma "poupa" dos tempos do Elvis a fazerem as delícias dos meus olhos. Os camiões mais *"cool"* que alguma vez vira… Queria tanto tirar fotos, mas não posso.

Chegamos à fronteira da Província do Noroeste ou KPK e… adivinhem? Um *checkpoint* gigante! Todo o tipo de detectores e dispositivos, que nem sei bem para que servem, revistam os carros que formam uma fila enorme. Eu fico feliz por poder parar para observar a população, as pequenas lojinhas de rua e os mercadinhos de todo este planeta completamente novo para mim, que faz que com o melhor da minha imaginação nem sequer se aproxime daquilo que estou a ver! Ao som da música Pashtun que me faz imergir na viagem, começo a abrir a janela do carro, mas o condutor interpela-me: "Não se pode abrir a janela, são regras dos MSF. Em algumas correntes do Islão não se pode ouvir música, e seria um sinal de desrespeito para alguns se num carro dos MSF se ouvisse música a sair do carro!" Todo um mundo distante que nunca parou de surpreender. Desligo a música para poder ter a janela aberta, para sentir mais de perto tudo o que me rodeia... Os vidros são à prova de bala, mas acho que não há crise se os baixar.

E depois as montanhas começam a aproximar-se e paisagem é deslumbrante. Até os Paquistaneses param o carro para tirar fotografias. Rochosas, mas verdes, as montanhas são enormes com vales profundos, que oferecem vistas panorâmicas de lugares dos mais bonitos que já vi. Os picos mais altos começam a exibir-se atrás, cheios de neve e o meu sentimento é de gratidão por tudo o que os MSF me permitem ver do mundo. E ainda estou no início da minha missão...

Após passarmos um rio muito largo, mas algo seco, no meio das montanhas altas e infinitas, o condutor aponta para um local a uns quilómetros de distância e diz-me: "Aquilo é Timergara!"

Tenho uma sensação de déja vu sentimental quando outro condutor no coração de África me disse o mesmo ao chegar a Masisi no Congo. Fiquei algo triste ao saber que a minha viagem estava a chegar ao fim e que a partir de agora os meus olhos seriam murados, mas ao mesmo tempo, feliz pela energia que este lugar, que agora chamaria de casa, me transmitia.

Bem-Vindo ao Paquistão

Gostava que estivessem lá, gostava que percebessem. Gostava que largassem muitos dos preconceitos que têm para com estes povos e gostava que percebessem a importância da existência de organizações como os MSF e a sua importância maior na aproximação dos extremos na sua luta pela promoção de cuidados de saúde básicos, e o seu rasto de sementes de paz, numa altura em que parece haver tanta gente interessada em cultivar os ódios e as guerras.

A recente divulgação da história de Malala, nomeada ao Prémio Nobel da Paz, criança/adolescente que foi baleada na cabeça pelos Taliban, por lutar pela educação para as raparigas, oriunda do distrito do Swat, na província do Noroeste, bem perto de onde eu estava, veio também reavivar as minhas memorias e alimentar as minhas vontades de pôr por escrito muito do que vivi e senti neste fantástico país que Mohammed Ali Jinah, fundou em 1947, após a independência do Império Britânico e a partição com a Índia, e que terá sido um dos episódios mais sangrentos da história do século XX. Deixou marcas para sempre num conflito contínuo pelos territórios de Kashmir, e que alimentam o ódio fraterno dos arqui-inimigos Índia-Paquistão, que em tudo se relacionam com o extremismo islâmico, o Islão político, as suas intervenções militares, os Taliban e a Al-qaeda.

Tudo isto para dizer que a complexidade geo-estratégica do Paquistão é brutal, desde há muitos anos, e mais recentemente uma das "linhas da frente" mais intensas da guerra fria, onde "nasceu" e cresceu e foi catapultado e alimentado para aquilo que hoje conhecemos como Islão radical, extremismo, etc... Muito mais há para dizer, mas eu sou apenas um Médico, cuja função é salvar vidas.

Num Sábado, ao final da tarde, chego após uma fantástica, mas cansativa viagem até à minha nova casa, onde tenho o tão esperado reencontro com o meu grande AMIGO, Yaroslav, cirurgião russo, que conheci no Congo. Trabalhámos longas horas juntos, criámos laços fortíssimos, na altura ambos na primeira missão pelos MSF, dos dois extremos opostos da Europa e descobrimos tanto em comum... Jovens, robustos, cheios de vontade de dar o corpo às balas por uma causa que acreditamos. Trabalhámos juntos até à exaustão, horas e horas de bloco operatório sem comer, onde a motivação parecia não ter fim. Muito aprendi com o seu estilo robótico eslavo, do "antes quebrar que torcer" e gosto de acreditar que o meu lado latino, mais suave, mais sentimental, equilibrou esta dupla fortíssima, que tinha contornos hercúleos, dada a compleição física do Yaroslav.

Rimos e chorámos juntos com as histórias da guerra que partilhámos e que ficaram para sempre, e à noite com um copo de vinho de qualidade muito duvidosa, falámos sobre as saudades dos nossos mundos e as histórias em comum de corações partidos. Salvámos vidas e perdemos também duras batalhas pelas vidas de outros, o que cria laços muito fortes. Muitas vezes, exaustos, chegámos a casa para ainda dar voltas à cabeça com aulas de francês à luz das velas, onde muito nos riamos com o professor congolês. Nunca me esquecerei do dia em que o Yaros deixou o Congo e tivemos que nos despedir. Quase não conseguia olhá-lo nos olhos, tal era a carga emocional da despedida. Dei-lhe um abraço e concordámos: "See you soon! For sure!". Virei costas e literalmente fugi para o hospital banhado em lágrimas, a chorar compulsivamente sem conseguir parar, como uma criança abandonada, com a tristeza de não saber se alguma vez voltaria a ver aquele amigo que tinha feito para a vida.

E ali estávamos nós, outra vez. Frente a frente, abraçámo-nos com toda a força um ano e meio depois. Não consegui evitar algumas lágrimas que rapidamente escondi. Jantámos e falámos como se o tempo tivesse parado. Depois, o Yaros interrompeu a conversa para me dizer que queria ir ao hospital só dar "um saltinho" para ver como estavam os seus doentes, agora também meus.

Eu, de imediato, disse-lhe que o acompanhava para começar a meter "mãos à obra", embora desaconselhado pelo coordenador do projecto, que me dizia para descansar, relaxar e apenas no dia seguinte começar a trabalhar com calma. Naaaaa, dois a três dias "perdidos" em Islamabad, sem ver doentes. Eu queria era começar já a fazer o que vim fazer. E assim fomos, saímos da nossa "prisão", e de carro fomos para o hospital, onde o Yaros me apresentou os locais e me mostrou as diferentes áreas, até chegarmos ao serviço de urgência. Eu ainda estranhava tudo e ia na sombra do Yaros que me guiava. Enquanto os médicos paquistaneses lhe punham dúvidas dos casos potencialmente cirúrgicos, eu assistia às conversas. Alguns tinham tido a sua formação médica na Rússia, e falavam russo e eu ficava a contemplar a envolvência, as roupas, as caras, as burcas, todo um mundo novo que agora iria ser o meu mundo por uns tempos.

De repente, aproximo-me de uma criança com dificuldades respiratórias evidentes e em grande dificuldade para respirar. Era um rapaz com 2 ou 3 anos, e os olhos do pai refletiam o pânico de quem via o seu pequeno filho a lutar pela vida. Tentei perguntar o que é que se passava, quem estava a tratar esta criança. Nem eu sabia quem era médico, e quem era o quê, nem muito menos sabiam eles quem eu era. E aí percebi, a minha missão começa agora! O Yaros envolvido numa discussão de um outro caso qualquer, também não se apercebeu da gravidade do que se estava ali a passar. "Yaros, pergunta quem está a tratar desta criança, Yaros, explica-lhes quem eu sou e que posso ajudar!" Quando finalmente "agarrei" no médico responsável, este disse-me que a criança tinha engolido um objecto, ou seja, obstrução da via aérea por corpo estranho. Mmmmm, cheirou-me a esturro! "Estetoscópio", disse friamente. Auscultei e disse: "Não é um corpo estranho, é um ataque de asma muito grave!" Riram-se de mim, vá-se lá saber porquê, mas já tinham decidido por aquele diagnóstico e não ia ser fácil demovê-los. Muitas conversas entre eles, deixam-me no escuro enquanto falam em Pashtun, e tive de ser duro e incisivo no tom de voz, para que traduzissem para inglês. O pai estava em pânico e a criança a perder a consciência. Apercebo-me que o pai lhes disse que o miúdo tinha história de asma, e mesmo assim insistiam que tinha um objecto estranho na traqueia, e planeavam fazer-lhe uma traqueostomia, coisa que não sabiam fazer, muito menos a uma criança tão pequena. A auscultação é cada vez menos informativa, pois a broncoconstrição é de tal forma grave que já quase nem se ouve a criança a respirar (*silent chest*). A criança está azul, inconsciente, e com uma taquicardia estrondosa. Finalmente, consigo impor a minha opinião e tratámos como sendo uma crise de asma, com broncodilatadores mais corticoides, e mais broncodilatadores e mais corticoides. A criança melhora, o pai agarra-se a mim a agradecer com as lágrimas nos olhos, mas o estado da criança apenas evolui do péssimo para o ainda muito mau. Eu já tinha lido nos livros, mas nunca tinha visto uma asma assim... A criança continua com a saturação de oxigénio no sangue muito baixa, apesar das melhorias e eles insistem na hipótese do objecto estranho... grrrrrr... Tinha que ser diplomata e como tal propus-me a anestesiar a criança e a visualizar as cordas vocais e a traqueia para não haver dúvidas, com a possibilidade de colocar um tubo na traqueia para melhor ventilar/oxigenar... E assim foi, nada de corpo estranho, e entubei a traqueia da criança. A entubação numa asma grave é uma medida que pode ser *"life-saving"*, mas com muitos inconvenientes e com a necessidade absoluta de cuidados intensivos e, neste caso, pediátricos. A criança melhorou, chegou a níveis de oxigenação aceitáveis e agora estava anestesiada e em paz. E agora? O que fazer? Acabado de chegar, com uma criança com risco de morte iminente ligada a um tubo que só eu poderia manejar em condições, mas também sem capacidade/infraestrutura para proporcionar o tratamento necessário para salvar esta vida! Que merda! E agora? Com os olhos húmidos do pai a olhar para mim, à espera dos meus próximos passos. Eu já estava decidido a ficar "agarrado" àquela criança o tempo que fosse preciso. Podem ser dois ou três dias até reverter uma asma destas e naquele hospital tinha que puxar muito pela imaginação para ter condições para manter entubada uma criança esse tempo todo. Mas era esse o meu plano... Nem que não dormisse dois dias, não podia deixá-la morrer. Começam a dizer a palavra que até hoje por muitos motivos me atormenta: " Peshawar, Peshawar", a famosa cidade de Peshawar, capital da província teria eventualmente muitas outras condições que nós não tínhamos. "Ok", disse eu, "eu vou!" Não podia! De acordo com as regras de segurança, nem pensar em ir até Peshawar, 5 horas de ambulância. E agora? Começam-me a tentar convencer que a ambulância era fantástica, que tinha oxigénio e enfermeiros com muita experiência para fazer os transportes.

Uffffffff... aperto no estômago. Nem sabia se conseguia manter a criança viva esse tempo todo e ia ter que delegar isso a alguém? O que fazer? Enquanto ventilava a criança, e com dificuldades pela broncoconstrição, chamei o tal enfermeiro para os transportes e fui-lhe explicando o que fazer. Pareceu-me razoável (trabalhei com excelentes enfermeiros paquistaneses), ensinava-o como ventilar, as doses de Ketamina (para anestesiar a criança e como broncodilatador), e os intervalos de tempo. A situação parecia estável, muito grave, mas estável. Expliquei ao pai, com tradutor, o que se estava a passar, e em troca recebi várias promessas que Allah iria olhar por mim... Dei ao enfermeiro o meu número de telefone e quando arrancaram para Peshawar, voltei para casa a sentir-me bem. Fui útil, salvei uma criança. Foi para isto que vim e sabe tão bem. Dar vida e esperança a uma das zonas mais pobres e miseráveis do planeta...

Voltei para casa com o Yaros a chamar-me de herói e só por isso já tinha tudo valido a pena. Talvez por isto já valesse a pena deixar a minha mãe no aeroporto com uma dor que ninguém merece. Fui dormir o sono dos justos, exausto, com a sensação de dever cumprido e com o meu telefone ao lado para se acontecesse alguma coisa. O telefone não tocou! *No news, good news!!!* Ao pequeno almoço já recebia os louros dos meus recém-colegas, que ainda nem conhecia os nomes, e depois de uma noite gelada, o sol entrou forte no meio das montanhas, deixando-me a sentir fantástico. Tranquilamente, fomos para o hospital e a primeira coisa que fui fazer, claro, foi saber da criança que tinha para Peshawar: "Doutor, a viagem correu bem, mas a família era pobre, não tinha dinheiro para pagar o hospital em Peshawar, muito menos os cuidados intensivos. Tiraram-lhe o tubo da traqueia e a criança morreu!"

Bbbbbuuuuummmmmmmmmm!!! Que explosão no estômago! Bem-Vindo ao Paquistão!!!

Mulheres Sem Nome (1)

Eu nunca tive propriamente um plano. Apenas senti depois de ter estado no leste do Congo, uma vontade enorme de partilhar, com quantos conseguisse, a dura realidade que tantas pessoas enfrentam e que os media teimam em não querer saber. Haveria uma milhão de coisas mais a dizer sobre o Congo, e certamente mais ainda por outras pessoas que sabem muito mais do que eu, mas posso dizer que me sinto realizado por conseguir que a minha voz insignificante seja mais uma a apontar o dedo a assuntos cruciais dos nossos dias, como a guerra, a violência sexual, a fome e tantas doenças esquecidas pelo ocidente porque não lhes "toca".

Mostrar umas fotos e contar algumas partes de histórias muito verdadeiras pareceu-me uma boa estratégia para abrir os olhos de todos, para que transformemos o nosso mundo, num mundo melhor.

Eu tentei escrever quando cheguei ao Paquistão, mas enquanto lá estive, as emoções eram demasiado fortes e era muito duro estar a digerir tudo o que se estava a passar à minha volta. Dias extremamente ocupados, muitas vezes com noites também duríssimas e as regras de segurança que desencorajavam as partilhas na internet em tudo o que tocasse a assuntos sensíveis como religião, cultura ou política daquela região. Era impossível escrever uma palavra sem entrar em algum ou todos esses temas. E percebo e respeito que trabalhando para os MSF, de alguma forma as minhas palavras podem ser tidas como representativas dos MSF, mas claro que não são. São apenas as minhas visões pessoais.

Uma pequena súmula sobre o local onde vivi e trabalhei: o Paquistão como muitos outros países no mundo, tem uma história muito recente e como tal uma identidade nacional polémica e instável. Culturas completamente diferentes e línguas totalmente diferentes foram unidas por uma religião (à excepção de pequeníssimas minorias) – o Islão. Como tal, não é difícil de compreender os marcos mais importantes deste jovem país para compreender a sua diversidade e complexidade. Eu estive a trabalhar na província do Noroeste ou KPK, a norte de Peshawar, muito perto da fronteira com o Afeganistão, nas terras dum grande grupo étnico, os Pashtun, que têm uma longa e rica tradição em termos de identidade, língua, cultura e história que muito os orgulha. A terra dos Pashtun foi divida pela fronteira do Afeganistão-Paquistão pelo império Britânico e como muitas outras vezes na história os Europeus, criaram divisões falsas e uniões falsas a seu bel-prazer, com consequências históricas.

Para resumir uma longa história, esta zona é oficialmente controlada pelo governo Paquistanês, mas com um estatuto especial – é oficialmente considerada uma zona de guerra devido aos inúmeros ataques contra o governo Paquistanês. É uma zona muito conservadora e de onde se diz ser a maior fonte de extremistas islâmicos do mundo.

Eu queria falar sobre assuntos médicos o quanto antes, mas preciso de partilhar a minha opinião sobre estes assuntos complicados apenas porque acho de extrema importância que todos nós pensemos duas vezes antes de ter uma opinião "da boca para fora" sobre uma problemática que divide o mundo e que tem matado tanta gente diariamente. Eu tive uma educação católica, mas já há muitos anos que me fui transformando em ateu e por isso olho para todas as religiões da mesma forma. O problema não é o Islão! Parece-me tão óbvio que nem deveria ter de ser dito, mas como há tantos que pensam o contrário, acho importante que se reforce estas ideia! O Islão tem nos seus pilares fundamentais a paz e o respeito pelo ser humano, mas ainda há os que confundem e tomam a parte pelo todo ao julgar todos os muçulmanos pelos actos desumanos de alguns loucos, que são uma pequeníssima minoria. A cobertura dos media é apenas sobre os horrores que vendem. As pessoas normais não são notícia, aqueles que são 99,9% e que querem viver em paz e amor com as suas famílias como todos nós. Detestam os seus compatriotas que usam o nome do seu país e religião para justificar a injustificável violência que a todos nos aterroriza.

No meu ponto de vista, é uma questão cultural e política com desculpas nas interpretações que serão sempre infinitas de cada religião. Naquela região do Paquistão, sempre deu jeito aos líderes Paquistaneses das décadas mais recentes, usar a seu belo prazer as crenças fundamentalistas para controlar uma área remota do seu país que sempre foi um desafio para controlar. Com lavagens cerebrais de interpretações extremistas do Islão, e depois chamando a si a voz oficial do Islão, tudo se tornava mais fácil de controlar, levando a população a fazer o que eles bem entendiam sem que o povo analfabeto se questionasse. Solução? Tolerância, respeito e acima de tudo, educação! Livros e professores resolveriam os problemas nesta região cujos níveis de educação são dos mais baixos do mundo, principalmente nas mulheres. Uma vez mais, não é o Islão que discrimina as mulheres, são algumas culturas que promovem que as mulheres não devem ser instruídas, nem ser vistas como seres humanos ao mesmo nível que os homens.

E é sobre as mulheres, que as minhas histórias no terreno começam...

Mulheres Sem Nome (2)

É o meu aniversário (31/10/2013). Não trabalho e está uma magnífica manhã de Outono. Tenho a sorte de poder dar a mim próprio o presente que eu quero. Acordo de manhã, numa longa conversa comigo próprio e tento responder da melhor forma às seguintes questões: O que é queres fazer, Gustavo? O que é que gostas de fazer, Gustavo?

Não é fácil, há tanta coisa que me apaixona, mas decido-me a escrever. Sento-me em frente ao mar, a grande janela do meu mundo, o meu carregador universal de baterias, o sítio onde tudo começou, o início de todas as minhas histórias, este mar que me viu crescer e a quem eu peço que um dia me veja partir. Penso, vivo e revivo e lanço a corda para dentro das minhas memórias de forma a resgatar os acontecimentos que vos quero contar hoje e para sempre.

Neste dia magnífico, no conforto do meu mar, viajo no tempo e no espaço, para Março de 2011, Timergara, na Província do Noroeste do Paquistão. O ar é pesado, há uma pressão no ar, as proibições sufocam-me, e o sentimento daquilo que é ser um prisioneiro cresce dentro de mim. A motivação é grande, pois os MSF não desiludem. Se lá estamos é porque é mesmo preciso. A região é pobre, pobre, pobre e o Inverno é rigoroso com condições de vida miseráveis.

Entenda-se que quando me refiro ao Paquistão, falo apenas desta zona, pois é um país imenso muito heterogéneo e com realidades muito díspares. O Paquistão que eu vivi é *hardcore*, é forte, é perigoso e intenso, faz-nos amar e odiar o mundo no mesmo dia, mas apesar de ter levado das maiores pancadas emocionais da minha vida, saí de lá com a alma quente e cheia de esperança num mundo melhor.

A Província do Noroeste é brutal. A beleza das montanhas que a rodeiam, esconde um dos maiores problemas que certamente o séc. XXI enfrentará, o Islão radical. Esta zona do planeta parece esquecida e a sensação é que a Terra não é redonda e que aqui é o fim do mundo.

Foi dos povos mais afáveis que eu já conheci, pelo menos no que aos homens diz respeito, pois as mulheres não conheci. Todos os dias, à medida que ia criando laços de amizade, confiança e, por que não dizê-lo, admiração mútua, o cumprimento local fazia mais sentido. Explicaram-me muita coisa nos *briefings* culturais, mas esta foi uma surpresa para o terreno: vinham de braços abertos, e quando pensava que era para um abraço, surpreendiam-me com um "quase abraço". Eu, descoordenadamente, não percebia porque é que a mão direita deles vinha ao meu peito e a esquerda ao meu ombro direito...

Os guardas, os cozinheiros, os enfermeiros e os médicos não são indiferentes ao nosso esforço, às noites sem dormir, ao trabalho até à exaustão, ao prazer de dar o exemplo e liderar pela inspiração. Depois percebi que o toque, a energia, o olhar fraterno e agradecido, aproximam-se de braços abertos para mostrar que vêm em paz e sem armas. O primeiro contacto é com a mão direita que vai directa ao nosso coração, furando a nossa guarda. Tocam, sentem e avaliam como está a nossa saudade e os nossos sentimentos, deixando que este rápido momento, este manómetro de vida, preceda um *"Asalam aleikum"* (que a paz esteja contigo), ao mesmo tempo que completam o cumprimento com um firme aperto de mão. E isto sente-se, não se explica, que é de boa gente, o povo mais hospitaleiro que já conheci. Era com muita honra que nos convidavam para suas casas, onde tristemente não podíamos ir. Os convites para "Xai" eram horários e as perguntas pela nossa saúde, pelas nossas famílias eram genuínas, nunca um pró-forma. Quando me perguntaram se precisava de alguma coisa, pedi uma bola de futebol para que pudesse descontrair e esticar as pernas no pátio da minha prisão, mas foi provavelmente o único país onde já estive, em que o futebol não existe! A minha apresentação como português caía na insignificância, pois nunca tinham ouvido falar do Cristiano Ronaldo. Lá me conseguiram arranjar uma bola num Bazar, uma boa bola e sei que não foi barata. Não me deixaram pagar, quando nesta altura tinha apenas acabado de chegar. Adorei o gesto, adorei este povo, ou metade dele, pois a outra metade, como vos disse, não conheci. As mulheres são sombras, não existem. Vi as suas dores, salvei algumas vidas, reanimei os seus recém-nascidos, mas não as conheci. Não sei quem são, ou o que pensam. Eram seres dentro de burcas impenetráveis, que aos meus olhos não deveriam existir.

A pressão de que vos escrevo sente-se no ar. O ar é pesado, as proibições são de quase tudo, e vivemos num estado permanente de observação por parte da comunidade, que avalia de uma forma desconfiada este grupo de "estrangeiros e infiéis" que aparece nesta terra perdida. As mulheres transparecem essa prisão interior, transparecem na sua conduta, uma sociedade repressora em que a burca é muito mais do que uma capa, é uma amarra a toda uma série de acções que para nós nos parecem inatas. Uma mulher não ri, não fala alto, não olha um homem nos olhos, não corre, não salta, não fuma, não fala com um homem, não lê, não escreve, não nada!!! Nada!!! Casa aos 12-14 anos com quem tiver dinheiro para este "amor", e depois fica em casa fechada, toma conta dos filhos e fala com as outras mulheres da família. Larga a sua família após o casamento para nunca mais voltar. Corta o seu cordão umbilical biológico para nunca mais voltar, e passa a ser propriedade do seu marido, em que este faz o que bem entender com esta sua posse. Se for um homem bem-sucedido, terá certamente as mulheres que o dinheiro lhe der para pagar.

A mulher legalmente vale 50% do que vale um homem, por exemplo, relativamente a uma indemnização ou uma opinião em tribunal, mas na prática, sabemos que nem isso. Uma mulher vale muito menos, vale o que o homem que a comprou quiser que ela valha e, por mais que eu saiba que não me cabe a mim julgar uma cultura, o impacto das histórias que tenho para vos contar marcaram-me como pessoa e como médico, num ponto sem retorno.

Há certos momentos da nossa vida em que um dito juramento de Hipócrates transcende a nossa pessoa, pois ser médico é algo que vai crescendo dentro de nós, e em certos momentos, é muito mais de que uma profissão, um ganha-pão, é a essência do nosso ser. Fui obrigado a aceitar certas regras que contrariam a minha própria razão de existir, mas como qualquer peão no seu xadrez, eu sabia quais os movimentos até onde podia ir. Nunca, mas nunca, NUNCA, NUNCA, NUNCA discutir as regras do jogo. E as regras são, as mulheres valem o que os homens quiserem, e se o marido não estiver, é o irmão do marido, ou a mãe do marido, ou o pai do marido que decidirá o que eu posso fazer ou não como médico. E elas, as mulheres, sabem disso, a sua vida não é delas, a sua vida é de quem o pai delas quiser que seja.

Eu, como qualquer médico, dependo do consentimento do marido no que diz respeito aos mais simples actos médicos relativos à saúde de uma mulher e se ele, ou um legítimo substituto não estiver, nada faremos, nem que a consequência seja a morte dessa mulher. E assim foi, por mais vezes do que aquelas que gostaria de lembrar...

À minha frente, sabendo o que tinha que fazer, mas sem autorização para tal, várias vidas vi se perderem... Não me lembro de todas, mas lembro-me de algumas e é isso que vos vou contar!

Mulheres Sem Nome (3)

Agora já sabem, nós médicos estávamos francamente condicionados por "regras" culturais, que nos custavam a engolir, que se sobrepunham às nossas regras básicas de humanismo, alimentadas pela ignorância, falta de acesso a qualquer espécie de formação básica (zona do mundo com a menor taxa de literacia no sexo feminino), e lavagem cerebral de certos líderes de opinião. Mas a ética será sempre quase que por definição (digo eu), muito polémica. E aqui talvez conheça um dos seus extremos. O problema é que não há um Islão, não há uma lei Sharia, não há uma hierarquia definida e organizada a quem se possa apontar o dedo por cometer atrocidades em nome de uma religião que tem tanta coisa de bom, como todos as outras. A interpretação que o homem lhe quer dar para seu belo proveito é que tem uma complexidade extrema, e em cada canto do mundo, tem um contexto diferente que leva a que uma sociedade se organize desta ou daquela maneira. O que há, sem dúvida, é falta de informação, falta de escolha, falta de civismo, a pobreza na pior das suas formas num povo bélico, em quem é impossível pôr as rédeas e em que 95 % da população é capaz do melhor que já vi e 5% do pior que este planeta já pôs os olhos em cima. Como sempre, é difícil transparecer vivências sem que as vivam, experiências sem que as sintam. Humildemente faço um esforço para vos transportar até este recanto perdido do mundo, para que percebam a importância da compreensão, da tolerância e dos perigos da indiferença!

Tenho muito cuidado para não ser demasiado político, mas torna-se difícil. Os USA acabam de matar o Líder dos Taliban paquistaneses, com um drone bem perto de onde eu estava. Para quê ??? Alimentam o ódio dos dois lados, matam inclusive mulheres e crianças inocentes, aprofundam o fosso entre o ocidente e o Islão, reforçam a militância dos Taliban e a motivação da Al-Qaeda, enquanto o já encontrado substituto, ao que se diz, é muito mais duro, cruel, e impiedoso. Vamos pagar durante gerações estes erros históricos em que todos temos culpa deste lado da barricada, nem que seja pela nossa inação.

Da forma como eu vejo as coisas, os Médicos Sem Fronteiras, de quem eu me orgulho de ser apenas um soldado raso, luta para que a diplomacia, a aproximação, a colaboração e o contacto entre os extremos aconteça de uma forma suave e lenta, certamente, mas que promove a paz quando há tanta gente a querer fazer guerra. Em todos os cantos do planeta, presta cuidados de saúde, de graça, nas zonas onde este é mais preciso, graças à boa vontade das contribuições dos particulares que acham que vale a pena tentar evitar que este nosso planeta azul se torne simplesmente um teatro de guerra.

E a mim calhou-me encontrar este lugar, esta realidade tão forte, tão intensa que me esticou as emoções aos extremos, com a minha simples vivência, de quem é apenas um médico, mas que gosta de acreditar utopicamente que pelo menos a minha família, os meus amigos, a minha cidade, e gostava eu de dizer, o meu país, terão uma atitude mais sensata, mais compreensiva, mais tolerante e menos indiferente, para com as grandes questões da nossa "casinha" azul e redonda de onde até prova em contrário, teremos que viver juntos para sempre.

Uffff, que grande introdução, mas não consigo evitar.

De volta ao Inverno de 2011, para mim rigorosíssimo, e àquela prisão em que nós vivíamos, em que nos restava a motivação para trabalhar, deixem-me apresentar-vos a Patrícia, médica, ginecologista/obstetra, espanhola, madrilena, com raízes alemãs, 30 e poucos, baixa, loira, olhos bonitos, e cheiiiaaaaa de garra e energia. É um furacão. Dedicação ao trabalho como nunca vi, muito carinhosa com as doentes, muito rápida a pensar e executar, com fantásticas mãos cirúrgicas. Surpreendente! Rapidamente nos tornamos amigos, pois trabalhámos muitas vezes até à exaustão juntos, inspirando-nos mutuamente. Eu nunca trabalhei tanto na vida e estive perto de colapsar em dois ou três momentos. Literalmente dormia quando podia e trabalhava quando a vida de alguém dependesse disso, o que era grande parte do tempo. Eu e a Patrícia perdemos a conta à quantidade de vezes em que éramos chamados de madrugada para a imensidão de patologias obstétricas que florescem nesta parte do mundo.

E esta era apenas mais uma noite, mas nunca mais me esquecerei do que senti. Eram 2 ou 3 da manhã quando toca o meu telefone. Acordo, pedrado de sono e oiço a Patrícia: "Estás pronto?", diz ela a rir! "Sempre. Vamos lá embora!", respondi, contagiado pelo seu bom humor. Ao sair da cama, levo com um choque térmico que me acorda logo. Estão para aí menos 10 graus, numa casa sem aquecimento... Água na cara, visto o meu Shalwar Kameeze (túnica e calças largas), respiro fundo e encontro-me com a Patrícia. Vamos juntos para o carro dos MSF. A Patrícia neste momento já tem a cara tapada com o véu, onde apenas os olhos podiam ficar à vista. Se para mim não era fácil lá estar, para uma mulher estrangeira era muito mais complicado com estas condicionantes e muitas outras... Trabalhar todo o dia de cara tapada era asfixiante! Fomo-nos a rir de coisas estúpidas na pequena viagem de uma prisão para a outra, casa-hospital. A Patrícia, entretanto, diz-me que temos uma cesariana, urgente, não emergente, que o bebé está vivo, mas atravessado no útero. Mais uma cesariana, são tantas... Cerca de 60-70% das cirurgias em cenários de guerra são cesarianas, mas a vida continua!

Chegamos ao hospital e mudamos de comportamento – não há piadas porque as mulheres não podem rir, falamos bem afastados e nunca lado a lado e vamos à nossa vida. A Patrícia entra na Maternidade para confirmar o que se passa com as enfermeiras parteiras, enquanto eu ponho as tropas a funcionar no bloco operatório. Todos os enfermeiros do bloco e auxiliares estão ensonados e cansados, mas sou sempre recebido com sorrisos e propostas de "Xai"!

Entretanto, chega a Patrícia com a doente deitada numa maca com as dores intensas das contracções do trabalho de parto. Entre gritos e suspiros, regularmente solta um "Alllaaaaahhhhh!" que já nem estranhava. A Patrícia confirma-me o diagnóstico que para nós é apenas mais uma de tantas, é o nosso trabalho. A doente entra numa antecâmara do bloco operatório a tremer de frio e cheia de dores e está tudo pronto para avançarmos: o bebé está vivo, e a mãe, medicamente falando, está bem. Falta um pequeno pormenor: o consentimento do marido, que, entretanto, tinha sido chamado.

A rapariga tinha 23 anos, já com 3 filhos, já sem burca, apenas véu, uma vez que nos preparávamos para a operação. Tinha olhos escuros, traços finos com personalidade e olhar assustado, mãos e pés pintados de "ena", com desenhos labirínticos. Não a achei bonita, mas gostei de olhar para ela, talvez pela curiosidade de assimilar os traços femininos, que estariam por debaixo de todas aquelas burcas, e dei-lhe duas pancadinhas na mão, tentando passar a mensagem que vai correr tudo bem.

Alguns minutos depois, chega o marido, com os seus 50 anos, estatura baixa, mas ar altivo, cara alongada, barba grisalha comprida, chapéu Taliban, e coberto com a manta traçada pelos ombros. Os

Pashtun dão-se ao respeito, transparecem aquele ar de "antes quebrar do que torcer". Eu admiro-os.

Chamo o Afzal, enfermeiro chefe do bloco, para servir de tradutor, e assumo o papel da Patrícia, de falar com o marido, pois eles raramente ouvem uma mulher, principalmente estrangeira e infiel. Resumidamente, em Inglês, digo ao Afzal o que ele tem de dizer em Pashtun: "A sua mulher vai ter que ser operada porque o bebé está atravessado", quando ouço um "Não". *"Sir, he says NO"*, diz-me o Afzal. Levei um grande soco no estômago, mas não caí, sabia que esta luta era "minha". Repeti-me, e disse os motivos: "O bebé vai morrer, o seu filho vai morrer, e a sua mulher vai morrer, se não a operarmos. TEMOS que a operar, será que compreendeu??" *"Sir, he understands and he says NO!"* Eu olho-o nos olhos e ele não tem expressão, não vacila, não hesita, não abana. Dirijo o meu olhar para a Patrícia, que a metros de distância ouve a conversa. Em silêncio, tem os olhos lavados em lágrimas da única parte da sua cara. Vejo o fim do mundo nos seus olhos húmidos, de quem sabe que com as suas mãozinhas, em 15 minutos facilmente resolvia esta questão, como já resolveu tantas outras. Sofro em silêncio, e como sempre, mantenho-me calmo nas situações em que o meu corpo liberta mais adrenalina. Depois de dois socos frontais, brutais, que me esmagam e quase não me deixam respirar, vou buscar as minhas últimas forças para tentar ganhar esta luta que jamais podia dar como perdida. "Afzal, pede-lhe, por favor, para nos deixar salvar a vida a esta mulher e ao seu filho, pede-lhe por favor, que nos deixe fazer com que as três crianças que ele tem em casa não fiquem sem mãe, pede-lhe, por favor!!" *"Sir, he says NO, he doesn't want his wife to be touched inside, he says he can buy another one..."*

E perdi por *KO* uma luta que nunca pensei que existisse e que jamais pensei perder. "Afzal, ele percebeu, estás a traduzir bem???" Só podia ser um problema de comunicação, não podia ser verdade. *"Sir, he understands, he says NO!"* E ela ali, à minha frente, com um bebé na barriga, dois corações batentes com o tempo contado e uma morte que será um sofrimento atroz, sem eu poder fazer nada...

Vinte e três anos... Ouviu toda a conversa e nunca disse nada. Tremia e sofria com as contracções na maca em que entrou e depois saiu para morrer, não sei onde, nem como. Foi certamente uma morte em dores, durante horas... Já vi muita coisa, e não consigo imaginar...

Voltámos para casa, em silêncio, sem dizer uma palavra, na ânsia de quem quer esquecer. Não dissemos uma palavra, não havia nada a dizer. Dois jovens médicos, cheios de força, afogados em frustração...

Deitei-me na cama e chorei desalmadamente até adormecer! Não podia ir abaixo, pois não havia ali mais ninguém que soubesse fazer o que faço, e muitas vidas dependiam de mim. Chorei, não esqueci, mas andei para a frente!!

Esta é apenas uma história, textualmente contada como aconteceu, que representa algo que não é a regra, mas que acontece muitas e muitas vezes naquele e em muitos lugares deste mundo.

DE VOLTA ÀS AULAS COM OS TALIBAN (1)

O Noroeste do Paquistão é incrível para o bem e para o mal, extremamente montanhoso entre a cordilheira do Hindu Cush e os picos mais agressivos dos Himalaias. Fica uma zona de uma complexidade estratégica, de difícil compreensão. É um país "novo" que encontrou a sua identidade no Islão após a "libertação" por parte dos Britânicos do subcontinente Indiano. Houve a necessidade de dividir este brutal pedaço de terra, de forma a que os Muçulmanos ficassem com o seu próprio espaço (muitos ficaram na Índia), criando aquilo que conhecemos hoje como Paquistão, e o Paquistão Oriental, que entretanto, também à custa de milhares e milhares de vidas, se emanciparam para se tornar no que é hoje o Bangladesh.

A separação do grande Irmão Indiano, moderada pelos Britânicos, foi brutal. Levantou, acordou e catapultou os ódios entre religiões e povos, e deixou profundas feridas nos irmãos, agora de costas voltadas, ficando esse ódio de estimação com a sua representação no fantástico território de Kashmir, o conflito mais alto do mundo, com posições militares acima dos 5/6 mil metros. Talvez aqui esteja o conflito mais antigo do nosso presente desde a partição em 1947.

Do outro lado, a linha de Durand, é mais uma "fantástica" ideia da então grande potência mundial, o Império Britânico, que desenhou o que quis do subcontinente, não arriscando em tocar nos sempre bélicos Afegãos. Mais tarde, esta linha daria os limites a um dos maiores confrontos de gigantes de sempre no "Great Game", entre a Rússia e o Império Britânico. O problema é que aqui nasceria uma divisão artificial do povo Pashtun, cuja identidade é demasiado forte para que se abdique da unidade, uma etnia dominante em números e em poder politico do Afeganistão, e que sempre tiveram uma grande facilidade em saltar a fronteira que, para eles, no fundo não existe.

E assim cresce o Paquistão, centrado no Islão, com um ódio histórico contra uma Índia bem mais poderosa e numerosa, e fazendo fronteira com o Afeganistão dos "Pashtun". Golpe de estado atrás de golpe de estado, levam à alternância entre democracias de fachada e regimes militares, com duas famílias a alternarem o controlo do país, sendo a mais famosa, os Bhuto, pai e filha (Benazir) símbolos marcantes, envoltos em polémica e cuja história acabou sempre em mortes trágicas.

A relação com os USA é tanto fantástica como difícil de entender. Melhores amigos que se odeiam! Já muito li sobre o assunto e quanto mais leio, mais dúvidas tenho. O Paquistão precisava de um amigo mais forte, para que a super poderosa Índia não lhe pusesse a mão em cima (o que fez facilmente ao "libertar" o Bangladesh do poder de Islamabad), e os USA precisavam de travar os Russos na frente da guerra fria, daí a importância do Afeganistão... A troco de milhões e milhões de $$$$, os USA podiam ajudar os Mujahiden do Afeganistão, através dos Serviços Secretos Paquistaneses, sem nunca saberem muito bem a quem estavam a passar cheques em branco. Assim, o Paquistão é o segundo país do mundo que recebe mais $$$ dos USA (depois de Israel), mas é também a maior fonte dos seus problemas, sendo o grande formador do Islão radical que serviu para combater a

Índia e Kashmir, alimentar a grande guerra Islâmica, acordar o Islão politico a nível mundial, entre os Mujahideen e os Soviéticos, e para hoje ainda através das suas madraças, reunir militantes de todo o mundo, para lutar contra as grandes causas do Islão politico, sobre aquilo a que muitas vezes gostamos de chamar Al-Qaeda...

Toda esta embrulhada cada vez mais globalizada só podia florescer numa zona pobre, inóspita e de difícil controlo, o Noroeste do Paquistão, envolto por montanhas e por um clima que impõe respeito. É um canto de terra muito bonito, perdido entre a estratégia dos grandes mundos e no tempo. Devido ao grande carácter guerreiro deste povo Pashtun, só foi possível controlar a ambição sempre corrupta de Islamabad, tirando-lhes os livros e islamizando-os ao extremo como os vemos hoje.

A execução sumaria de Bin Laden (felizmente para mim, dois meses depois de ter de lá saído), em território deste país soberano (talvez com a conivência dos SS Paquistaneses, a troco sabe-se lá de quê), e a ocupação do Afeganistão desde 2001 pelos USA e Aliados, numa terra em que a história já nos ensinou demasiadas vezes que ninguém controlará, contribuíram para que os ódios aumentassem e a separação entre Islão e Ocidente se acentuasse.

Uma vez perguntei a um enfermeiro porque não gostava dos USA. Abdul era o melhor enfermeiro com que já trabalhei, pouco mais novo que eu, muito inteligente e bem-educado, e que calmamente me respondeu: *"Sir, they bomb our houses, they bomb our villages, they kill our kids, our wifes, our families."* Até quando? Quando é que iremos perceber que violência só gera violência e que a magnífica obra estratégica em que todo o mundo bateu palmas, o assassínio de Osama Bin Laden, mesmo sabendo o monstro que ele era, nada resolveu e apenas veio dar combustível para a máquina do ódio?

Bem, suspiros e reflexões de quem sabe pouco, mas viu e viveu nesta realidade tão forte e de onde saiu com muita esperança, chocado, mas com muita esperança, porque conheci pessoas magníficas e um povo maravilhoso, afável e acolhedor. Se nos sentarmos a beber um chá ao mesmo nível, faremos amigos para sempre. Adorei lá viver e se pudesse, sugava aquela cultura. Li os seus livros, vi os seus filmes, ouvi a sua música, e sentava-me com os empregados a ver o Mundial de Críquete, mesmo sem perceber muito. Claro que comia tudo o que comiam, bebia 20 vezes "Xai" por dia, e aproveitava todos os momentos livres para falar com os enfermeiros, guardas, cozinheiros para melhor os entender. Fiz amigos sentidos e despedi-me de abraço apertado e lágrimas nos olhos. Contudo, metade daquele povo, eu não conheci! As mulheres! As mulheres só falam com mulheres... E as poucas enfermeiras com quem eu trabalhava, eram apenas vultos, dentro do hospital, sem burcas, mas todas tapadas à excepção dos dois centímetros que deixavam ver os olhos. Eram bastante cumpridoras e profissionais, mas quando me dirigia a elas, as únicas respostas eram: *"No, Sir"*, *"Yes, Sir"* e nada mais. Sentia que tinham medo de falar connosco, pois tudo podia ser malvisto, mal-interpretado, e fortemente condenado pela sociedade altamente repressora, em que tudo é proibido!

Gosto de acreditar que deixo um legado e gosto de ensinar, acredito que são essas sementes que a todos os níveis, vão mudar o mundo. Aprender, Fazer, Ensinar, a medicina é isto! Procuro ver onde estão as falhas mais graves, é difícil mas são tantas... O conhecimento médico é paupérrimo, e todo o sistema é uma manta de retalhos, mas tem de se começar por algum lado.

Foi-me proposto pelo médico responsável do Serviço de Urgência, que desse uma formação sobre Suporte Avançado de Vida, ou como se diz em linguagem mais leiga, ressuscitação cardiopulmonar – salvar vidas! E assim fiz, com bastante experiência nessa área, adaptei-me à realidade local e às condições possíveis. Preparei uma apresentação em *PowerPoint* e reuni as tropas: médicos e enfermeiros da urgência, bloco operatório, internamento e outras áreas. Custa-me preparar, mas depois adoro o desafio de ensinar, de cativá-los, de lhes acender as luzes da ciência, de os pôr a pensar e ajudar a compreender... E vejo naquela hora/hora e meia a grande oportunidade de deixar a minha marca, de fazer com que tudo valha a pena, de dar o meu contributo para a resolução daquele Paquistão radical e do tão assustador Islão politico. Vejo ali a minha oportunidade de deixar sementes de paz, e quero que vejam no empenho de quem veio de tão longe para salvar as vidas do seu povo, a inspiração de fazer mais e melhor só porque sim – *Think Global Act Local*. São os meus 15 segundos de fama, é o meu momento, com os holofotes de três ou quatro dezenas de locais apontados para mim. Uso a ciência para os cativar e deixar em cada ensinamento médico a mensagem subliminar de quem quer chegar muito mais longe, dizer-lhes que uma vida é uma vida e que temos que dar tudo por todas.

Cada vez gosto mais de andar de Shalwar Kameeze, é superconfortável e é assim que me apresento todos os dias. É melhor do que andar de fato de treino e é super espaçoso. Por cima, visto o colete dos MSF que nos identifica e assim vamos nós, por volta das 10 horas da manhã, para uma pequena sala do hospital, sem nada no seu interior, que tem o propósito de ser o local de culto para as cinco rezas diárias dos muçulmanos, mas onde preparo a minha logística com computador, projector, cadeiras e bancos corridos. A sala de orações fica assim transformada numa sala de formações. O meu público vai entrando entusiasmado, pois para eles também é um dia especial, por ser raro terem formações. A sala enche-se e todos ficam muito juntinhos, uns de cócoras como tanto gostam, e alguns de pé. E eu apresento o meu "número", ao bom estilo ocidental, com informação bem organizada, imagens didácticas e um "embrulho" bem bonito: fármacos, ventilação, as mais frequentes causas de paragem cardíaca, como olhar para a clínica, como as identificar e como as tratar. Não é fácil transmitir-lhes o espírito de missão que a mim me envolve. Todos já viram aldeias a serem bombardeadas, ataques suicidas, e muito mais. Todos os dias saem de casa sem saber se o exército os deixará vir trabalhar e dormem sempre preparados para fugir. Vivem o seu dia-a-dia como se fosse normal, mas não é! É uma zona de guerra, onde por cada bomba que chega aos canais noticiosos internacionais rebentam cem! É inquietante e desconcertante, a vida desta gente e é a estes a quem eu me proponho falar de ciência. Ufffff… muitas vezes leio o que lhes vai na mente: "Consegues fazer parar as bombas de cair!?!?"

Mas faço tudo para puxar os seus pensamentos para o homem, a máquina do ser humano, no seu sentido puramente funcional. E chega a parte das dúvidas. O inglês deles é razoável, mas a dicção é quase imperceptível. Ficámos numa boa conversa, mas a sua ignorância assusta-me, bem como a forma como construíram o seu pensamento médico. Estão carregados de falsas-verdades, que custam a desmistificar. Ideias da idade da pedra que lhes foram cravadas pelo professor não sei das quantas e que custam muito do meu latim para lhes reconstruir o raciocínio com "tijolos" de ciência. Missão cumprida, foi um sucesso! Uma formação não dá para nada, mas acendi umas luzes, libertei-os de falsos pressupostos e pu-los a pensar. Consciente ou inconscientemente, gosto de acreditar que deixo uma semente de esperança, de ligação entre povos, e de paz. Ali está um médico dos MSF, da Europa, de Portugal, do Ocidente que se importa, que tudo fez para salvar as vidas das suas gentes e ali estou, provavelmente, a falar com conhecidos, amigos, familiares dos Taliban e da Al-qaeda.

O meu coração está cheio, a missão foi cumprida. Com muitos sorrisos e cumprimentos sou parabenizado por toda a gente e é neste calor humano que para mim tudo vale a pena. Viver numa prisão, reprimido, absolutamente controlado, a sentir-me um alvo na cabeça de muitos dos que me rodeiam, mas a mostrar que salvo vidas, que ensino a salvar vidas, que me preocupo e que quero que eles se preocupem.

Inspiro-me, inspirando-os! E é aqui que eu acho que os MSF são o elo mais forte! Na formação, na educação, na esperança, na ligação entre os extremos, sendo um dos elos mais fortes a tentar aproximar esta distância brutal de duas "placas tectónicas": o Ocidente e o Islão.

De volta às Aulas com os Taliban (2)

Não ouço as mulheres, não sei o que elas pensam, pelo menos em primeira mão, nem mesmo quando recebo no bloco operatório uma mulher baleada por uma caçadeira, bastante desfigurada. Sei que foi violência de um homem, mas não sei como, nem porquê... Os enfermeiros que trabalham comigo parecem sentir que não o devem saber, que não há história, é tabu! As perguntas são mal vistas, o saber porquê parece não estar ao meu alcance.

A Patrícia (médica obstetra) e outras companheiras dos MSF, contavam-me o que sentiam ao falar com elas, pois chegavam onde eu não chegava! Diziam-me que eram afáveis e guerreiras, carinhosas e de personalidade forte. Se para mim, era difícil trabalhar naquele país cheio de restrições e com poucos motivos para sorrir, preso e amordaçado, sentia e sabia que para as minhas companheiras a situação era muito pior. Passavam o dia de véu alfinetado de forma a que apenas uma frincha dos olhos ficasse à vista. Viviam asfixiadas numa sociedade repressora, vítimas também elas da posição da mulher naquele mundo inferior e muito abaixo do homem em qualquer circunstância. Admirava a sua coragem e adorava que me contassem o que absorviam da personalidade e dos sentimentos das mulheres Paquistanesas, das mulheres Pashtun. Imagino que nunca a divisão dos sexos foi tão grande no nosso presente, como o foi ali.

Dedicava horas e horas do meu suor, noites intensas a salvar as suas vidas, mas sem saber quem elas eram, nem como chegar a elas, como lhes fazer passar algo de humano, quando não havia comunicação.

A maternidade era um edifício do hospital, à parte, separado de tudo o resto, um edifício exclusivo para mulheres, onde os homens eram proibidos de entrar. Quem lá trabalhava não entrava no meu mundo (à excepção da Patrícia nas muitas vezes que ia ao bloco) e eu não entrava no mundo delas. Portas cerradas por uma cultura intransponível, trancadas por uma clivagem entre os sexos, e revestidas por proibições. Pensar abrir essas portas, era impossível.

Uma noite, estava eu ainda a trabalhar, para lá das horas de jantar, quando recebo um telefonema da Patrícia: "Vem rápido, vem rápido à maternidade, temos uma mulher a morrer!!" Eu saí do bloco operatório a correr, com o alerta que o pedido me exigia, mas rapidamente me saltou à cabeça que eu não podia entrar lá. "Porque é que ela me ligou?" Há muitas regras que são mais importantes que as vidas, e essa era uma delas. Nem pensar em entrar na maternidade, cheia de mulheres em trabalho de parto. Contudo, a minha fama como homem que salvava vidas, espalhou-se como pólvora e a Patrícia chamou-me e eu fui! Cheguei à porta e sem surpresa foi-me barrada a entrada pelas mulheres-guardas. Ouvia as vozes nervosas de muitas mulheres, ouvia o pânico de quem lutava para salvar uma vida e ouvia a voz da Patrícia. "Patrícia, estou cá fora, mas não posso entrar!" Aquelas portas deixavam-me enraivecido e a vontade de as arrombar era imensa, mas não o podia fazer. De dentro, ouvia a Patrícia gritar: "Deixem-no entrar! Cubram as mulheres todas e deixem-no entrar, ela está a morrer!" Eu fico cá fora, colado à porta, a falar com a Patrícia e, pelo que ela mais tarde me contou, as enfermeiras, altamente profissionais, estavam em manobras de ressuscitação, com movimentos finos e coordenados, dedicadas e com a total entrega que o momento exigia. Preocupadas, a darem toda a sua vida por aquela vida. Estavam nervosas, pois têm morrido muitas mulheres nas suas mãos, e na sua dedicação eu sinto que elas sentiam essas mortes. São seres humanos fantásticos no recorte fotográfico que eu fiz em dois segundos, enquanto me inteirava, ainda que ao longe, da situação médica daquela mulher...

Não há nenhuma forma bonita de dizer isto, mas passados uns minutos de lá ter chegado, não fui em rodeios, neste caso fui mesmo a matar, e digo: "Podem parar, está morta!!" Mais uma, mais uma morte, mais uma hemorragia peri-parto. Não tinha dúvidas, demasiado grave, demasiado tarde... Vi muita desilusão nos muitos olhos que estavam virados para mim. Tinham esperança que o médico, que tão bem falou de ressuscitação, pudesse fazer magia, mas não, ali só lhes fui tirar o peso da responsabilidade e assumir a decisão, o que ninguém gosta de fazer, o dizer que não há nada a fazer.

À saída ainda constatei que havia um grupo de muitas mulheres em trabalho de parto, assustadas por se terem apercebido de tudo o que se passou, num momento já de si de grande stress. A morte de mais uma das suas não vinha trazer muito ânimo. O ar era pesado, mas de coragem...

No dia seguinte, fui surpreendido pela proposta da Patrícia: "Não queres dar a mesma formação só para mulheres?" "Patrícia, não posso, tu sabes melhor que eu que não é permitido!" "Gustavo, elas pediram, querem saber mais, querem aprender contigo a salvar vidas."

Fomos perguntar ao nosso chefe, falámos com o responsável pela segurança da missão, e após algumas discussões, concluímos que era possível: uma sala sempre com as portas abertas, para não haver diz-que-disse, apenas e só com mulheres e eu...

Bem, o meu entusiasmo explodiu! Era ali que eu queria chegar. Palpei o terreno e falei com a Patrícia para tentar perceber o que é que elas sabiam – muito pouco, a educação quase não chega às mulheres, e o pouco que sabem é porque apenas as mulheres podem participar no tratamento das mulheres. Para além disso, o Inglês era muito fraco ou inexistente e tinha que ser feito com uma tradutora, o que era bem mais difícil, mas era o possível.

    Refiz a minha apresentação porque tinha que falar de menos coisas e com menos pormenor e tentei-me centrar naquilo que era mais importante para salvar as mulheres com hemorragia peri-parto, no que à ressuscitação dizia respeito... Que dia! Estava nervoso, queria muito dar o meu melhor, passar o máximo de informação de uma forma assertiva e dar-lhes o conhecimento para a mão, para que reforçasse a sua esperança...

    A sala estava cheia, com quase todas as enfermeiras do hospital. A maioria era da maternidade e as restantes da urgência e do internamento. Todas queriam saber mais sobre salvar vidas e eu queria tanto ensinar-lhes. O silêncio era constrangedor. Quietas como pedras, apenas sentia os seus olhares dirigidos para os slides que apresentava, enquanto ia apresentando o tema. Pedi-lhes que me interrompessem sempre que necessário, se tivessem dúvidas ou questões, mas nunca o fizeram, alinhadas ao tom de um medo comum, o da sociedade que as envolvia. Muitas eram das zonas menos fechadas do Paquistão, e por um emprego, lutavam para não cair nas malhas de quem lhes podia fazer mal. Tentavam também adaptar-se a uma envolvência toda ela castradora. Outras sabiam bem de onde vinham e para onde iam. Eram conhecidas, amigas, filhas, mulheres, de Taliban ou da Al--Qaeda, nascidas e criadas naquela zona, esquecidas pela evolução, educadas a não terem educação, mas todas sentiam na pele as mortes de tantas mulheres nas suas mãos, vítimas da pobreza, da ignorância, do azar de viver numa zona do planeta onde o acesso a cuidados de saúde é escasso, longínquo, corrupto e incapaz.

    E era a estes olhos, que são tudo o que vejo, a quem eu falava, lentamente, para poder ser traduzido, com ideias claras e concisas de como fazer melhor para salvar vidas, reconhecer sinais de gravidade, actuar precocemente, melhor perceber o coração, o cérebro e os pulmões. Falei sozinho, traduzido para uma sala completamente muda, inerte. Enquanto me traduziam, observava as suas reacções, mas nada, não tirava nada daqueles olhos. Simplesmente não conseguia lê-las.

Cheguei ao fim, ultra-esperançoso e ansioso para ouvir as suas dúvidas, mas nada, nem um som. Insisti para que fizessem perguntas e NADA!! Saíram tão tímidas como entraram e ordenadamente desapareceram. Fui à minha vida, triste, desapontado, frustrado e derrotado pelo sistema. Com dificuldades em me concentrar nos doentes, levei o meu trabalho até ao fim. Faltavam poucos dias para me vir embora e parecia que estava mesmo na minha hora de voltar a casa. Que merda!

Mas, e há sempre um MAS, quando cheguei a casa, encontrei a Patrícia super sorridente: "Gustavo, desculpa não ter ido à tua formação, mas tive que as substituir na maternidade para poderem ir todas. Elas ADORARAM, não falavam de outra coisa, ficaram super agradecidas. Nunca as vi tão motivadas e tão dedicadas ao trabalho, não sei o que lhes fizeste!!", disse-me ela a rir. Eu não sabia, se queria rir ou chorar. Naquele momento, saiu-me o Euromilhões das emoções positivas, o meu coração rebentava de alegria. Há esperança, tem de haver esperança porque há muito mais pessoas boas do que más! Penso que consegui deixar uma semente ao ter ido.

Hormonas Descontroladas (1)

No limite, para mim, a minha missão no Paquistão foi no limite. No limite da minha resistência física e psicológica. O volume de trabalho era imenso e estava 24 horas, sobre 24 horas de urgência, 7 dias por semana. Tive momentos em que pensei que não aguentava mais, mas o peso da responsabilidade e a motivação causada pela envolvência levaram-me a não fraquejar. Por vezes, gosto de viver no limite, mas foi sem dúvida alguma, demasiado.

À semelhança de todas as minha missões além fronteiras, a riqueza dos casos clínicos era imensa, vi coisas interessantíssimas, e muitos foram os desafios intelectuais que me agarraram aos livros de medicina na tentativa de ser útil, mas como já referi em histórias anteriores, foi na Obstetrícia que surgiram os meus maiores desafios, as minhas grandes vitórias, e pesadíssimas derrotas. Um Médico Anestesista não vê aquilo que eu vi no nosso mundo, e o extremo quase que se tornou normal à custa de muito suor e lágrimas. A riqueza da patologia obstétrica para o mal daquelas mulheres era incrível. Um médico aprende a gostar de doenças e eu não sou excepção. Se não existissem, se fosse fácil, eu não estava ali. Adorava não ser preciso, mas infelizmente aquele hospital era tudo menos monótono.

Zonas como a província do Noroeste no Paquistão, quase que juntam o pior de vários mundos. Por um lado, estamos a falar de uma das zonas mais pobres do planeta, miséria profunda como o pior que se vê nas piores zonas de África... Pobreza, ignorância, falta de formação transversal a quase todos, péssimas condições de higiene e de vida, e de tudo o que tem de mau, uma zona extremamente sub-desenvolvida. Por outro lado, mesmo numa zona de conflito como aquela, há uma certa proximidade à civilização, sendo que o Paquistão tem grande desenvolvimento em certas áreas, com grandes cidades tecnologicamente evoluídas, incluindo "A Bomba Atómica". Há um gigante contraste dentro do mesmo país, o que faz com que aquela zona una numa simbiose maléfica o pior da pobreza e do desenvolvimento. No mercado negro, podia-se comprar todo o tipo de medicamentos, muitos claro de contrabando e imitações vindas sei lá de onde (da Índia ao que se diz) e, para meu espanto, até medicamentos de elevadíssima responsabilidade e difícil manuseio, só para mãos de um anestesista eram vendidos no Bazar. E agora, muitos destes medicamentos caíam nas mãos daquilo a que eu chamaria de uma evolução de curandeiros e bruxaria, mas com muito mais "armas" para tratamentos fatais.

E quem são as vítimas, as principais vítimas? As mulheres, claro. E a história que tenho para vos contar, está directamente ligada às mulheres em trabalho de parto e à Oxitocina. A Oxitocina é uma hormona feminina produzida e libertada em grandes quantidades pelo corpo de uma mulher durante o parto. Promove as contracções uterinas e assim a saída do futuro recém-nascido para este mundo. Mas a Oxitocina é também utilizada como um medicamento por parte dos médicos obstetras para indicações específicas e com controlo apertado para induzir/acelerar o trabalho de parto. E perante isto, penso que podem começar já a imaginar: o Noroeste do Paquistão, uma terra longínqua e com um relevo muito montanhoso e clima muito hostil, longe de qualquer hospital, e onde predominam as crenças locais dos praticantes de uma medicina ignorante, negligente e até criminosa, era propício à utilização da Oxitocina injectável, sem grande critério como "remédio santo" para acelerar o parto.

Parteiras, curandeiras, ou qualquer coisa do género eram uma epidemia, e as histórias das suas práticas que nos chegavam ao hospital, eram assustadoras. O útero é um órgão cuja compreensão biológica é fantástica, tem uma "ginástica" absolutamente incrível, e a sua transformação, na gravidez, durante o parto e logo após, é espectacular. É altamente irrigado por uma enorme quantidade de sangue no seu apogeu, aquando do parto, para alimentar toda aquela ginástica e a placenta-cordão umbilical-feto, com a oxitocina, essa fantástica hormona a "controlar" todo o processo. O que é que acontece então no meio daquelas inóspitas e geladas montanhas? Estas raparigas, quando o parto está demorado, recebem este "estímulo" extra para dar mais força ao útero, mas se por algum motivo o feto não puder sair por via vaginal, as dores são horríveis e o músculo potente do útero sofre uma rotura. Se esta parturiente não tiver acesso a um hospital com médicos a sério, irá esvair-se em sangue até à morte.

E esta hormona da vida, quando usada por quem não devia, rapidamente se torna num empurrão para a morte!

Esta é uma das muitas razões para a mulher morrer durante o parto, mas não a única. Numa terra com uma elevadíssima taxa de natalidade, todas as outras causas, para nós raríssimas, são muito frequentes: placenta increta e acreta, abruptio, atonia uterina, pré-eclampsia e eclampsia, etc, sendo todas elas com apresentações gravíssimas e tardias. Faziam do meu dia-a-dia, um prato cheio de adrenalina a salvar mulheres, e a reanimar recém-nascidos que vinham ao mundo em grandes dificuldades, na luta pela sobrevivência.

Foi duro, foi intenso e muitas vezes no limite, mas levei daqui uma lição para toda a vida. Eu, a Patrícia, e os enfermeiros do bloco Paquistaneses, que eram fantásticos, e nos apoiavam até à exaustão.

Eu nunca tinha visto, a Patrícia também não, e os enfermeiros estavam incrédulos com o nosso "azar"! Morreram oito mulheres num mês, no bloco operatório, literalmente nas nossas mãos. A estas acrescem as muitas que nunca vimos, aquelas que morreram antes de chegar ao bloco, e as poucas que morreram depois da cirurgia. De Bruxelas (Centro dos MSF-Bélgica), pediram-nos explicações para estes gritantes dados estatísticos, que para nós eram dor, suor e lágrimas. Confrontados com este pedido, vieram-nos as lágrimas aos olhos. Apetecia-nos responder: "Venham aqui ver!!!", mas sabíamos que o pedido era legítimo e educadamente enviámos um relatório detalhado sobre todas as vidas que nos tinham fugido neste mês. Foi duro pôr no papel as nossas lágrimas, assim como eu o faço agora.

Eu não gosto de falar do que não sei e não sou de elogios fáceis, mas a Patrícia não deixava ninguém indiferente. Médica Obstetra, raça latina, frieza alemã, rápida a pensar e ainda mais a operar! Um furacão de energia que levava tudo à frente, apesar da sua aparência frágil. Nunca vi nada assim. Extremamente rápida e abraçava a causa como poucos. Funcionava às 4 horas da manhã como se fosse normal.

E eu? Bem, não sei, deixo para os outros a minha "avaliação"! Mas dei tudo, TUDO, o que tinha.

E eu e a Patrícia, bem auxiliados pelos enfermeiros, com as mãos ensanguentadas, deixávamos o corpo e a alma para que estas mulheres não fossem para a estatística. Não sei se me lembro de todas, mas vejo ainda a cara de muitas, estas sim, sem burca no bloco operatório! Ora de dia, ora de noite, ligavam à Patrícia, que me ligava a mim: "mais uma!", hemorragia peri-parto! Eu corria para o bloco para preparar tudo e a Patrícia apressava-se a trazer a doente da Maternidade para o bloco, sem poder correr, por causa das regras culturais. Vinha com uma enfermeira, em passo acelerado para lutar contra a natureza e os desastres da Oxitocina! Chegavam em muito mau estado, extremamente hipovolémicas após perderem muito sangue e geladas. Níveis de hemoglobina que nem dá para acreditar: quatro, três, dois de hemoglobina, muito, muito baixo. Contam-se histórias daqueles que já viram isto uma vez na vida e nós vimos demasiadas!

Às vezes olhávamo-nos nos olhos e pensávamos mutuamente em silêncio: "Esta não! Esta não nos vai morrer, esta vamos salvar, já chega! Eu e tu vamos salvá-la!" E eu "atirava-me" para cima dela, e em segundos, fazia tudo por pensar rápido e agir imediatamente, tudo fazia para "aguentá-la" viva enquanto a Patrícia se preparava para lhe parar a hemorragia. Fluídos, pedidos de sangue, fármacos para manter o coração a funcionar, ventilação artificial, e tudo o mais que era da minha responsabilidade. Quanto à Patrícia, era super-rápida, abria a mulher tirava o bebé morto, a placenta e o que tinha que fazer para parar a hemorragia, suturava a parede do útero quando podia ou retirava-o quando era a solução. No meio deste passos, morreram-nos oito mulheres, OITO nas nossas mãos ensanguentadas, fosse na indução anestésica, a meio da cirurgia ou depois de ter acabado a cirurgia. Todas custaram, todas nos causaram muita dor, mas penso que é normal que com aquelas em que estamos mais envolvidos e durante mais tempo nos custem muito mais. E se imagino que para a Patrícia aquelas que morreram antes ou durante a cirurgia foram as mais dolorosas, para mim, as que morreram depois da cirurgia, depois de muito tentar para as manter vivas, foram as que me partiram o coração aos pedaços. Com o cansaço, algumas vezes quase caí no desespero.

Lembro-me de uma noite em que fomos chamados por volta da meia-noite com "mais uma!" no limite. Já estava cansado de um dia longo e com um certo fantasma de morte a pairar nas nossas cabeças pelos múltiplos "traumas" recentes de mortes nas nossas mãos, mas respirámos fundo o ar frio das montanhas longínquas do Noroeste do Paquistão, e aí fomos nós a correr para o hospital, a correr para o bloco. A doente tinha uma rotura uterina enorme e a história repetia-se: choque hipovolémico muito grave por hemorragia peri-parto. A doente estava anestesiada, ligada ao ventilador, e enquanto a Patrícia evitava que ela se esvaísse em sangue, eu compensava pelo outro lado com fluídos e transfusões de sangue. Chegou a níveis de hemoglobina extremamente baixos e eu lutava contra o tempo, com as mãos ensanguentadas, a procurar pôr mais acessos venosos para lhe transfundir mais e mais rápido o sangue. Enquanto isso, a Patrícia "cumpre" o seu lado da "luta", retirando-lhe o útero, para parar a hemorragia. E agora é comigo. Começo a acalmar, a adrenalina atinge o plateau e baixa lentamente. E é aí que surge a eterna pergunta: "E agora?" Tinha passado uma hora, hora e meia, nesta "tourada". Olho à volta e vejo o chão cheio de sangue, e uma confusão geral no bloco operatório. A pior fase passou, mas tenho uma doente extremamente crítica nas mãos. Foi transfundida com muitas unidades de sangue, precisa do ventilador para respirar e tem certamente um distúrbio da coagulação marcado, hipotérmica, e só com perfusão de adrenalina à moda antiga com um conta gotas, é que lhe consigo normalizar a tensão arterial. É uma doente que no "nosso" mundo teria certamente direito a vários dias nos cuidados intensivos e com prognóstico reservado, mas eu não tinha nada disso. Digo à Patrícia e a um dos enfermeiros para irem descansar e fico eu, um enfermeiro para me ajudar e esta rapariga nova a lutar pela vida. "E agora?" Tenho que a "pôr" a respirar sem o ventilador, certificar-me que recupera a consciência, certificar-me de que não precisa de adrenalina para lhe manter a tensão arterial e tenho apenas umas horas para o fazer, pois aquele bloco terá que salvar mais vidas no dia seguinte. Ou seja, ela está viva, mas eu acho que não lhe consigo salvar a vida naquelas condições relativamente básicas. Vejo passar as horas, enquanto busco no fundo da minha cabeça os conhecimentos médicos que me pudessem ajudar a salvar esta vida. A doente começa a respirar, mas ainda com muito pouca força, mexe o diafragma, mas não de forma totalmente eficaz, retiro-lhe o ventilador, mas fico à cabeça dela a "ajudá-la" a ventilar com um ambu, e aquele tubo traqueal que a mantém viva. Eu sei o que tenho de fazer para a manter viva, mas não sei como posso fazê-lo ali e naquelas condições. Estou exausto, mas bem acordado e o meu cérebro não pára. "O que é que faço? O que é que faço?" Partilho as minhas dúvidas e os meus pensamentos com o jovem enfermeiro que fica comigo, que me ouve e se prontifica para ajudar no que for preciso. Também eles já estavam no limite da tolerância para mortes no bloco operatório. A doente não acorda, tem as pupilas dilatadas (possível sinal de sofrimento cerebral irreversível) e não urina (muito mau sinal), mas está viva e aos poucos vai respirando melhor e a reagir ao tubo traqueal, o que é positivo. Bem, o tubo tem de sair, o que é fazer "intensivismo GT" (demasiado rápido), mas não tenho opção, ela não pode ficar ali, porque senão vou deixar de salvar outras vidas. Tiro-lhe o tubo, mas claro, ela ainda não consegue respirar sozinha. O estado dela é muito, muito grave e fico "agarrado" a ajudá-la a respirar, mas não é a mesma coisa sem o tubo e passados uns minutos, começa a piorar muito rapidamente. Peço ao enfermeiro para me ir buscar os medicamentos para a entubar outra vez, enquanto a ventilo com o ambu e a máscara. "Rápido, prepara os medicamentos!" Eu não podia largar as mãos da doente, a saturação de oxigénio estava a baixar muito rapidamente e nestes segundos, quando ele me diz que já tem os medicamentos prontos, o coração pára e eu desisto. Morreu! Mais uma para a estatística. Sento-me no canto da sala, exausto. São 6 da manhã, e ali estava eu outra vez derrotado, com as lágrimas nos olhos, mãos na cabeça e cotovelos nos joelhos! Será que ela sobreviveria se estivesse no meu país? Será que ela sobreviveria se eu tivesse feito alguma coisa diferente? Será que ela sobreviveria se eu fosse um melhor médico? Não sei.

O enfermeiro, muito humildemente, vem ter comigo perante o meu desespero silencioso e diz-me: *"I am very sorry, Sir, if I did something wrong."* Eu normalmente tento esconder as minhas emoções à frente das pessoas, mas não aguento, o cansaço leva-nos a um estado de quase embriaguez. Desato a chorar, sem conseguir parar e digo-lhe: *"You did a great job, it was not your fault. I am the one who maybe could have done something better!"* E ele prontamente responde: *"No Sir, you are a great doctor!"* Saio da sala num pranto de choro, a chorar baba e ranho, com demasiadas coisas acumuladas. Precisava de limpar a alma.

Depois de acalmar, volto para casa para descansar um bocado, mas ainda faltava tratar de um pequeno pormenor muito difícil: contar à Patrícia o desfecho desta rapariga. Por tudo o que esta lutadora fazia por estas mulheres do Paquistão longínquo, tinha vergonha de lhe dizer que não consegui cumprir a minha parte do nosso pacto mudo. Escrevo-lhe uma mensagem, pois ela estava a dormir, mas certamente iria saber quando chegasse ao hospital nesse dia. Tinha de o saber por mim: "Patrícia, dei tudo o que tinha, dei o meu melhor, mas não consegui. A rapariga morreu. Desculpa."

Lutámos com todas as armas que tínhamos até à exaustão, mas não conseguimos vencer as hormonas descontroladas.

Hormonas Descontroladas (2)

Duros golpes sofri eu, nesta minha missão do Paquistão, nestas montanhas perdidas no nosso planeta, com uma população encurralada por uma problemática local, mas com contornos mundiais... Um povo politicamente muito activo que não hesita em mostrar o que pensa, muitas vezes através das formas mais horrendas que a humanidade já testemunhou, com ataques suicidas frequentes, com razões por vezes difíceis de entender mesmo para os mais atentos. O que é que é guerra? O que é que é terrorismo? Não sei, sei que ouvi na primeira pessoa, histórias muito tristes de ataques cobardes, com drones telecomandados, que mataram imensos civis, mulheres e crianças sem se saber muito bem porquê!

Enquanto lá estava um americano, que pertencia a uma força secreta dos USA, os *"Black Water"*, daqueles que fazem o que querem sem ninguém lhes apontar o dedo, matou uma mulher paquistanesa, em circunstâncias duvidosas, em Lahore, uma cidade paquistanesa linda de morrer que eu adorava visitar um dia... Preso pelas autoridades paquistanesas, este americano enfrentava a mesma pena que qualquer assassino neste país enfrentaria, a morte. Mas, e porque manda quem pode, os USA secretamente a custo sabe-se lá do quê, conseguiram extraditá-lo impune para os USA. Resultado? O esperado: revolta popular, manifestações intensas em todas as cidades do país, devido a esta subversão ao poder dos $$$$$, os mesmos que entram e matam quem querem, sem fazer perguntas. E nós, MSF e muitos outros certamente, ficamos "presos" em casa por razões de segurança, para evitar a fúria do povo contestatário. Dois dias em casa sem poder ir ao hospital, onde apenas nos restava a esperança que a nossa ausência não fosse demasiado trágica para este povo que sofre.

Sempre me questionei: e se eu tivesse nascido do outro lado do planeta, como seria? Como pensaria? Quais seriam os meus valores? Os meus ideais? E ali, a ver o mundo "do lado contrário", as mesmas perguntas são feitas vezes sem conta ao vivo e cores. Uma vida é uma vida! Será que os quase 3 mil mortos nas Torres Gémeas explicam os 200 mil mortos (*and counting*) no Afeganistão? Porque será que não há filmes Hollywoodescos destas infinitas histórias? Mas, o que é que eu sei? Sou apenas um médico.

Mas é importante dissecar um bocadinho sobre o que é trabalhar numa zona de conflito. Os MSF estão presentes em TODO o lado onde é preciso e se estão em inúmeros países em guerra, não é para tratar os feridos de guerra. Claro que tratamos, e muitos, feridos de guerra, mas são sempre uma minoria diluída no grosso das nossas actuações. Numa zona de conflito há um colapso do normal funcionamento de uma sociedade: os que podem fogem, mas a maioria não tem como, nem para onde e fica, e vive a sua vida, contornando os perigos da forma que pode, resistindo na esperança de que um dia as bombas parem de cair do céu. Os problemas de saúde são os mesmos que todos temos, mas sem meios básicos para serem tratados porque as estradas estão barradas, os médicos fugiram, a electricidade é cortada e a sociedade retrocedeu 200 anos. Contudo, a vida continua, sendo que a factura a pagar pelo isolamento cultural, sociológico, geopolítico é demasiado cara para os 99% que não têm culpa nenhuma das atrocidades que alguns fazem em nome do Islão. O Noroeste do Paquistão é oficialmente uma zona de guerra pela quantidade de ataques às autoridades que decorrem numa base quase diária e nós lá estamos a tentar minimizar os estragos, acrescentando uma grande melhoria à qualidade de serviços médicos prestados a este povo e deixando uma marca em nome de todos os que fazem este trabalho possível: a marca de que "Nós preocupamo-nos!!" Achamos que uma vida é uma vida, achamos que os seres humanos são todos iguais e acreditamos num mundo melhor. Trabalhar numa zona de conflito é abraçar a população e dizer-lhes: "nós não vos deixamos sozinhos". Nós vamos trabalhar como se tivéssemos uma motivação milionária e vamos dar tudo para salvar as vossas vidas, as vossas crianças, as vossas mulheres. Todos, todos sem excepção e não queremos nada em troca. "Facturamos" em obrigados e tudo o que pedimos é de lá sair com o coração cheio de sensações de missão cumprida. Salvamos vidas, ensinamos a salvar vidas e gosto de acreditar que deixamos sementes de esperança, de tolerância, de respeito pela vida humana, e nunca, mas nunca nos resignamos com a indiferença.

E se fosses tu? E se fosses tu a nascer do outro lado do planeta?

E assim estávamos a lutar contra os ódios, a lutar contra a natureza, e a lutar contra a ignorância dos que abusivamente usavam da Oxitocina com consequências trágicas para imensas mulheres que morreram nas minhas mãos e nas da Patrícia. Foram, no mínimo, demasiadas.

Lembro-me bem de uma delas. Fomos chamados de madrugada, ainda não tinha amanhecido e lá fomos nós, eu e a Patrícia a correr para o hospital. Já era "quase" normal esta tragédia, mais uma vida no limite, mais uma mulher entre a linha da vida e da morte. Sabemos o que temos a fazer, mas não conseguimos esconder uma certa ansiedade. São poucas as situações na medicina em que um minuto conta tanto. Os dois ou três minutos em que vamos de carro, entre a casa e o hospital, são traduzidos em mililitros de sangue que a mulher perde e cada minuto que passa, as probabilidades de lhe salvar a vida vão diminuindo exponencialmente. Enquanto rapidamente recapitulamos os passos, que sabemos que temos que fazer, olhamos um para o outro e silenciosamente concordamos reciprocamente. "Esta não!" O motorista não fala inglês, mas sabe e sente o que vai nas nossas almas e nas nossas cabeça. Temos pressa! "Emergency!" Ele sabe que as vidas da sua gente estão nas nossas mãos e sabe bem a sua parte nesta missão: pôr-nos o mais rapidamente possível no hospital. Não há trânsito, a cidade ainda não acordou e chegamos a voar ao hospital. Saltamos do carro e vai cada um para seu lado. A Patrícia, sempre limitada pelas regras culturais, não pode correr, e vai em passo acelerado para a Maternidade ver como está a mulher, enquanto eu corro para o bloco operatório para pôr as coisas a andar e preparar mais um campo de batalha, uma batalha pela vida. Entre soros, seringas, e medicamentos nas mãos, toca o meu telefone: "Mais uma! Vamos rápido!", diz-me a Patrícia. Os enfermeiros do bloco correm de um lado para o outro para preparar tudo para a cirurgia.

Passados segundos, chega a Patrícia com a doente envolta em lençóis encharcados em sangue com mais uma rotura uterina, mais uma mulher a minutos de morrer nas nossas mãos. Sem tempo para nada, "atiramo-la" para cima da mesa de operações. Está inconsciente, respiração profunda e muito rápida, mal lhe sinto o pulso. Não há tempo sequer para pensar. Apetece-me chorar, mas respiro fundo e engulo em seco! Com a ajuda de um enfermeiro às minhas ordens, em segundos anestesio a doente, entubo-lhe a traqueia e ligo-a ao ventilador, mas não lhe sinto o pulso! Apetece-me chorar, estou cansado, e sinto-me a lutar contra algo muito mais forte do que eu. Peço silêncio para ver se o coração parou. Não parou, está viva! As tensões estão muito, muito baixas, mas o coração ainda bate. A minha esperança não estava a viver um grande momento, mas prometo a mim próprio dar tudo, tudo, tudo até ao fim. Digo à Patrícia para começar a cirurgia, e ela atira-se para cima da doente com o bisturi, como se a sua própria vida depende-se disso. Não há gritos, não há pânico, há uma comunicação expressa e eficaz de uma máquina que, pelas piores razões, está bem oleada. Eu não tenho um segundo para ver a cirurgia. Ponho uma perfusão de adrenalina a conta gotas e "pico" a doente em todos os sítios que encontro para os fluidos correrem nas veias o mais rápido possível. Espero ansiosamente pela chegada de sangue que chega, entretanto, e que rapidamente ponho a correr na doente. Tenho 5 ou 6 litros de soros a correr, sangue a correr e a perfusão de adrenalina. Sai o bebé morto, e ainda lhe ponho a mão no cordão umbilical (para lhe sentir o pulso) numa esperança quase ingénua de que o pudesse reanimar, mas já estava morto há muito, não há nada a fazer e já quase não sentimos esta perda. São tantos nado-mortos que a grande prioridade nestas situações ultracríticas é a mãe, pois terá outros filhos em casa certamente.

"Patrícia, como é que estamos?", pergunto à cabeça da doente no meio das minhas múltiplas tarefas. "Tinha uma rotura uterina de um lado ao outro, mas já lhe parei a hemorragia." Ufffff, ela é muito rápida a operar. Respiro fundo pela primeira vez. A situação é grave, é muito grave, mas já não sangra. Tento fazer um ponto da situação: "E agora?", quando recebo a trágica notícia de que não há mais sangue disponível. Finalmente tenho tempo para lhe ver a hemoglobina. Tem 3 de hemoglobina (13 a 18 são os valores num adulto normal). Sinto uma raiva interior enorme: Que MERDA! Logo agora, não temos mais sangue. Estas coisas não vêm nos livros, mas se eu achava que ela ia morrer há 20 minutos, agora tinha poucas dúvidas. "Não tem hipótese, vai morrer, mais uma!" A Patrícia termina a histerectomia (retira-lhe o útero) e acaba a cirurgia. Cumpriu a sua parte do nosso "pacto mudo" e agora é comigo, e eu estou na merda!

Tenho uma doente que se esvaiu em sangue, que já recebeu duas unidades, e que agora tem 3 de hemoglobina. Os pulmões estão "encharcados" em água pelos fluidos que eu tive de dar e precisa da perfusão de adrenalina para manter a tensão arterial em valores compatíveis com a vida. "E agora?" Não sei se o cérebro não sofreu já danos irreversíveis, não sei se ela sobreviria num qualquer dos melhores hospitais do mundo e ali estava eu, seguro, mas cheio de dúvidas... Precisava de Cuidados Intensivos, daqueles a sério! Eu estava sozinho e não tinha ninguém a quem passar a responsabilidade no que à Anestesia e Intensivismo dizia respeito.

A situação estava apenas nas minhas mãos, razoavelmente estável, mas extremamente crítica. "Qual é o grupo sanguíneo da doente?", perguntei eu a um enfermeiro, porque muita coisa me escapava quando falavam em Pashtun. "A negativo!" Aquela resposta atingiu-me como uma flecha no coração: é o meu. "E agora?" A partir daquele momento era o único que podia aspirar a ter os conhecimentos médicos que eventualmente lhe poderiam salvar a vida e sou o único dos presentes com um grupo sanguíneo compatível com o desta jovem rapariga com a sua vida presa por arames. Várias vezes prometi a mim mesmo não fazer nada de estúpido, e bastante cansado, com muitas horas de trabalho, retirar 500 mL do meu sangue podia não ser boa ideia.... Não estava propriamente no meu estado normal, e nunca dei sangue na vida porque os médicos não podem, não sabia como iria reagir o meu corpo, mas se eu não desse o meu sangue, era impossível ela sobreviver. Sabia que era contra as regras dos MSF, mas eu tinha que o fazer, o meu compromisso é com a vida, e estava em causa a vida de uma rapariga nova, nos seus 20 e tal anos.

Dou instruções a um enfermeiro para gerir a perfusão de adrenalina de difícil controlo a conta gotas, consoante a tensão arterial, e peço a alguém para me levar para o laboratório, para dar o meu sangue. Estava cheio de dúvidas e isto podia correr muito mal. E se eu não conseguisse trabalhar com a força toda neste dia depois de dar sangue? Sento-me na cadeira confortável de dador, e apercebo-me como o meu corpo está cansado, a pedir descanso. Apertam-me o garrote e saltam-me as veias. Tiram-me uma amostra para fazer o cross-match do sangue com a rapariga e fico sozinho dois ou três minutos na sala. Passou-me a vida toda à frente. Não estou assim há tanto tempo fora de casa, mas estou tão longe que morro de saudades. As barreiras culturais, os mundos diferentes, tudo, tudo é tão diferente que sinto que não foi só uma viagem de Portugal para o Paquistão, foi uma viagem no tempo. Penso se não estarei demasiado envolvido, se não estarei a fazer algo de muito estúpido, mas já me tinha morrido tanta gente nas mãos por esta altura, que tinha de tentar tudo. Nunca soube viver pela metade e já paguei muito por isso. Estava a ver tudo isso e muito mais, a olhar para o meu braço garrotado, quando vem o técnico de laboratório e me diz: "Sir, you are not compatible, you are A negative!" "O quê?

Mas a doente também é A negativo!" "No sir, she is B negative!" Que balde de água fria, a pronúncia do inglês dos Paquistaneses é medonha e eu por várias vezes perguntei se ela era A negativo e eles confirmaram sempre. Foi, contudo, um erro na comunicação, pois os enfermeiros sabiam que ela era B negativo. "E agora?" Sentia as minhas possibilidades de lhe salvar a vida a irem por água abaixo. Mais uma batalha perdida, mas ao sair do laboratório, vejo muita gente à espera. Tinham respondido à chamada de pedido de sangue que surgiu entretanto (sem eu me aperceber), e marcavam agora a sua presença, com o acordar da cidade. Fiquei emocionado ao ver aqueles homens de barba longa, manta cruzada aos ombros e chapéu Taliban a descongelar do frio que se fazia sentir lá fora, completamente comprometidos com a tentativa de salvar a vida desta rapariga. Qualquer um deles seria parado em qualquer aeroporto do mundo e tido como terrorista, mas acreditem no que vos digo, é gente boa como nunca vi, um povo fantástico com uma alma que me transcendia.

Preocupado, volto para o bloco a correr na esperança de o sangue estar "encontrado". Ao aproximar-me da doente, avalio que está tudo mais ou menos como deixei, estável, mas muito, muito grave e dependente do ventilador, de cuidados muito específicos, e de mim. A partir dali, ia ser a doente a ter de me dar algumas respostas. Será que vai acordar? Será que vai ter força para respirar sem o ventilador? Será que vai deixar de precisar de adrenalina? Será que o rim vai funcionar? Se falhasse a alguma destas perguntas, era o final da história para esta mulher, e mesmo que conseguisse ultrapassar todas estas questões, ainda estaria demasiado longe de estar a salvo.

Chegam, 1, 2, 3 unidades de sangue, a cada meia hora. Vamos transfundindo a doente com sucesso e vamos medindo e vendo a hemoglobina a subir para perto dos 9, um valor mais do que aceitável para um doente crítico. Com isto, o sol começa a entrar no bloco operatório e recebo energias renovadas. A Patrícia já há muito tinha voltado para a maternidade, pois o trabalho continua, e os enfermeiros da noite trocam o turno com os enfermeiros do novo dia, mas eu fico.

Quando finalmente tenho tempo, vou à porta do bloco operatório falar com o marido, acompanhado por um enfermeiro para que traduzisse a conversa. A indumentária não muda muito, shalwar kameeze, um patu (manta) traçada aos ombros e chapéu estilo Taliban, sandálias abertas e barba comprida. Tinha 30 e poucos anos e quando me aproximo, vejo pânico na cara dele. Eu ainda não tinha tido tempo para pensar na família da doente. Explico ao marido, o que se passou até ali e vejo-lhe as lágrimas. Respiro fundo e tento conter as minhas. Como qualquer pessoa que ouve um médico a dizer blá, blá, blá, traz rapidamente a conversa ao básico: "Doutor, ela vai morrer?" Era nem mais, nem menos a pergunta que me fazia a mim mesmo desde que saí de casa, há cerca de 3 horas, e respondo: "Estou a fazer tudo o que posso, mas acho que ela tem poucas hipóteses de sobrevivência!" Depois de sair a tradução da boca do enfermeiro, o homem olha-me nos olhos, encharcado em lágrimas e diz-me: "Doutor, em nome de Allah, salve a vida à minha mulher, por favor, e eu prometo-lhe que Allah guardará um lugar para si!" Ao mesmo tempo, ouço gritos de desespero dos restantes membros da família que também ouviam a conversa. É impossível não sentir o peso destes momentos, mas fazem parte do meu trabalho e era cedo para deixar entrar os meus sentimentos.

Nos textos anteriores, contei-vos histórias que mostravam uma parte muito negra desta cultura, um desrespeito pela vida humana, em especial pela mulher, mas felizmente são minorias. A maioria do povo que conheci, sente como nós, e como qualquer ser humano, ama, chora, sofre, ri, e sente.

Volto para junto da doente, na esperança de não ser chamado para outra urgência, à espera de obter respostas às perguntas que me iriam dizer se ela viveria ou morreria. O organismo dela sofreu uma agressão brutal, e a resposta a todo este processo nunca acontece em horas, mas eu estava disposto a tentar o impossível. Como escrevi no início desta história, já tinha no meu currículo algumas situações semelhantes, sempre sem sucesso, embora na medicina nunca há dois casos iguais.

Aos poucos, ainda completamente inconsciente, a doente começa a dar sinais de que o seu diafragma funciona e que quer respirar. Os pulmões estão cheios de fluidos e eu nunca serei capaz de a tornar independente do ventilador, enquanto tivesse tanta água nos pulmões. Para isso, o rim precisava de dar um ar da sua graça, o que ainda não tinha acontecido. Quando estimulo a diurese com diuréticos, o rim começa a ajudar a "secar" os pulmões e, muito lentamente, ela começa a respirar com mais força. Desconecto-a do ventilador, ainda com o tubo na traqueia, e ventilo-a com o Ambu à mão para testar a sua autonomia ventilatória, que aos poucos vai-se tornando mais exuberante. "E agora? Tiro ou não tiro o tubo?" É uma pergunta fatal! Tudo isto é um processo muito lento, mas à medida que ela fica mais reactiva, torna-se uma dor de alma, assistir a este "espectáculo". Não tem força para respirar, mas tenta reagir contra o tubo, e com grande esforço, mexe os ombros e os braços enquanto tenta respirar. É horrível sentir este sofrimento, mas não há outra forma de o fazer. Ganho coragem para resolver a minha dúvida vital e decido tirar-lhe o tubo. Sinto que ela já tem força para respirar, mas teria tonicidade muscular suficiente para manter a via aérea patente, língua e a faringe? Respiro fundo e tiro-lhe o tubo. Ela perde algum vigor ao respirar, porque a reactividade ao tubo na traqueia estimulava-a bastante e a saturação de oxigénio começa a descer rapidamente. Agarro-me ao Ambu e à mascara de ventilação e fico colado à doente, com as mãos quase em tetania de tanta força fazer ao ventilá-la, mas na minha cabeça só ouço a minha voz: "Ela vai morrer, ela vai morrer, mais uma que vou perder nas minhas mãos!" Contudo, vou aguentando-a e a saturação de oxigénio começa a subir lentamente. Coordeno o esforço respiratório dela com as minhas ventilações e durante cerca de uma hora fico neste "jogo", até que ela, com o tronco e a cabeça bem levantados, consegue respirar sem a minha ajuda. Uma vez mais, sinto terror com a percepção do esforço que ela faz para respirar, totalmente inconsciente.

Com isto, passaram muitas horas e a meio da tarde começo a pensar na difícil tarefa de a passar para o recobro, para libertar o bloco operatório. A maca de transporte não permite a elevação do tronco, nem o oxigénio é portátil nestes escassos minutos que ia precisar para a passar de um lado para o outro. A situação é tão complicada, que a simples horizontalização acrescida à falta de oxigénio são quase suficientes para deitar tudo a perder. A doente abafou e quase que teve paragem cardíaca, mas eu e os enfermeiros conseguimos reverter este quase colapso, ao mesmo tempo que eu quase morri de susto.

"E agora?", suspiro. A doente está inconsciente, respira com muita dificuldade e com grande necessidade de oxigénio e há ainda a maldita e perigosa perfusão de adrenalina, que nestas condições, tanto me assusta... Começava a sentir que ia cumprir a minha parte do pacto mudo com a Patrícia: "Esta não", contudo, tinha agora o receio de estar a salvar a vida a uma mulher com danos cerebrais irreversíveis.

Com a adrenalina muito bem controladinha e explicadinha a um enfermeiro a quem "obrigo" a vigiar a doente com monitorização clínica constante, volto para o bloco operatório, onde tínhamos alguns doentes para operar, em *standby*, pois eram urgentes, mas não emergentes. Anestesio três ou quatro doentes, enquanto intercalo com um entra e sai do bloco operatório (ao lado do recobro) para ver como está a doente no recobro. Continua igual e isso para mim já era uma vitória nesta fase! Quando entramos pela noite adentro, dói-me o corpo todo, mas a pequena possibilidade de as coisas correrem bem, enche-me de energia.

Ao chegar a altura de mudar a doente para o internamento, foi mais uma aventura. Ela estava ligeiramente mais estável, mas ainda muito perto de passar para o lado de lá da linha da vida. Foi mais uma aventura de cortar a respiração, pela noite gelada e ao ar livre levá-la a correr na horizontal e sem oxigénio. Foram dois minutos que pareceram horas. A doente quase que abafou novamente, mas quase nem me assustei, pois não foi tão grave como na primeira passagem. Dou instruções ultra-precisas sobre os soros, a medicação e claro, sobre a maldita adrenalina que a mantem viva a conta gotas. Se por algum motivo deixasse de entrar, a doente morreria, mas se perfundisse demasiado rápido, morreria também. É muito, muito arriscado e os enfermeiros são muito dedicados, mas nunca tinham visto nada assim. Dou ordens, "obrigando-os" a repetir várias vezes a vigilância à frequência dos sinais vitais e os limites a partir dos quais tinham que me ligar para o telemóvel. Dou-lhes uma folha A4 de instruções, mas não sei mais o que posso fazer. Estou exausto, sinto-me bem, mas quase morto. Tenho medo de ter esperança, pois sei que as probabilidades de correr mal, são gigantes, mas não sei se devo ou não ir para casa. O meu grande amigo Yaroslav e a Patrícia quase me obrigam e reconfortam-me com a eventual boa vigilância dos enfermeiros.

Quando vou para casa, devem ser umas 9 ou 10 da noite. Já não como há mais de 24 horas e por isso devoro a comida fria. Não consigo parar de olhar para o telemóvel à espera de ser chamado! Deito-me na cama e parece que me bateram no corpo todo, são muitas noites mal dormidas e muitas horas a trabalhar intensamente. Tento dormir, mas não consigo, enquanto vejo e revejo o filme da doente e toda a ciência que tenho na cabeça passa-me à frente dos olhos. "E agora? E agora? O que vai acontecer? Será que ela vai sobreviver? Se sim, será que vai acordar? O que é que eu estou a fazer? Bem, não consigo, já está tudo a dormir, mas eu não consigo."

Parece-me impossível que a doente não tivesse passado os limites por mim definidos para me chamarem: entre oxigenação, frequência respiratória, frequência cardíaca, tensão arterial, diurese, etc., algum tinha que estar a falhar, de certeza! Salto da cama e vou para o hospital. O marido vê-me entrar e fica em pânico. Deve estar morto de cansaço, foi o único que dormiu menos que eu, mas solto das poucas coisas que sabia em Pashtun: *"Mushkil Nista"* - "Não há problema", para o reconfortar. O profissionalismo dos enfermeiros impressiona-me. Está tudo super bem registado, e vê-se que cumpriram à risca as minhas complexas ordens. A doente está na mesma situação em que a deixei, o que para mim, neste momento, é o melhor que posso esperar. Volto para casa, ligeiramente mais tranquilo, para dormir. Ao acordar de manhã, a minha ansiedade e o meu nervosismo são como o de uma criança na manhã de Natal, que já não aguenta mais e tem de ver o presente pelo qual espera há muito. Nem consigo acreditar que não me tinham ligado. Como é que é possível?

Ao chegar ao hospital, corro para o internamento feminino, para ver a doente. Avalio-a rapidamente e analiso como um computador a evolução dos sinais vitais, dos soros, da medicação, da diurese e da maldita adrenalina. Parece estar tudo a melhorar e a perfusão da adrenalina já está a uma velocidade mais baixa. Ainda tenho medo de acreditar! Será possível ela sobreviver? Ao tentar parar a adrenalina, a tensão arterial aguenta-se no limite, e assim fica. Menos um prego no meu coração, mas a doente continua inconsciente e practicamente não responde sequer à dor.

Continuo o meu trabalho, mas entre cada cirurgia, corro para o internamento, para ver como ela está. Havia melhorias muito, muito discretas. A meio da tarde, quando estou no bloco, com o Yaroslav, liga-me a Patrícia: "Ela falou, ela falou!" Assim que pude, vou a correr confirmar. Está ainda muito mal, mas responde a perguntas simples e diz umas palavras. Sinto o corpo todo a tremer e quase que explodo de alegria. Está viva e o cérebro também. Explico ao marido o ponto da situação, mas contenho-me na esperança, pois ainda muita coisa podia acontecer. Deixo o hospital ao fim do dia, com muitas promessas reforçadas e multiplicadas por parte do marido, com as coisas fantásticas que Allah iria fazer por mim.

As instruções para os enfermeiros são as mesmas, e até os obrigo a testar a ligação para não haver dúvidas. Estou supercontente, mas cheio, cheio de medo de ter falsas esperanças. Eu não ia aguentar mais uma morte nas minhas mãos...

Acordo de manhã com a sensação de que o meu sono foi demasiado profundo. Em sobressalto, olho para o telemóvel, que não revela qualquer actividade. Não consigo comer e corro para o hospital. Para meu espanto, quando estou a chegar ao pavilhão do internamento, o marido agarra-se a mim, e abraça-me com toda a força. Não percebo nada do que me diz, mas a linguagem verbal e corporal não deixam dúvidas: naquele abraço, vejo o meu esforço compensado. Não me controlo e começo a chorar, era altura de soltar as emoções. Entro e vejo a doente ainda prostrada, mas completamente desperta, com discurso fluente, e a beber chá devagarinho. Avalio-a e aos registos dos enfermeiros, que me enchem de sorrisos ao me entregarem o processo da doente. Estava tudo muito, muito melhor. Está viva e está fora de perigo: "Yyyyyuuuppppiiiiieeeeeeee!!!" Passados três dias, teve alta do hospital como se fosse outra doente qualquer a andar pelo próprio pé. Eu olhava para ela como se fosse o centro do mundo e ela nem sabia quem eu era!

Foram oito as mulheres que nos morreram no bloco operatório, nas mãos, em apenas 1 mês, nas minhas e da Patrícia, sangue esse que eu ainda vejo quando olho para as minhas mãos, e muitas mais morreram que nem chegaram ao bloco operatório. Contudo, foram muitas, muitas as vidas que salvámos, muitas no limite, com contornos quase surreais, como a que vos acabo de contar, e aí tudo vale a pena! As lágrimas, os riscos da guerra, as mágoas que deixámos no aeroporto... Tudo vale a pena porque há muito mais pessoas boas do que pessoas más em qualquer lado do mundo e este povo deu-me lições para a vida, inspiraram-me e reforçaram a minha esperança por um mundo melhor!

Na província do Noroeste do Paquistão, várias vezes senti ódio e raiva, mas muitas, muitas mais, senti amor e amizade por esta gente Pashtun, que me fizeram tantas vezes acreditar num mundo melhor, numa das zonas mais conturbadas do planeta.

"Esta não! Este mundo, não!" É o único que temos e há que lutar e acreditar num mundo melhor até ao fim, mesmo sabendo da dificuldade da batalha, desta dura batalha contra as Hormonas Descontroladas!

É importante que o mundo saiba!

Querido Porto

Há muito que te queria escrever.

Gostava que soubesses o que sinto por ti.

Tenho para ti palavras muito simples para um sentimento tão complexo.

Ficarias surpreendido com o sem número de vezes que penso em ti. Passo horas no silêncio a reviver as tuas memórias. Gosto tanto de te sentir, como de sentir a tua falta. Devo-te tudo e cobardemente nunca to disse.

Gostava que soubesses o que sinto por ti.

Se não fosses tu, Porto, o que seria de mim? Quem seria eu, sem a tua inspiração, sem a tua força, sem a tua valentia? Preferia não viver, a viver sem ti. Gosto de mim quando te sinto por perto. Enches-me a alma. Fazes-me bem. Desde há muito que sinto por ti uma atracção invisível, inquebrável, à prova de fogo, de bala, de dor, de lágrimas, de tudo!

Gostava que soubesses o que sinto por ti.

Adoro a forma como me contas a tua história, arrepia-me a cadência com que falas comigo. Quando me sento na tua igreja de São Francisco, perco-me na grandiosidade com que me contas um dos períodos mais fascinantes da tua história, da nossa história. Nunca me canso de olhar para ti pelo que foste, pelo que és, e pelo que ainda vais ser.

Gostava que soubesses o que sinto por ti.

Sei que falas comigo, e eu ouço-te com atenção. Raros são os dias em que não sinto o teu toque, e por vezes queria-te só para mim. Nunca me esqueço dos teus conselhos naqueles dias em que tudo parecia perdido. Quantas já não foram as lágrimas que me limpaste só por existires? Lembras-te? Agora diz-me, como é que queres que não seja, hoje e sempre, apaixonado por ti? Lembro-me de tantas e tantas vezes em que te fitava por horas na praça do cubo, e pensava para mim, naquele bom português que me ensinaste: "F####, és lindo e adoro estar dentro de ti!"

Gostava que soubesses o que sinto por ti.

Se calhar não me levas a sério, ou ainda não percebeste porquê. Todas as vezes que vou à tua Sé, pasmo-me como se fosse a primeira vez. É mesmo verdade que tem 900 anos? Como é possível? Tão fresca, tão sólida, tão imponente, tão bonita esta tua Sé! Daí espreito sempre para o rio, e fotografo-te outra vez com os meus olhos, antes de começar a descer-te. E logo a seguir, mesmo sabendo, parece que sou sempre surpreendido com a magistral Igreja dos Grilos. Talvez as vertigens da descida que a antecedem, ceguem as minhas memórias e tornem este meu espanto sempre virgem. E daí, faço questão de me perder na gravidade que me leva por ti, até ao rio. Todos os recantos me encantam, as varandas, as flores à janela, a roupa a secar nos estendais, o perfume da vida das tuas ruas, as tuas linhas brutas e caóticas pouco pensadas que te dão tanto charme e carácter.

Gostava que soubesses o que sinto por ti.

Quanto mais te conheço, mais te quero conhecer. Eu sei que não tens culpa das vezes que te virei as costas, fui eu que te deixei, mas quero que saibas que já sofri horrores de saudades tuas, tive momentos em que ao pensar em ti e no quanto sentia a tua falta, quase parava de respirar. Espero que saibas, que gosto muito de ver o mundo, mas nunca te traí, sempre foste tu, Porto, o dono do meu coração. Já fui feliz sem ti, mas nunca fui tão feliz como contigo, e só queria que estivesses lá para ver como eu me sinto quando estou a voltar no avião depois de algum tempo sem te ver e sem ouvir a tua voz. O meu coração quase arrebenta, quando sinto que estou perto de te voltar a tocar. Colo o nariz à janela do avião e tento registar todas as formas de como te vejo, e choro! Choro literalmente baba e ranho, choro como um arrependido, choro de saudades, choro ao antecipar o iminente abraço que te vou dar, choro porque ainda estás aí, choro por gostar tanto de ti, choro por ser tão bom sentir a tua falta.

Gostava que soubesses o que sinto por ti.

E o Adeus? Como me dói dizer-te adeus. Olho para ti sem vergonha. Olho-te nos olhos, e faço questão de observar com atenção o máximo de linhas do teu corpo. Quero levar-te comigo, e tento compensar a falta que me vais fazer, as saudades que sei que vou ter, sugando-te o quanto posso. Sento-me a olhar para o teu rio, e penso o que seria de mim se nunca mais te voltar a ver. Faço-te promessas de amor, que espero que tenhas ouvido, recolho pedaços de ti para levar na minha mochila e faço questão que saibas que se não voltar, tudo o que eu fiz é pelo meu amor por ti. Mas claro, tu sabes que apesar do difícil que é escolher, o que mais gosto em ti, é o teu mar, o teu oceano, onde mais gosto de perder o meu tempo, perder no tempo e perder no teu tempo. Adoro olhar para o teu mar, fascina-me a forma como me inspira a facilidade com que me molda a personalidade. É ao teu mar que peço conselhos, é ao teu mar que peço tantas vezes o amparo para me manter de pé, e é ao teu mar que mais me custa virar as costas quando te deixo. Parece que só volto a respirar quando vejo o teu mar de novo. É o teu todo que me faz amar-te tanto, mas não te escondo, que do teu corpo o que eu amo mais é esta massa de água que me hipnotiza.

Gostava que soubesses o que sinto por ti.

E se eu te disser que ainda não te disse nada? E se eu te disser que quase não comecei a fazer-te entender porque gosto tanto de ti? Porque me falta dizer-te qual é a tua pedra mais preciosa. Adoro a tua história, o teu centro, o teu peixe, o teu recorte sinuoso da tua vista da Serra do Pilar, da forma como o teu rio chega ao teu mar e deste monstro musculado que é o teu Oceano Atlântico. Mas nada disto se compara ao quanto eu gosto da tua gente. Adoro a forma como moldaste o teu povo, a beleza da sua personalidade. Bonitas por fora, há outras cidades no mundo, embora nenhuma chegue aos teus pés. Mas o que tu conseguiste fazer ao longo de toda a tua história, da pessoa que te habita, torna-te único, ímpar, imbatível e incomparável. Adoro sentir a tua gente, é mágica a simplicidade do seu puro sangue. Este sangue azul que ferve em pouca água, que vai sempre atrás das emoções, que não se esconde, que se orgulha do que é, e que transborda orgulho em ti. Este teu povo, de pura raça é o melhor que tu tens, é a tua faceta mais difícil de descobrir, mas de longe a mais bonita. Gente boa, gente nobre, gente que dava a vida para defender a tua honra. Pessoas que sem que tu saibas, tudo fazem para que tenhas orgulho nelas. Genuinamente fortes, cheias de vida, cheias da tua vida. Que bonita é esta tua gente. Orgulha-te muito disso, Porto! Não há alma como a alma das tuas gentes.

Gostava que soubesses o que sinto por ti. Gostava que soubesses que te amo, que te adoro, que não sei viver sem ti. Gostava que soubesses que dava a vida por ti, porque me deste tudo o que eu tenho. Gostava que soubesses que tudo o que queria era ser como tu.

Por todas estas palavras e por muito mais, gostava que soubesses o que sinto por ti, PORTO!

O Oposto

A origem do ser humano enquanto espécie terá sido há cerca de 5-7 milhões de anos atrás, no Rift Valley, algures naquilo que é hoje a Etiópia, Quénia, Tanzânia, e a origem das civilizações humanas foi na Mesopotâmia, há uns 5 mil anos, naquilo que é hoje a Síria, o Iraque, Irão e Turquia. Daí que sempre me questiono, a partir de quando começamos a contar a nossa história? Sabendo que as peças do passado montam o puzzle do presente, onde vamos buscar as respostas à pergunta: quem nós somos? Vamos buscá-la à história do nosso território? Ou à mistura dos nossos genes?

Por onde começamos? Ou por outra, até onde vamos? Até onde estamos dispostos a ir com honestidade e coerência na busca das nossas origens, e na construção da nossa história para que saibamos quem nós somos?

Começamos no 25 de Abril? Ou no início da nossa República? Ou na restauração da independência? Na expulsão dos Mouros de

Portugal? Ou no D. Afonso Henriques? E porque não na sua mãe? E porque não nos Árabes que aqui estiveram tantos séculos? Comecemos na Mesopotâmia? Ou vamos a África mesmo à origem do Homem?

Somos todos filhos da mesma história e no entanto irmãos com tantas desavenças. Insistimos tanto em vincar as pequenas diferenças, ao invés de valorizar o tudo que nos torna iguais. Como parecem estar tão perto, e no entanto são o oposto, o Amor e a Guerra.

Deixamo-nos levar por rótulos que nos distanciam, que inevitavelmente levam a que sempre apareçam um "nós" e os "outros". Temos uma língua, uma cultura, uma história, uma cor dominante e se quiserem até uma religião! Mas qual é o mal de todas outras? Línguas, culturas, histórias, cores, religiões: porque precisamos de pisar nos outros para que nos orgulhemos de quem nós somos? Porque insistimos em cavar fossos, ou erguer muros a tudo que estranhamos ou desconhecemos?

Não tenho dúvidas porque já a vi muitas vezes e de muito perto, que a Guerra é o expoente máximo desta disparidade e desconexão. Tirar uma vida é o maior acto de egoísmo de um ser humano. Aqui se perde tudo que nos une, toda a fraternidade, negando o passado em comum, desprezando os que nos são iguais só nos leva a perder o amor por nós próprios.

Mas não é só com a ponta do dedo que se prime o gatilho. É na nossa cabeça e no nosso coração ao apoiarmos ou aceitarmos ou negligenciarmos, todos os que matam, todos os que guerreiam também em nosso nome, que também tiramos vidas! Há diferenças em premir o gatilho ou permitir que alguém o prima por nós, mas ambas têm que ser reconhecidas como formas de assassínio. Nunca nos podemos esquecer que todas as pessoas e cada uma delas tem uma história de vida igualmente importante à nossa e aos nossos entes queridos.

Permitirmo-nos compreender as diferenças é um amealhar de riqueza, porque o carácter, a bondade, os valores são apátridas e intemporais. A compreensão, a projecção, a admiração e a beleza, não reconhecem fronteiras, politicas ou religiões. Amar ultrapassa tudo, se é que há algo para ultrapassar.

Corpo e mente amam, desde os confins da história. Porque se criam regras para o amor? Quem é que inventou e porque é que se alimentam estas divisões que potenciam ódios e impedem amores?

Para mim é bem claro que o Amor e a Guerra estão nas antípodas de tudo que nós somos, são o Oposto e só podemos escolher um, eu prefiro o Amor.

De que serve tudo o que nós temos se perdermos a humanidade?

AFEGANISTÃO
PROVÍNCIA DE HELMAND - LASHKAR GAH - 2012

Área - 0,65 milhões de km²
População - 31 milhões de habitantes

Há milénios habitada, esta terra era um dos grandes cruzamentos das rotas da seda. Fez parte da história de grandes impérios: Alexandre o Grande, os Árabes Muçulmanos, os Mongóis, e os Impérios Russo e Britânico. Mas sempre foi, tal como o seu nome indica, a terra dos Afegãos, e por isso, ganhou as alcunhas do "Inconquistável" ou de "o cemitério dos impérios" porque vários o tentaram controlar e nunca conseguiram, como a história recente o comprova.

No séc. XIX tornou-se um "estado tampão" entre os gigantes Impérios Russo e Britânico, neste confronto épico a que se chamava o *"Great Game"*. Várias foram as tentativas dos ingleses de tomar Kabul, mas sofreram invariavelmente duras humilhações militares, o que os fez criar a "Linha de Durant", que dividia o Afeganistão da Índia Britânica. Mas perigosamente, esta linha divide também os Pashtun que são o povo dominante do Afeganistão e daí a relação tão íntima entre um grande pedaço do actual Paquistão, por serem o mesmo povo com o mesmo idioma.

Assim se explica também a curiosa língua de terreno que se vê desenhada no mapa do Afeganistão em direcção à China, servindo o propósito de não deixar tocar o gigante Russo e o gigante Britânico.

Durante a monarquia do Rei Shah (1933-73), o Afeganistão era um país aberto ao mundo e um destino muito procurado por todos os viajantes pela sua história, cultura e beleza natural.

Golpes de estado atrás de golpes de estado, levaram os russos a entrar na política do Afeganistão para que se mantivesse à esquerda, e com isto a ocupação soviética e a guerra que tanta coisa mudou (1979).

Os Afegãos são o típico povo que não se governa e não se deixa governar, e por isso, montaram uma resistência de guerrilha por parte de diferentes grupos de Mujahideen (guerrilheiros do Islão) que por todo o país se opuseram ferozmente ao domínio militar russo.

Vários estados árabes patrocinaram esta resistência por não admitirem perder território muçulmano para "infiéis" e os americanos aproveitaram para alimentar mais uma frente da sua Guerra Fria. É nesta altura que o saudita/iemenita Osama Bin Laden entra no

Afeganistão como um de muitos que faziam a ponte entre o dinheiro árabe e a Jihad no terreno.

Quando em 1992, os russos compreendem que nunca conseguirão dominar este país, regressam a casa, e de imediato 7 grupos de Mujahideen se viram uns contra os outros num dos períodos mais sangrentos e destrutivos da história do Afeganistão, que só termina quando os Taliban ganham controlo do território, em 1996. Este grupo de fundamentalistas islâmicos chega ao poder por pregar um discurso radical que une as fragilidades deste povo, a religião. Apesar das conhecidas atrocidades, execuções, apedrejamentos, crimes contra a humanidade e retrocesso civilizacional chocante, é um período de franca estabilidade e paz relativa no país, que só é interrompida pela invasão dos americanos e aliados, em 2001.

Os Taliban decidiram não entregar Osama Bin Laden, e então todo o mundo invadiu o Afeganistão numa guerra que dura até aos dias de hoje, onde os portugueses, à sua escala, também estiveram envolvidos. Já matou mais de 500 mil pessoas e veio agravar a pobreza extrema daquele que é um dos povos mais pobres e mais sofredores do mundo.

Quem é que não se lembra onde estava no 11/9/2001?

Eu lembro-me como se fosse hoje...

Tinha 20 anos e estava numa casa temporária, pois o apartamento dos meus pais estava em obras. Estava numa fase fantástica da minha vida. Como sempre fui um rapaz muito lutador e cumpridor, tinha feito direitinho todos os exames do 3º ano da Faculdade de Medicina, sem nunca deixar nada para a época de Setembro. Desfrutava dumas férias fantásticas, de muita festa, muito surf, muito desporto e poucas chatices ou responsabilidades...

Eram por volta das 2 da tarde em Portugal, estava um dia de sol magnífico, e eu tinha acordado tarde e "cansado" da noite anterior. A minha irmã chamou-me quando estava a ver televisão, depois de anunciarem o embate do primeiro avião na primeira torre. Fui a correr para a sala e assisti em directo, pela tv, ao embate do segundo avião na segunda torre, quando achávamos que era a repetição do primeiro. Chocante, impressionante, cativante... Era impossível, largar a televisão. Fiquei boquiaberto, "atraído" pelo "espectáculo" como quem fica maravilhado pela espectacularidade dos grandes desastres naturais. Triste, desesperante, assolador, o espectáculo de fogo e destruição que se viu e reviu na televisão, enquanto as Torres Gémeas caíam perante a impotência da nação mais poderosa do mundo.

Quem foi? Lembro-me bem dos dedos acusadores terem corrido várias caras, vários países, vários grupos, num curtíssimo espaço de tempo. Foi triste, mas festejava-se em algumas partes do mundo. Lembro-me por exemplo da Palestina, onde milhares saíram à rua, por verem de joelhos aquele país que tanto mal lhes fazia, mas nada tinham a ver com a história dos ataques.

De repente, o nome Al-Qaeda parecia ter existido desde sempre nas nossas cabeças. Quem são? O que querem? Porque fizeram isto? Onde estão? Quem é o líder? Osama Bin Laden. Onde está este Saudita/Iemenita? No Afeganistão! Então, vamos lá!

Poucas vozes audíveis do mundo ocidental se mostraram contra. Parecia tão óbvio e legítimo, aos olhos de todos, uma "Guerra Justa", embora não se saiba o que isso queira dizer. Antes até das Nações Unidas se pronunciarem, já as forças especiais dos EUA entravam no território do Afeganistão. Claro que os Taliban, esses estudantes do Islão, que controlam quase todo este país desde 1996, à custa de barbáries, faziam parecer ainda mais óbvio o interesse mundial da invasão ao Afeganistão.

Ficámos a saber pouco mais sobre este fantástico e maravilhoso país, ainda menos sobre o seu povo que tem tanto para nos contar, mas muito ficámos a saber sobre a Al-Qaeda e Taliban, ao ponto de muita gente ainda achar que é mais ou menos a mesma coisa, mas nada tem a ver. Foi assim que eu tomei conhecimento deste país:

GUERRA, e mais guerra e mais guerra. Penso que posso dizer que é o maior espectáculo bélico desde que eu sou gente, aquele que fez correr mais tinta, fotos e filmes...

Afeganistão = Guerra.

Dias, meses e anos a falar da guerra do Afeganistão, em que era bastante óbvio para toda a gente que havia os bons e os maus. Quase que aplaudimos as explosões, bombas, etc. O Afeganistão era guerra, sangue, burcas, sofrimento, miséria, extremismo Islâmico e pouco mais.

Nunca mais me esqueço de como a nossa vida mudou a partir do 11/9, da mesma forma que, 10 anos depois, nunca me esquecerei do momento em que disse à minha mãe: "Mãe, gostava de ir trabalhar para o Afeganistão!". Ão, ão, ão, Afeganistão... O nome assusta porque nos fizeram ficar assustados com este nome e pouco tempo fica para verdadeiramente saber o que se passa no terreno, pouco tempo fica para se conhecer o Afeganistão e os Afegãos, e ainda menos tempo fica para a verdade.

Na minha estadia apaixonante no Paquistão, em que muito foi escrito, o meu estudo e compreensão sobre o local onde estava, cruzava-se muito com a história do Afeganistão, a compreensão da guerra, e a compreensão destes bichos papões que coabitam nestes países, como a Al-Qaeda e os Taliban. Como tal, 10 anos depois do 11/9, já muito sabia sobre o Afeganistão e o seu povo, e muito mais queria saber. Guerra injusta, país interessantíssimo, povo paupérrimo, e um sofrimento transversal a todo o território, com uma carência de cuidados de saúde abismal, levou-me a ficar super motivado quando os Médicos Sem Fronteiras me propuseram ir trabalhar para lá. Os meus olhos brilhavam e o meu coração encheu-se de alegria, mas as minhas pernas tremiam quando vi o meu nome no bilhete de avião para Kabul, depois ter visto tanta guerra e tanto sofrimento associados a estes nomes, aos quais eu ia agora ao encontro..

Foi há 13 anos o 9/11, e foi há 3 anos que me preparei para correr atrás de um sonho, que era ao mesmo tempo, um monstro assustador, o de salvar vidas no Afeganistão e perceber quem é esta gente que vive neste bicho-papão.

A Partida para a Guerra

Foi há 3 anos que o meu Natal ficou marcado pela viagem iminente para o sul do Afeganistão. A consciência de que magoo muita gente ao satisfazer este egoísmo, faz-me também a mim sofrer, mas a minha motivação egoistamente ultrapassa tudo. Sei que nenhuma mãe merece aquilo que eu fiz passar a minha, sei que todos os que gostam de mim sentem um friozinho na barriga pelos perigos que se sentem ao ligar a televisão e sei que não foi justo eu magoar tanto a minha ex-namorada, com o egoísmo do meu sonho humanitário, mas eu fui! E por isso dedico todos os meus esforços, todas as minhas palavras, na proporção exacta às pessoas que magoei por querer tanto ir, para uma guerra que não é minha, salvar gente que nunca vi e dar uma palavra a quem a quiser ouvir, que este é o caminho, que em consciência, dou a minha vida por qualquer outra, porque quando respiro fundo e fecho os olhos, nos momentos em que gosto mais de mim, é nisso que acredito! E por isso eu vou.

Foi um Natal especial, em que todos os momentos são mais "intensos". Sou muito optimista, mas a cada desejo de "Bom Natal", está implícito no meu subconsciente que poderá ser o último. Estou mais sensível e gosto. Gosto do medo do que aí vem, que me faz valorizar mais os "momentos" e congelo o pensamento em lugares comuns, e fotografo situações no meu pensamento, da família, amigos, de amor para levar comigo. Despeço-me de cada canto da minha cidade. Ao Porto, eu digo tudo sem vergonha: "Espero que não seja a última vez que nos vemos!" São muitas as situações de lágrimas nos olhos que guardo para mim. Eu tenho medo, mas adoro esse medo, que simboliza o amor que tenho à vida, e adoro ainda mais a força que me faz ultrapassar esse mesmo medo.

E o que dizer da passagem de ano? Aquele marco inventado por nós que nos leva incontornavelmente a pensar nos antes e nos depois. De cada vez que num abraço eu ouço "Bom Ano", o meu cérebro traduz de imediato para "Eu vou para o Afeganistão!"

E logo depois começa a viagem: Porto-Bruxelas-Dubai-Kabul-Lashkar Gah.

A saída do Porto é sempre a que custa mais, nesta altura já não dá para aguentar, a experiência ajuda, mas, o coração quase que explode. Entro no aeroporto, num turbilhão de emoções, sozinho, bem sozinho contra o mundo e cheio de vontade de viver, com a mochila às costas e o cachecol do FC Porto a representar todo o meu mundo e entro no aeroporto num turbilhão de emoções... Limpo as lágrimas e sinto a "missão" começar. Há muito trabalho a fazer, muitos documentos a ler e reler, sobre tudo o que ia ver, viver e fazer. Sinto-me ultra motivado e cheio de vontade de começar a trabalhar na única coisa que sei fazer, mas já a morrer de saudades.

Adoro ir aos *"headquarters"* dos Médicos Sem Fronteiras, em Bruxelas – cheira a mundo! Sente-se um bocadinho de todos os pontos longínquos do planeta onde os MSF estão a trabalhar, para que o mundo seja um bocado mais justo. Aí, sou metralhado de informação sobre o projecto em que vou trabalhar e o stress aumenta, mas é banalizado por haver tanta gente ali que já foi e voltou, o que relativiza toda aquela carga emotiva de quem vai entrar num dos locais mais perigosos do planeta.

Conheci o Tom, um rapaz belga, engenheiro, que iria fazer a viagem até Kabul comigo. Era fantástico ter companhia porque nas outras vezes fiz tudo muito sozinho. Juntos fomos à embaixada Afegã, em Bruxelas, tratar de papelada e, provavelmente por preconceito, sentimos que ao falar com as autoridades Afegãs, já parecia estarmos em guerra. Aquela ingenuidade de quem acha ser óbvio de que vamos lá para ajudar, é desfeita numa série de olhares e perguntas desconfiadas e desconcertantes.

Ao chegar ao aeroporto de Bruxelas, revisito intensas memórias da minha partida para o Congo em 2009. Acho graça lembrar-me tão bem de certos lugares do aeroporto e de emoções tão ou mais fortes das que ali sentira dois anos e meio antes – viagens dentro da viagem. Sinto-me exactamente no mesmo banco, no exterior do aeroporto, onde me tinha sentado antes de ir para o Congo e vivo e revivo aquele presente e passado, antevendo o futuro que estava quase a chegar. Foram momentos de reflexão, de uma solidão intensa, que eu não me canso de amar sentir.

Avisto a chegada do Tom com o seu pai, e observo o filme de despedida, imaginando o que aquele pai estaria a sentir ao abraçar o seu querido filho antes de ele partir para esta guerra destruidora, que assusta só de ouvir falar. Adorei ver aquele momento que para mim era de uma enorme intensidade emotiva, e mais ninguém da multidão incógnita se apercebia do que se estava a passar. Mais tarde, o Tom disse-me que a sua mãe nem aguentava ir ao aeroporto, é muito forte!

E lá fomos nós rumo a Kabul, de coração aberto, com medos e motivações na equação certa, um nervosismo saudável e cheios de sonhos e vontade de ser felizes.

Chegar a Kabul

Aterrar em Kabul, após sobrevoar uma enorme parte do Afeganistão e poder contemplar a incrível beleza da cordilheira do Hindu Kush, com belas montanhas cheias de neve, é, no mínimo, lindo de morrer. Enquanto isso, tentava imaginar, àquela enorme distância, o terrível sofrimento que aquele país tem estado sujeito. Uma guerra é algo horrível. O facto de a existência desta guerra estar assumida nas nossas mentes, por um processo de habituação, após 11 anos de guerra bem dura (agora a caminho dos 18 anos), ultrapassa tudo! Estar em guerra não pode ser normal!!

De dentro do avião, contemplo a beleza das montanhas e de olhos colados à janela, imagino a quantidade de sangue e sofrimento que aquela terra já viu. O coração aperta e bate mais forte, viajo dentro da viagem. Começo a sentir aquilo que não se explica, que se vive quando a realidade nos bate de frente, e ainda nem tinha chegado. A aproximação arrepia e a antecipação invade-me o corpo já muito cansado da viagem.

Kabul, cidade de importância histórica intocável, é rodeada por altas montanhas a 360º, quase como de uma cratera se tratasse. O que esperar de uma cidade tão fustigada pela guerra, tão mediatizada pelo terror?! Ao sair do avião, as pessoas transformam-se para uma versão mais conservadora, mais fechada, comparativamente ao que transpareciam no aeroporto do Dubai. Os véus fecham mais as caras, caem algumas burcas pelo corpo abaixo, e os vestígios de algum toque de ocidentalização parecem desaparecer nos homens e mulheres. Sinto-me logo a destoar de todos os que me rodeiam ainda no avião! Sinto-me diferente, exposto, e isso claro, causa algum desconforto.

À saída do avião, estigmas de um país subdesenvolvido, apresentam-me o que me esperava: confusão e desorganização brutais! O ritual de espera das malas marca bem a diferença civilizacional: tudo em cima uns dos outros, anarquia total, e a probabilidade de ser roubado parece altíssima. Não me parece que os perdidos e achados sejam de confiança, mas acho piada a este caos que funciona, ou vai funcionando. Respiro de alívio quando pego na minha mochila e fico encantado por ver uma prancha de *snowboard* a chegar no tapete! Depois, li algures, que alguns jornalistas mais aventureiros fazem *snowboard* nessas montanhas.

Ao passar as malas no raio x, com a presença de muita segurança/militares, perguntam-me se podem abrir a mochila pequena e que garrafas trazia lá dentro. Eram seis cervejas, pois é legal entrar com uma quantidade de álcool até aos 2 litros. Todos os estrangeiros trazem do *duty free* do Dubai, porque em Kabul é muito difícil beber uma cerveja, e quem ali fica algum tempo, sofre de desejos de um copinho para descontrair. Um dos militares abre a mochila, contempla as cervejas, tira uma, e diz-me com a maior das latas a rir-se para mim: "Taxa de aeroporto", e mete a cerveja debaixo da mesa! Ou seja, fui roubado, *"in your face"*, mas restam-me poucas alternativas do que rir de volta, fechar a mochila e seguir caminho! Cabrão! Engulo a minha pequena revolta, pois não me pareceu sensato estar a discutir ali, cheio de gente com armas, apenas pelo meu orgulho. O cansaço ajudou-me também a aceitar o acontecimento com mais passividade.

Tenho ainda fresca a memória de quando fiquei "esquecido" no aeroporto de Islamabad, sozinho de madrugada, o que não foi nada agradável, e não me apetecia nada que me voltasse a acontecer o mesmo em Kabul! Passo por vários *checkpoints* de segurança, de controlo de passaportes e detectores de metais até sair do aeroporto, mas só no parque de estacionamento é que nos podem esperar. E lá está o clássico 4x4 Toyota dos MSF cá fora! Quando vejo aquele logótipo, sinto-me logo seguro e mais tranquilo! São família e estão ali à minha espera. O motorista é um Afegão que nunca vi, mas apeteceu-me logo abraçá-lo! Tudo isto é, acima de tudo, medo do desconhecido, mas Kabul impõe respeito!

Depois de um Asalam Aleikum, que fica sempre bem, entro para o carro. Há aquela tentativa infrutífera de falar, mas inglês que é bom, nada! Mas confio, ele deve saber onde me levar e encosto-me para trás a curtir a cidade. Sinto uma mistura enorme de emoções, com um cansaço tremendo da longa viagem, mas ao mesmo tempo, uma vontade enorme de gravar todas as imagens que os meus olhos vêem. As famosas crianças de Kabul que vivem na rua com temperaturas negativas, agora que o sol se vai levantando, ganham uma vida mágica. Há sinais de guerra por todo lado, e os tanques enormes em cima de rotundas foram a primeira coisa que eu vi quando saí do aeroporto. A presença de militares e armas é constante, e são muitos os edifícios que estão parcialmente destruídos por bombas, e outros com "desenhos" de rajadas de metralhadora nas fachadas. Mas, ao mesmo tempo que o coração vai abrandando, há a sensação de que é uma cidade com uma vida "banal" e que cresce em mim. Com isso, o medo vai-se dissipando e vou mergulhando na cidade de uma forma mais tranquila.

Chego a casa dos MSF e, após breves apresentações, caio inanimado de cansaço, e durmo para me preparar para o que aí vem: a missão que abracei, numa das zonas mais perigosas do mundo, onde o conflito está bem activo, no sul do Afeganistão.

Ainda falta um bocado, e só descanso quando estiver a fazer o que gosto e sei: salvar vidas! Mal posso esperar!

No Meio da Guerra

Em Kabul, tenho muito pouco tempo para me preparar para ir para o meu destino final – a província de Helmand, no sul do Afeganistão, na cidade Lashkar Gah, capital da província mais sangrenta e problemática de toda a guerra do país. Fica no cerne da resistência Taliban, rodeada da maior produção de ópio do planeta, uma região paupérrima, com carências a nível de cuidados de saúde ao nível do pior que o nosso mundo conhece.

Em Kabul, tenho de tratar de papeladas e mais papeladas, e também de fazer os *briefings* sobre tudo o que me espera no meu próximo local de trabalho. Do ponto de vista médico, não tenho nenhum médico Anestesista antes de mim, o que implicava ter muito trabalho pela frente. Para além de salvar vidas, terei que organizar muita coisa em várias áreas do hospital. Adoro os *briefings* culturais, de segurança, e sobre o ponto da situação da guerra, em particular da zona para onde vou. Absorvo o mais que posso toda a informação, e fico encantado à medida que vou sabendo mais e mais sobre o que me espera, apesar de nesta fase já ter lido muito sobre o país que durante uns meses vou chamar de casa. Perceber a dimensão, e a complexidade de um conflito de um país que está em guerra há mais de 40 anos, leva-nos de imediato a concluir que seguir a história pela televisão é muito redutor, dando-nos uma ideia insignificante do que realmente se passa no terreno. A realidade é esmagadora, a dimensão do problema engole-nos e apesar de ter bem presente que sou apenas um médico, grande parte da minha motivação humanitária passa pela espectacular compreensão destes mundos dentro do mundo, que contemporâneos às nossas calmas vidas, fazem o meu sangue ficar mais quente. Gosto de acreditar que daqui levo lições de vida, para a vida, impagáveis. No entanto, sinto-me um privilegiado por me ter voluntariado a arriscar a minha vida para cumprir a missão de fazer o que sei, onde é mais preciso.

Quanto mais absorvo o Afeganistão, mais quero ir, já não posso esperar por começar a trabalhar, mais ainda quando penso que a ausência de alguém como eu, é traduzida em mortes evitáveis diariamente. Quero muito conhecer a minha nova equipa, fazer a única coisa que sei e tanto gosto: ser médico! O meu voo para Lashkar Gah é no dia seguinte, e ainda tenho tempo para beber umas cervejinhas e conhecer boa gente antes de ir. Será o último copo dos meses seguintes, pois para onde vou, o conservadorismo islâmico e a consequente repressão cultural, levam a uma tolerância absolutamente ZERO ao álcool, e muito mais. É zona de guerra aberta, não se brinca.

No descolar do avião, continuo o meu encanto imensurável pelas montanhas e a beleza natural do Afeganistão. Agora sigo num avião muito pequeno, que pertence à Cruz Vermelha, com quem os Médicos Sem Fronteiras dividem os lugares para as entradas e saídas do staff para os inúmeros projectos pelo país fora. Viajávamos a uma altitude bem menor, bem mais perto do cume das montanhas, o que permite me deliciar com a robustez dos contornos agressivos desta paisagem montanhosa, completamente coberta de neve. É um voo directo para Lashkar Gah, o que me causa um desgosto enorme, pois muitas vezes este avião faz a viagem passando por Kunduz, Herat ou Mazar-e-Sharif (ou Kandahar que tive a sorte de ver no meu regresso a Kabul), cidades lindas e mágicas que eu dava tudo para ver nem que fosse por uns segundos, e que me dariam um enquadramento ainda maior deste país que já me tinha conquistado o coração.

O voo foi directo ao Sul, e depois das incríveis montanhas nevadas e geladas, onde por vezes se viam pequenas aldeias perdidas, em alguns vales, passámos a ver montanhas mais baixas, com menos neve. Era o fim da "cauda" da cordilheira do Hindu Kush, que dá origem a uma zona completamente plana e imensa do sul do Afeganistão. À medida que o avião se aproximava da cidade, comecei a ver campos e campos de papoilas até perder de vista (para a produção de ópio), com algumas casas típicas em tijolos de lama. Quando me apercebo de que a viagem está a chegar ao fim, sinto um friozinho na barriga, sabendo que estava a chegar a uma cidade rodeada pela resistência Taliban, com conflitos e ataques com bombistas suicidas extremamente frequentes. Kabul é uma cidade extremamente sujeita a ataques, mas com uma presença internacional a diversos níveis imensa. Estou numa cidade e numa província que viu os confrontos mais sangrentos da história desta guerra, zona santa dos Taliban, no meio do quase deserto, onde a presença de um não-Afegão é uma raridade, apenas alguns elementos dos Médicos Sem Fronteiras.

Estou literalmente no meio da guerra, mas feliz e motivado!

My First Bomb

A primeira mensagem que eu gostava de deixar, é a de que uma guerra não passa apenas porque deixamos de ouvir falar nela, simplesmente deixa de ser interessante para os media e seus consumidores, ouvir/ler/ver mais do mesmo. A guerra do Afeganistão não pára de piorar, e a cada ano há mais ataques, há mais vítimas, mais dor e sofrimento.

Em Kabul, os próprios Afegãos tremiam ao ouvir falar da província de Helmand, pois é sem dúvida um dos pontos mais "quentes" do Afeganistão. A cidade de Kandahar (bastião máximo dos Taliban), foi rapidamente controlada pelas forças aliadas, fazendo com que a resistência Taliban se refugiasse na província de Helmand logo ao lado, zona que tem cerca de 90% da produção de ópio do planeta. Guerra, droga, pobreza extrema, todos os condimentos para se tornar num local "fantástico" para se viver.

A cidade de Lashkar Gah, onde eu vivi durante dois meses e meio, é a capital da província de Helmand. A cidade está "controlada" pelo exército Afegão e pelas forças dos aliados, mas está rodeada por quilómetros e quilómetros de território controlado pelas forças de oposição Taliban, e que faz da zona um terreno muito hostil, e sem dúvida das zonas mais perigosas do Afeganistão. O dia-a-dia não me deixa dúvidas de que estou numa zona de guerra. Entre a casa onde vivemos e o Hospital, fazemos sempre caminhos diferentes, para que a nossa trajectória não seja previsível, e assim alvos-fáceis. Frequentemente passam caravanas de 4x4 do exército Afegão e/ou Britânicos (que era a força internacional da zona) a uma velocidade inacreditável, para que um ataque à bomba seja mais difícil de acontecer. Somos sobrevoados frequentemente por máquinas de guerra de todo o tipo: aviões, helicópteros e drones.

Mas a vida continua, para quem lá vive. A cidade é grande, com uma área muito dispersa de casas térreas, feitas na sua maioria de construção em terra, num terreno muito plano e com uma grande amplitude térmica: extremamente frio no Inverno e um calor infernal no Verão (-20ºC aos +50ºC). A vida da cidade é agitada, com muito comércio de rua, muitos pequenos bazares e, ao que consta, a beira-rio é super bonita, com um parque simples, mas charmoso, mas onde eu nunca fui por ser proibido, por regras de segurança dos MSF. Em nenhum momento pus os meus pés na rua. A minha vida era casa-carro-hospital, hospital-carro-casa. Assim foi sem excepções, sustentados no lema de que o nosso maior perigo é estar à hora errada no sítio errado, e como tal, havia que jogar com as probabilidades.

O Afeganistão foi a minha terceira missão com os Médicos Sem Fronteiras, e a minha terceira guerra, depois do Congo e Paquistão. Todas tiveram contornos muito diferentes. Na guerra do Congo, havia a guerrilha de metralhadora, no meio das montanhas da selva, muito volátil, onde as fronteiras do conflito variavam a cada dia, uma guerra que gente matou mais desde a II Guerra Mundial. Vivi situações *in extremis*... No Paquistão, a pressão e tensão cultural/religiosa sufocava-me como nunca pensei ser possível, e a proximidade a grandes atentados mexeu na profundidade dos meus medos, mas nunca tinha vivido/sentido/ouvido uma bomba a rebentar estrondosamente, como senti em Lashkar Gah, a sul do Afeganistão.

Nos *briefings* que todos temos várias vezes sobre segurança, repetidamente foi falado no número de atentados que ocorria por época e eu sabia que ia acontecer, e que mais tarde ou mais cedo, uma bomba iria rebentar. Estas conversas causam-nos medo e calafrios, mas tento ser optimista e pragmático. Estatisticamente a probabilidade de me atingir a mim, é muito baixa, e juntamente com a rotina do dia-a-dia, e a pressão imensa do meu trabalho que tanto me absorve, passamos a viver com essa "estatística", com uma enorme tranquilidade e, por isso, sentia-me preparado para o que viesse, mas claro que nunca estamos...

A minha primeira bomba marcou-me imenso e muitas vezes me lembro desse dia.

Eram 10-11 horas da manhã, e estava a beber chá, no bloco operatório com três enfermeiros, quando ouvi um estrondo, intenso e seco. Gelei e olhei-os nos olhos. Um deles diz com apreensão, mas naturalidade: *"It's a bomb!"* Senti o corpo todo a tremer ao imaginar que a centenas de metros de mim, acabava de acontecer um ataque suicida à bomba. Tantas vezes tinha ouvido falar, mas senti-lo é bem diferente. Primeiro gelei, sem saber bem o que havia de fazer, e considerei até continuar a trabalhar. Depois, revi na minha cabeça as regras de segurança e achei melhor juntar-me à minha equipa no edifício dos escritórios do hospital. Os enfermeiros reagiram como uma frieza que me pareceu estranha, (mas depois de 40 anos de guerra, compreendo), mas também se começaram a preocupar quando tentavam contactar os seus familiares e as redes de telemóveis estavam todas em baixo. À medida que me desloco ao encontro dos meus colegas, vários pensamentos começaram a assombrar na minha cabeça: "E se é a primeira de muitas bombas?" Muito frequente, a segunda tende a ser ainda mais forte. "E se isto é um ataque à cidade?" Nisto, ao caminhar no espaço a céu aberto, em torno do hospital, avisto a não mais do que 300-400 metros de mim, bem alto no céu e ainda a subir, o famoso cogumelo de fumo. É assustador ver a dimensão desta gigante massa de fumo. Estou cada vez mais assustado, e quando me junto à minha equipa no escritório, a apreensão é brutal e colectiva! Quem foi? Onde foi? Quantos mortos? Quantos feridos? Alguém da nossa equipa? Algum familiar da nossa equipa? Todo o *staff* local que trabalha connosco está nervosíssimo ao saber do local da explosão e imaginam se esta hora, algum dos seus queridos, por algum motivo, estaria a passar por ali. São momentos de grande tensão e fico cada vez mais fragilizado pela emotividade e sofrimento que começo a ver nos olhos de cada um.

Há uma fase de medo, e logo a seguir, a fase de acção. Há que tratar dos feridos, afinal era para isso que nós para ali tínhamos ido e era isso que sabíamos fazer melhor. Temos um *"Mass Casualty Plan"*, e todos na teoria sabemos o que fazer. Lá fomos em direcção ao edifício do Serviço de Urgência, com um rádio na mão, para algum alerta de segurança, nunca se sabe, é tudo imprevisível. Ainda tenho uns segundos para levantar a cabeça e ver que o cogumelo de fumo, mesmo passados alguns minutos, cresceu bem mais e parece estanque e imóvel nos céus. Logo após, avistei o que mais me marcou: milhares de pessoas aglomeradas nos portões do hospital que se aproximavam da minha visão à medida que caminhava no sentido do Serviço de Urgência. Toda a cidade estava em alvoroço, com os feridos a serem trazidos em ambulâncias, carros, motos, macas, ou em ombros. Toda a cidade queria saber se os seus estavam mortos ou feridos. Até hoje, parece que ouço os gritos de um povo em desespero, de quem nada sabe sobre os seus entes queridos. Os guardas do hospital, que mais não eram do que 3 ou 4 homens sem armas, com o colete dos MSF, têm a tarefa hercúlea de deixar entrar os feridos, e quem os carregasse, sem deixar entrar a população em alvoroço, para que nós pudéssemos trabalhar. São imagens "à filme", com pessoas espezinhadas nos portões do hospital que eu via através dos ferros, aos gritos, enquanto os feridos entram a conta gotas pelo meio da população em fúria.

Já tinha estado em alguns cenários multivítimas e sinto-me bem preparado para tal, mas é impossível conter a adrenalina que nos sobe pelo corpo e nos domina por completo as emoções quando entramos no serviço de urgência e o caos é a palavra de ordem: gritos de dor e desespero, cheiro a sangue e a queimado, médicos e enfermeiros nervosos a correr de um lado para o outro, meios desnorteados. Há feridos em todos os cantos, e sem macas para todos, muitos ficam no chão. A triagem é tudo o que mais interessa, mas é um desafio enorme, estabelecer prioridades no meio de tantos gritos e detectar os que têm lesões ameaçadoras à vida. Há um primeiro segundo em que o medo e o pânico me dominam, sinto um friozinho na barriga, mas não é tempo de deixar entrar as emoções. É tempo de agir como uma máquina fria, treinada e formatada para salvar vidas, não só, mas também em cenários como este. Arregaço literalmente as mangas para pôr mãos à obra e certifico-me de que a triagem está a ser bem feita, pois para os feridos graves, todos os minutos contam.

Morreram logo no local mais de 30 pessoas, e houve cerca de 20 feridos graves (alguns dos quais vieram a morrer), mas foram direccionados para o hospital militar dos Britânicos, e outros para a *Emergency* (ONG Italiana), que só tratam feridos de guerra, enquanto que o hospital onde eu estava, era o hospital generalista da cidade, que tratava de tudo a todos. Recebemos mais de 30 feridos, mas nenhum corria risco de vida, apesar das queimaduras, estilhaços e alguns membros partidos.

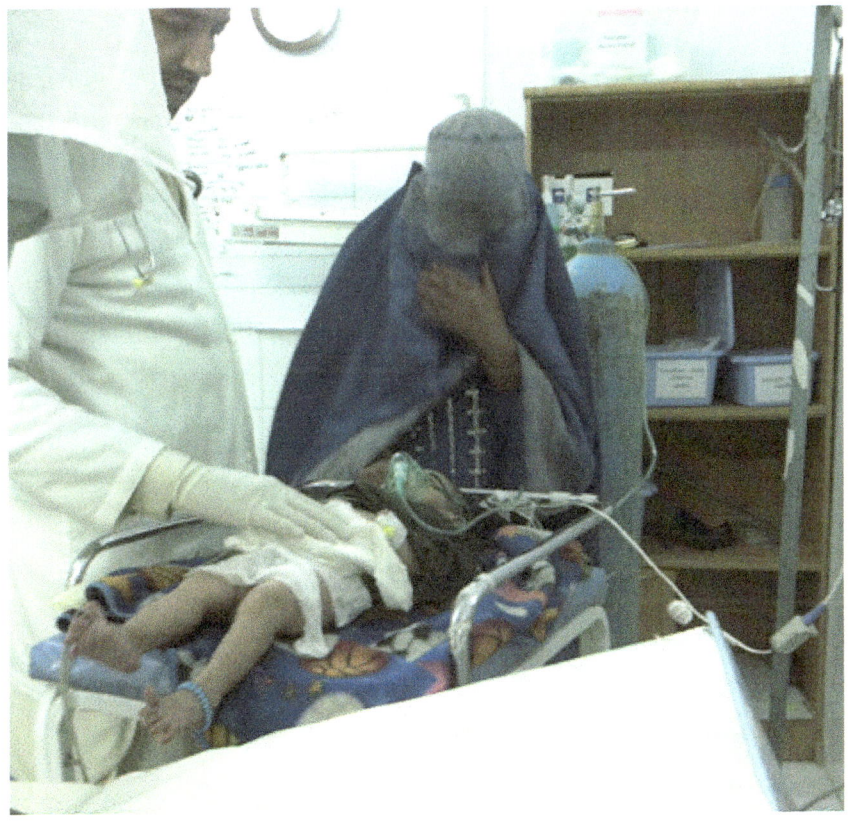

Quando o ponto da situação estava feito e não havia mais feridos a entrar, começámos a "arrumar" a casa e, não sei bem porquê, deparei-me com um miúdo deitado numa maca. Magro, e aloirado, com cerca de 10-11 anos, de olhos claros, molhados, sem chorar ou berrar, estava cheio de estilhaços. Ajudei-o a despi-lo, havendo pele queimada que ia saindo colada à roupa. Por gestos, vai-me orientando para as zonas que mais lhe doem, enquanto eu vou inspeccionando todas as áreas de estilhaços que tem pelo corpo. Adorava poder falar com ele, mas resta-me pousar a mão no seu ombro em sinal de amizade e sorrir, para quebrar o gelo. Tem estilhaços no couro cabeludo, nas costas, por todo o lado, e por isso está semi-sentado, apoiado nos cotovelos. Vou-lhe limpando as feridas e as queimaduras, retirando pedaços de pedra, ferro, madeira e sei lá mais o quê do seu corpo, mas não o consigo fazer sem lhe causar alguma dor. No entanto, apesar de ser uma criança, sinto-o agradecido, enquanto lhe caem lágrimas pelos olhos. Não chora alto, não grita, pouco se manifesta... Quando caio na tentação de parar para pensar, também eu fico com os olhos húmidos, mas retraio as emoções. Estou ali para trabalhar...

Depois desta, já vivi muitas outras bombas, mas nunca mais me vou esquecer da primeira e da resiliência desta criança. No dia a seguir, percorri todos os sites internacionais possíveis, para ver o que diziam sobre este ataque suicida, numa das ruas que era um dos caminhos que nós fizemos centenas de vezes entre a casa e o hospital, mas não encontrei qualquer notícia. Para o resto do mundo, foi apenas mais uma bomba no Afeganistão. Para mim, foi viver bem de perto a dor de um povo, num local onde eu durante uns meses chamei de casa.

Desistir ou Lutar com Mais Força – De Mãe para Mãe
(presente de anos para a minha querida mãe nos seus 65 anos)

Foram 10 minutos que mudaram a minha vida. Entre o amor e ódio, entre o desistir ou lutar com mais força, uma lição de vida, uma inspiração sustentada em tristes e felizes circunstâncias do acaso, porque a vida é mesmo assim, cabe-nos a nós aprender a lição. Talvez a história mais forte da minha vida, mais que não seja porque dediquei e dedico à minha mãe. Espero ter a arte de deixar o meu coração falar, uma linguagem que transpareça o que me vai na alma.

    Foi há seis anos, em 2012, que tive o privilégio de viver uns meses no Afeganistão. A guerra tinha quase 11 anos, se começarmos a contar desde a invasão dos Aliados. Contudo, para este povo, a vivência de guerra vem desde o início dos anos 70, altura em que o rei Sah foi deposto e forçado ao exílio, em 1973. Várias influências externas tentaram controlar o futuro do país, alimentando disputas sangrentas deste incrível povo, cujo carácter sempre me impressionou e nunca se deixou verdadeiramente dominar. Uma viragem à esquerda do poder em 1978, levou a um apoio dissimulado que passou a controlo no terreno por parte da União Soviética. O controlo/ocupação soviética conveniente para quem os convidou, nunca foi aceite por grande parte do povo Afegão, que não se deixa vergar. Até 1992, vários grupos de Mujahideen (guerreiros da Jihad) guerrearam contra os superpoderosos da União Soviética.

    A guerra contra a ocupação soviética é dos períodos da nossa história recente que mais influência tem na compreensão de grandes problemáticas actuais. Vários grupos de Mujahideen, legitimamente (digo eu), queriam ver-se livres da ocupação externa de um povo imperialista e opressor, os Soviéticos, e para isso foram buscar forças a quem estava disposto a ajudá-los na sua causa. Assim, em jeito de guerra fria planetária, receberam o "patrocínio" dos USA, que injectavam dinheiro por intermédio dos ISI (serviços secretos Paquistaneses), com o propósito apenas e só de tornar os Soviéticos mais fracos na luta pelo controlo do planeta. Mais importante ainda foi o apoio de países Islâmicos Sunitas, essencialmente da península arábica, à causa afegã. Numa atitude conhecida como *"a dollar for a dollar"*, na defesa pelo solo Islâmico, os USA apoiavam estes países e cobriam, "no mínimo", com cada dólar, quase por uma questão de orgulho, na luta para que o solo Islâmico permanecesse Islâmico. Este dinheiro era entregue a pessoas como Osama Bin Laden, e muitos outros, que faziam questão de o "aplicar" bem no terreno, na guerra contra os soviéticos, e assim nasce aquilo a que nós hoje chamamos de Islão radical, ou político, ou armado, etc., a Al-Qaeda!

O MUNDO PRECISA DE SABER

O Afeganistão, país com um património cultural e histórico de uma riqueza inimaginável, um país lindo de morrer, feito de pessoas com um carácter ímpar, nunca se deixou dominar, e a história podia servir para aprendermos qualquer coisa, mas não aprendemos! No séc. XIX foi a zona tampão no *"Great Game"*, entre os impérios Britânico e Soviético, em que nem um nem outro o conseguiu dominar. São agora mais de 40 anos de guerra, o que é mais ou menos a esperança média de vida deste país. É triste pensarmos que na sua esmagadora maioria, o povo afegão não sabe o que é viver sem guerra. O que eu vivi, e em que quase três meses me destruiu o coração, é a "vida" para esta nobre gente.

Como sempre, tenho mais perguntas que respostas, mas fico triste e sinto-me culpado e envergonhado por ser ocidental e português, e nessas condições ter fomentado esta guerra pós-9/11, que só veio deixar mais morte e sofrimento a um povo que já tinha a sua dose. A obsessão, ao jeito de "western americano" pela morte de Bin Laden, era e foi obviamente um enorme erro, que só veio exponenciar ódios, alimentar as fontes de discórdia, e tornar o extremismo e o terrorismo (das duas partes) mais vincado e violento.

Desde 2001:
- 100 mil vítimas de guerra (30 mil civis)
- 360 mil mortos por causas indirectas à guerra (fome, doenças, etc.)

Quase meio milhão de pessoas morreram desde que o mundo assistiu em concordância à invasão do Afeganistão. Porquê e para quê?

Mas o que é que eu sei? Sou apenas um médico que gosta de olhar para o mundo, tentando ser imparcial na valorização da vida humana, o que me leva à minha história.

Dia após dia, a tentar fazer o melhor que posso e sei, ia para o hospital, na esperança de fazer o que um médico faz: salvar vidas, e/ou melhorar a qualidade de vida das pessoas. As minhas funções de anestesista e intensivista, passam por formar os enfermeiros do bloco que faziam anestesia, assim como gerir a unidade de cuidados intensivos, que ficava com os doentes médicos, cirúrgicos e obstétricos em estado crítico, o que me levou a ter o desprazer de comprar inúmeras guerras com diversas áreas do hospital. A minha formação e experiência por esta altura, levava-me a estar bastante confortável e qualificado na gestão de diferentes tipos de doentes, com diferentes tipos de doenças, e isso é, sem dúvida, o que me dá mais prazer, sentir-me útil a tratar doentes. No entanto, nem tudo funciona no cenário romântico que nós imaginámos.

Este hospital, no sul do Afeganistão, na província de Helmand, era o principal da zona, num raio de centenas de quilómetros e funcionava numa parceria Médicos Sem Fronteiras – Ministério da Saúde Afegão. Este bonito casamento tinha tanto de necessário, como de complicado e, no meu caso, o que mais me condicionava e asfixiava na busca dos objectivos a que me propus (salvar vidas), era a relação complicada que por vezes tinha com os médicos afegãos deste hospital. A qualidade da medicina praticada por eles era péssima, sustentada numa medicina da idade da pedra, cheia de dogmas ridículos sem fundamento científico, e com uma arrogância e orgulho na sua sabedoria (ignorância) assustadores, que várias vezes me levaram à loucura e raiva, que eu tinha que digerir em silêncio, se tinha esperança de poder contribuir para melhorar alguma coisa, naquele hospital e no saber daqueles médicos. Não os condeno pela ignorância, pois alguns estudaram medicina no tempo dos Taliban, onde não se podia ter imagens do corpo humano nos livros de medicina e estavam perdidos no meio da pobreza e da guerra, com muito pouco acesso a informação e formação, mas a arrogância, sustentada num orgulho cego, eram próprios das características de um povo que para o melhor e para o pior, tinha na sua honra e carácter, características muito difíceis de contornar.

O facto de ser um rapaz novo não me dava muita credibilidade, e juntamente com a incompreensão do que é um médico anestesista e intensivista, algo que não existe naquelas bandas, levava a que principalmente os médicos mais velhos desprezassem por completo as minhas mais valias e conhecimento. Foi aí que eu quase, quase encontrei o meu limite.

Todas as manhãs, antes de ir para o bloco operatório, passava visita com os médicos, cirurgiões, internistas e obstetras, aos respectivos doentes que estavam nos Cuidados Intensivos. Eram cuidados intensivos muito, muito básicos que apenas ofereciam cuidados de enfermagem num melhor ratio, e uma mais cuidada monitorização dos sinais vitais. Foi numa dessas manhãs, em que assistia/participava na observação de um doente bastante grave que eu explodi! O doente era um homem novo, que estava em coma por etiologia desconhecida e é aqui que começa o caminho para o meu abismo.

Deixem-me apresentar o vilão desta história, o Professor de Medicina Interna: um homem magro, de cabelo e barba longa completamente brancos, nos seus 60-70 anos, e que de professor nada tinha, e ao que se diz nem a especialidade de medicina interna teria, mas aqui, a idade é um posto, e do alto da sua arrogância, ele podia dizer o que quisesse que ninguém o questionava. Nunca tinha visto um pensamento médico tão desconexo, sustentado em montagens de conhecimentos mal compreendidas, e perigosamente utilizados. Atirava diagnósticos pior do que ao acaso, e tratava-os em (des)conformidade. Aquilo que nunca fazia era assumir que não sabia, de resto valia tudo! E se no mundo da medicina moderna, com tudo à disposição, há tanta coisa que não sabemos, ou não compreendemos em primeira análise, imaginem no meio da guerra do Afeganistão. Já sabia da sua arrogância e prepotência, mas nunca pensei que me afectasse de tal forma...

Este doente estava inconsciente, tinha cerca de 30 anos, e do pouco que eu sabia da sua história clínica, fosse porque ninguém sabia explicar, fosse por *"lost in translation"*, levava-me a várias hipóteses diagnósticas, mas sem nenhuma certeza aproximada do que se estava a passar: Epilepsia, Hemorragia Cerebral, Meningo-Encefalite, era o que pairava nos meus pensamentos, mas o professor em poucos segundos de profunda reflexão fez um diagnóstico brilhante: Intoxicação por Organofosforados (que é um veneno pesticida, herbicida) e relativamente frequente por estas bandas. Mas este diagnóstico não fazia qualquer sentido, porque o doente estava bastante taquicárdico (FC 140 bpm) e com as pupilas midriáticas (grandes), e os Organofosforados fazem exactamente o oposto.

Por isso, quando o professor "atira" o diagnóstico, com os médicos mais novos a acenar afirmativamente com cabeça, eu vejo-me obrigado a opinar e, muito educadamente, com o máximo de diplomacia possível, disse:

"Desculpe, Professor, mas a Intoxicação por Organofosforados provoca bradicardia e pupilas mióticas."

E ele, que não está habituado a sequer ser questionado, responde-me curto e grosso, com um sorrisinho irónico e ar de ofendido: "Provoca TAQUICARDIA". Eu, no auge da minha ingenuidade, achei que a ciência poderia ser unificadora e expliquei:

"Os Organofosforados inibem as acetilcolinesterases e levam a acumulação de acetilcolina que provoca BRADICARDIA", mas a ciência não foi suficiente para iniciar qualquer diálogo – o respeitado Professor desprezou-me, não respondeu, virou-me literalmente as costas, disse qualquer coisa em Pashtun que fez rir os seus discípulos da ignorância e prescreveu o tratamento (atropina!) para um diagnóstico sem nexo, que poderia até matar o doente.

Fiquei revoltado! Senti-me humilhado por um homem mau, orgulhoso da sua ignorância, e completamente impotente – impotente para tentar salvar a vida a este homem, provavelmente não iria poder fazer nada por ele, mas acima de tudo frustrado pela sensação de inutilidade e incapacidade de lutar pelos objectivos a que me propus: salvar vidas.

Que ignorância! Que arrogância! Que imbecil! Que assassino! Estupor! Tudo! Apetecia-me esganá-lo pelo que me estava a fazer sentir e o que me veio à cabeça era que se não sou útil, ia-me embora para Portugal. Se deixei a minha querida mãe com lágrimas no aeroporto, é para fazer a diferença, não é para estar a passar o tempo. Num minuto, estava decidido, também eu fui derrotado pelo Afeganistão. Quero-me ir embora!

Incrível quando olho para trás e no meio de uma guerra, com bombas a explodir, o que me faz querer desistir e ir embora, foi a frustração de não ser medicamente útil. "DESISTO", imaginava eu a conversa que iria ter com o meu chefe, quando entra de rompante o enfermeiro responsável do bloco com cara de pânico e apreensão e me diz: "Rápido, a Dr.ª Anja está a chamá-lo com urgência no serviço de Urgência!"

Larguei tudo e fui a correr. Felizmente, toda a raiva, energia hiper-negativa, e o fumo que me saía por todos os poros do corpo foram postos de parte mal senti o tom de voz de urgência do enfermeiro que me veio chamar.

A Anja era uma médica alemã, especialista em Medicina Interna, que era a responsável pelo serviço de Urgência, uma excelente profissional, conhecedora, trabalhadora e competente, bem ao estilo alemão. Se me estava a chamar com aquele grau de urgência, o meu coração tinha motivos para estar a bater mais rápido. Ainda era bem cedo, e estava um dia frio de morrer, com um sol radiante. Senti os pulmões a arder de frio, enquanto corria para o outro edifício onde se encontrava o Serviço de Urgência.

Entro de rompante na sala de reanimação do Serviço de Urgência e vejo pânico! Pânico na cara dos enfermeiros, pânico na cara da Anja, e uma criança deitada na maca. A mãe, coberta numa burca azul, aninhada de cócoras no canto da sala, aos gritos de desespero, fazendo muitas, mas muitas referências a Alá.

Era um menino de 2 ou 3 anos, a morrer, estava azul e já mal respirava. Não tenho dúvidas de que a morte estava iminente, fosse pelo que fosse.

"Anja, o que se passa?", pergunto.

"Acho que tem um feijão a obstruir a traqueia!", responde-me nervosa.

A Anja estava com um laringoscópio (aparelho para ver a laringe e a traqueia) e com uma pinça de Magil (pinça com formato angulado para aceder à laringe e à traqueia) e sem sucesso, tentava retirar/puxar o feijão que obstruía por completo a traqueia e assim a passagem de ar para os pulmões.

Tenho a sorte de ser muito calmo sob pressão e transpareço uma calma de ferro. Em situações de emergências médicas, assumo o comando da situação. Incomoda-me, claro, a mãe debaixo de uma burca aos berros, e os gritos por Alá, que com alguma dificuldade embalam o meu raciocínio. Nunca tinha vivido uma obstrução da via aérea numa criança. Agarro no Ambu (balão insuflável) e na máscara facial e adapto-a com toda força à boca e nariz do rapazito, forçando a ventilação, enquanto peço com uma voz firme o material que preciso: Ketamina (anestésico geral) Succinilcolina (relaxante muscular) e um tubo endotraqueal de tamanho adequado.

O pânico e os gritos levam a que os enfermeiros não percebam nada do que eu pedi e aqui talvez, tive a enorme sorte do enfermeiro do bloco estar comigo, que foi em segundos buscar o medicamento que só havia no bloco operatório, a succinilcolina. O menino já não está azul, está preto a morrer nas minhas mãos, enquanto eu ainda tento introduzir o tubo endotraqueal só com a Ketamina, mas a rigidez muscular do rapazinho não me permite fazê-lo. A frequência cardíaca passou de um valor assustadoramente rápido, para frequências cada vez mais lentas, o que é um sinal claro de que a criança está a morrer. São segundos, talvez 2 ou 3 minutos que parecem horas e eu já não posso ouvir a mãe aos gritos por Alá.

Quando chega a Succinilcolina, explico aos enfermeiros como a diluir e rapidamente a administram na dose indicada. A minha estratégia é simples: não tentar tirar o feijão, mas empurrá-lo para o interior. A traqueia divide-se em dois brônquios principais, e se eu conseguisse empurrar o feijão para um dos brônquios, aí já conseguiria oxigenar um dos pulmões, o que chegaria perfeitamente para lhe salvar a vida.

Ninguém percebe o que se está a passar na minha cabeça, mas confiam e seguem as minhas ordens. Assim que o rapaz ficou com os músculos completamente relaxados, introduzo o tubo endotraqueal, empurro o dito feijão para um dos brônquios, e começo a ventilar eficazmente a criança. É um daqueles momentos na medicina que parece um milagre. Em poucos segundos, o menino fica rosadinho, na sua coloração normal, e a frequência cardíaca aos poucos sobe para valores aceitáveis.

A Anja, com o véu islâmico a cobrir-lhe o cabelo, tem os olhos ensopados em lágrimas. Põe-me a mão no ombro e diz-me: *"You saved the baby!"* Logo a seguir, os enfermeiros após a limparem o pânico das suas caras, também me dizem: *"Dr. Gustavo, you saved the baby!"*, eu sorrio e, com o corpo todo a tremer, passa por mim uma corrente eléctrica que quase domina os meus movimentos mas tento resfriar, solto um sorriso, sem deixar as emoções saírem, pois ainda tenho que pensar como médico. O meu trabalho ainda não acabou.

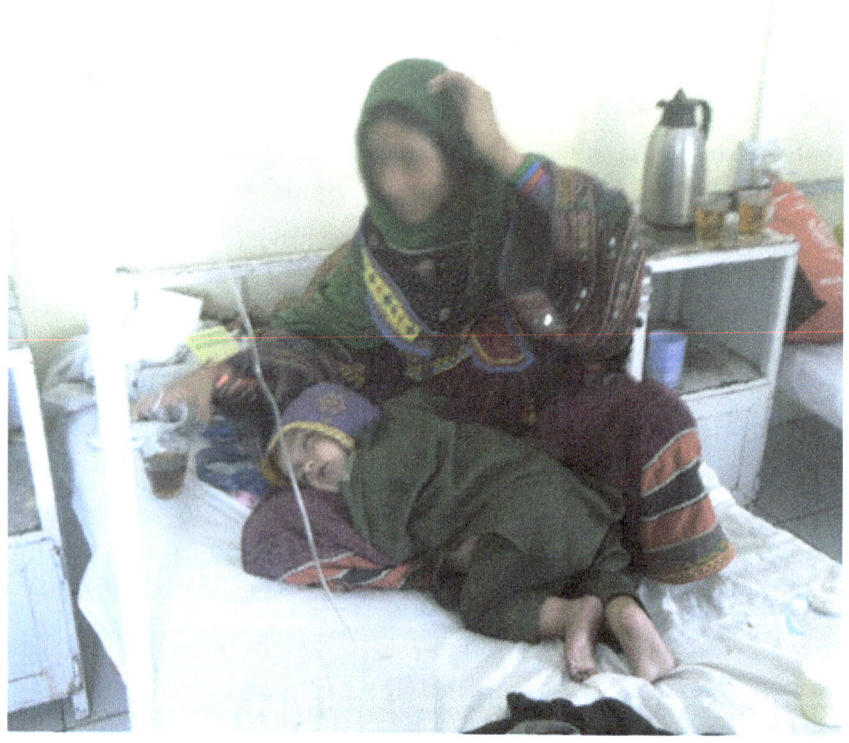

Assisto à respiração da criança com o Ambu, enquanto o efeito da Ketamina e da Succinilcolina não passam por completo. Quando começa a recuperar a sua autonomia ventilatória, respiro fundo de alívio, e uns minutos depois, retiro o tubo endotraqueal da traqueia do rapazinho. Depois de uma ou duas tossidelas, ouço-o a chorar vigorosamente e aí senti que me tinha saído o Euromilhões!! Senti uma felicidade e alegria, que só me apetecia que o mundo congelasse mesmo ali. Sorrimos em conjunto, e não contenho as lágrimas de alegria de nervosismo (tardias), e mais sei lá o quê. Peço aos enfermeiros para explicarem em Pashtun à mãe que a criança está viva, a chorar mas está bem. Contudo, esta mãe, talvez paralisada ainda pelo pânico, parecia não entender que a criança estava fora de perigo e continuava aos gritos por Alá. Só passados uns minutos de insistência por parte dos enfermeiros, é que ela se levanta da sua posição de cócaras e ainda a medo levanta a sua burca azul, para ver que o seu querido filhinho está mesmo bem. Não conseguia sequer imaginar a dor e o sofrimento desta rapariga, perdida no meio da guerra, a trazer o seu filho a correr ao hospital, depois de se ter engasgado com um feijão. Ver a cara desta mãe a pegar no seu filho ao colo, foi como ganhar o segundo Euromilhões!

Foram momentos mágicos. A criança ainda esteve 3-4 dias no hospital para vigilância, mas felizmente tudo correu super bem, e recuperou como se nada tivesse acontecido.

Um dia feliz na vida de um médico. Penso que a minha missão principal consiste na formação dos locais, nas sementes de esperança que os MSF deixam nos povos mais esquecidos e injustiçados do planeta, representando todas as vozes e opiniões de paz. Mas nestas vidas salvas, egoistamente recolho "medalhas" de honra que me enchem de orgulho e me fazem muito querer continuar.

Que importância tem uma vida salva quando já morreram meio milhão? Estatisticamente, nada, mas para aquela mãe, TUDO e a mim ajudou-me a encontrar uma parte da minha personalidade que muito aprecio e tento alimentar: a resposta às adversidades. Num momento estava decidido a desistir, poucos minutos depois, só pensava em lutar com mais força!

Foi esta a história que escrevi por *email*, em 2012, e que ofereci/dediquei como presente de anos à minha querida mãe, por saber as maldades que lhe faço ao deixar-me levar por estes sonhos. É muito duro e injusto o que eu lhe faço, ir para dentro deste bicho-papão que se chama Afeganistão, e que (erradamente) representa apenas bombas, morte e sofrimento. Contudo, não consigo deixar de querer ir, porque aqui encontro o melhor de mim, a pessoa de quem mais gosto. Por isso, dediquei e dedico tudo o que já fiz de bom, simbolizado na vida deste menino, como uma atenuante às maldades que um filho faz a uma mãe.

De mãe, para mãe! Esta mãe afegã não sabe, que para o seu filho estar vivo, a minha mãe teve que ficar com o coração destroçado, com medo de ligar a televisão e ver os noticiários, sempre nervosa a cada vez que o telefone toca. Mas eu acho, Mãe, que esta mãe afegã gostava de lhe dizer exactamente a mesma coisa que lhe quero dizer a si: OBRIGADO!

Gosto de pensar que há uma taxa de felicidade mundial, deixo algumas pessoas tristes por um bem maior. Tenho muito a perder, mas que de nada me vale se perder a Humanidade!

Porque as homenagens são para ser feitas, todos os dias que temos oportunidade: PARABÉNS à mãe mais bonita do MUNDO. Eu por si, vou tentar lutar ainda com Mais Força!

Será que eu podia ter feito melhor?

Continuo no sul do Afeganistão, ponto mágico deste planeta, com a sensação de que estou longe, muito longe do resto do mundo, principalmente do meu mundo. Gosto de o sentir, mas é impossível não ser invadido por um certo calafrio quando paramos para reflectir o quão longe e isolados estamos, rodeado de guerra a toda a volta, e cuja única forma de sair da cidade de LashKar Gah, é num pequeno avião da Cruz Vermelha, que passa duas vezes por semana. Se algo acontecer, o destino passa a ser muito incerto.

Aqui vos conto uma história de um dos dias mais marcantes de toda a minha vida:

Depois de ter passado todo o dia a trabalhar no hospital, o baixar das temperaturas que até estala os ossos, vai-nos avisando que o dia de trabalho está a chegar ao fim. Bloco operatório como sempre muito movimentado, ou não fosse este o hospital da capital da província de Helmand. Operamos de tudo um pouco e não há tempo para ninguém cair no tédio. Quando me preparo para me despedir da equipa de enfermeiros anestesistas que trabalhava para mim, somos chamados a avaliar uma criança. Eu e o Andres (cirurgião e amigo argentino) juntamo-nos ao Dr. Amid, chefe de Serviço da Cirurgia, manifestamente preocupado com esta criança e com razão. O Badid tinha 2-3 anos, e não lhe restava qualquer da vitalidade de uma criança desta idade. Trazido ao hospital pela mãe, vinda de muito longe, das profundezas do território dominado pelos Taliban, o longo tempo que demorou a chegar ao hospital, não jogava nada a favor do prognóstico imediato.

A clínica abdominal era evidente, o abdómen estava muito distendido e a palpação causava ao Badid gemidos tímidos de dor, de quem já não tinha forças nem para chorar. Fosse o que fosse era grave e era para operar já! Uma criança criticamente doente é um desafio enormíssimo para um anestesista, mais ainda a trabalhar com condições muito básicas.

Pedi autorização excepcional para ficar no hospital depois das 17 horas, hora em que toda a equipa dos Médicos Sem Fronteiras recolhia a casa, mas o ficar para além da hora, significava passar lá a noite, pois durante a noite não podíamos assumir o risco de cruzar as ruas da cidade. Eu sabia que a vida desta criança dependia de mim, tinha que ficar e fiquei!

Fomos directos para o Bloco Operatório, sem termos possibilidade de fazer análises. Uma boa parte do meu raciocínio clínico é feito "às cegas". Tive que anestesiar e entubar o Badid, enquanto fazia um esforço para imaginar a dimensão dos desequilíbrios hidro-electrlíticos, a desidratação e agir em conformidade. O diagnóstico saltou à vista depois do Dr. Amid e o Andres lhe terem aberto a barriga: tinha uma obstrução intestinal causada por uma Intussuscepção (quando o intestino invagina para dentro do próprio intestino) e, devido a isto, uma porção importante do intestino já estava isquemiada (morta). Foi necessário remover parte do intestino, ficando ainda uma boa parte cuja viabilidade parecia existir, mas era duvidosa. Enquanto decorre a cirurgia, a minha preocupação é imensa no equilíbrio e restabelecer das funções dos órgãos nobres do organismo, vigiando de perto a frequência cardíaca, a ventilação, a diurese, etc. O Badid estava extremamente doente e a cirurgia sendo incontornável para lhe salvar a vida, é também uma agressão acrescida a uma criança já muito frágil. Chegando ao final da cirurgia, sei que não vai ser fácil a minha missão de lhe salvar a vida. O Badid está inflamado, desidratado, com vários sinais de uma criança gravemente doente. O recobro da anestesia é muito lento, e retirá-lo do apoio do ventilador tem de ser feito com muita calma e de uma forma progressiva. No nosso mundo, esta criança teria que ir para os cuidados intensivos, com uma vigilância muito apertada por vários profissionais de saúde, mas ali só estou eu e alguns enfermeiros inexperientes, que poderiam ou não compreender as minhas orientações.

O Badid foi acordando aos poucos, num registo semelhante, mas para pior, ao prévio à cirurgia. É expectável, como todos os doentes muito graves, antes de melhorarem pioram sempre consideravelmente. Fiquei ao seu lado, a olhá-lo fixamente, para os seus sinais vitais, e a fazer exercícios hipotéticos do que se poderia estar a passar no seu corpo, numa série de parâmetros cujos dados eu deveria ter para o tratar, mas não tinha. Estava com a frequência respiratória e cardíaca muito aumentadas, mas dentro do nível de gravidade extrema, estava estável, e aparentava alguns sinais de melhoria. Agora o tempo tinha que fazer o seu papel e o seu corpo tinha que se restabelecer deste grave estado de doença. Eu sonhava voltar a entregar o Badid aos braços da sua mãe e começava aos poucos a saborear a maravilhosa sensação de dever cumprido, numa noite gélida, perdido no meio da guerra do sul do Afeganistão. Corpo gelado, mas coração quente. Tinha sido um dia em cheio e ficar no hospital à noite, enchia-me a alma de sentimentos profundos, de medo pelos perigos que me rodeavam, mas de proximidade com o povo, que tanto precisa de nós. Salvei mais uma vida e quando é a de uma criança, é pura magia.

Mas há dias e dias e este era um daqueles dias intenso e vivido intensamente. Os sinais de alerta voltaram a inundar os corredores do hospital, com zum-zuns de urgência. Desta vez, era uma hemorragia pós-parto, mais uma, é sempre a maior causa de morte, por todas as missões em países subdesenvolvidos por onde andei. Uma mulher nova, com vinte e poucos anos, a esvair-se em sangue após o parto é transportada à pressa para o bloco operatório: Atonia Uterina (o Útero que não contrai adequadamente após o parto). A rapariga estava em choque hemorrágico, no limite entre a vida e a morte. Já vi tantas doentes assim, nas minhas missões, que acho que já posso falar de uma experiência adquirida relevante neste tipo de casos – salvei dezenas de vidas nestas circunstâncias, mas muitas também já me morreram nas mãos.

E no imediato, quer para o Anestesista, quer para o Ginecologista que terá que a operar, esta doente absorve-nos por completo. Tenho que compensar as perdas sanguíneas, numa corrida contra o tempo, enquanto o ginecologista lhe pára a hemorragia o mais rápido possível, muitas vezes com recurso a uma histerectomia (retirada do útero). Foi uma decisão dramática numa mulher nova, mas imperativa na tentativa de lhe salvar a vida. A cirurgia foi rápida como tinha que ser, e eu fiz o que tinha a fazer também muito rapidamente: hidratá-la, transfundi-la, aquecê-la e tentar equilibrá-la em termos hidro-electroliticos. Missão complicada numa doente ultra aguda, literalmente no limbo. Chegando ao fim da cirurgia, mais uma vez, a necessidade de cuidados intensivos com ventilação e monitorização contínua é imprescindível, mas ali não dava! Tenho de adaptar todo o meu pensamento médico às circunstâncias, ao material que tenho e aos recursos humanos que me rodeiam. Esta doente precisava que estivesse ao lado dela dois ou três dias, mas eu não posso, não consigo e sinto-me frustrado por causa disso. Sei que ela pode morrer porque eu mais cedo ou mais tarde preciso de dormir. Eram escolhas difíceis, super dolorosas, com as quais eu tenho que viver e sobreviver a elas, sem me autodestruir... E por isso eu tenho que tirar o tubo traqueal à doente, e retirar-lhe o apoio do ventilador. Todo o intenso diálogo que eu vou tendo comigo mesmo, decorre numa altura em que um enfermeiro do bloco me traz a informação de que não há mais sangue compatível com o dela. Tragédia!! As hipóteses que ela tinha já eram pequenas e agora diminuíam brutalmente. Mas eu não me resignei, mau o era, tenho a vida de uma rapariga nova, que agora é mãe nas minhas mãos… Ela pode até morrer, mas não será sem eu dar o tudo por tudo.

    Dou-lhe todo o tempo do mundo para que os efeitos da anestesia se vão dissipando e vou auxiliando aos poucos a ventilação, para que ela se autonomize na ventilação. Está fraquíssima, pálida como nunca, com uma hemoglobina de 3-4, mas eu não tenho outra hipótese se não lhe tirar o tubo que a ajuda a respirar. Inicialmente penso estar a ter algum sucesso, mas rapidamente ela ficou exausta e a grande quantidade de fluidos de ressuscitação que eu tive que lhe dar na falta de mais sangue, traduziam-se agora nuns pulmões "encharcados" de água, e uma dificuldade em respirar que rapidamente a iria levar à morte. Já em atitude de desespero, pego no Ambu (saco de ventilação) e na máscara de ventilação, e agarro-me a ela com toda a força para a fazer respirar/ventilar. A sua saturação de oxigénio, que já descia para valores muito baixos, começa a subir novamente, aos poucos, mas à custa de um esforço muito grande da minha parte, para fazer a selagem adequada desta máscara facial e para permitir uma ventilação eficaz. Se eu a largar, ela morre, não tenho dúvidas, mas sei também que não aguentarei ali muito mais tempo. Tenho a mão e o braço esquerdo em tetania.

    Às vezes pergunto-me: quanto vale uma vida? Num país que está em guerra há mais de 40 anos e que desde 2001 é uma guerra apoiada pelo meu país, que eu amo, e que já matou cerca de 500 mil pessoas, de quanto vale esta vida que eu tenho nas mãos? Para que estatística contará ela? Quem é que se importa? Tudo aquilo que eu sei, é que o meu trabalho nos Médicos Sem Fronteiras é de coração, não só do meu ou da minha equipa que arrisca a vida para salvar vidas, mas de todas as pessoas no planeta que acreditam nestas sementes de esperança que nós deixamos e na respectiva aproximação dos povos, onde reside a esperança da humanidade. É nisso que eu acredito, porque me rodeio de pessoas mágicas que me fazem acreditar.

    E eu vou ventilando, uma rapariga em coma, cuja esperança de educar o filho que acabou de nascer reside na minha capacidade de a manter viva, sem eu saber como... A exaustão começa a mandar abaixo a minha moral. Os enfermeiros que trabalham comigo são inexcedíveis nas tarefas que lhes peço para fazer. Eu não posso fazer nada com as minhas mãos, estou grudado à doente e não há ninguém que saiba fazer aquilo. A minha única esperança é transfundi-la e peço ao laboratório para tentarem tudo para arranjarem sangue compatível – B-.

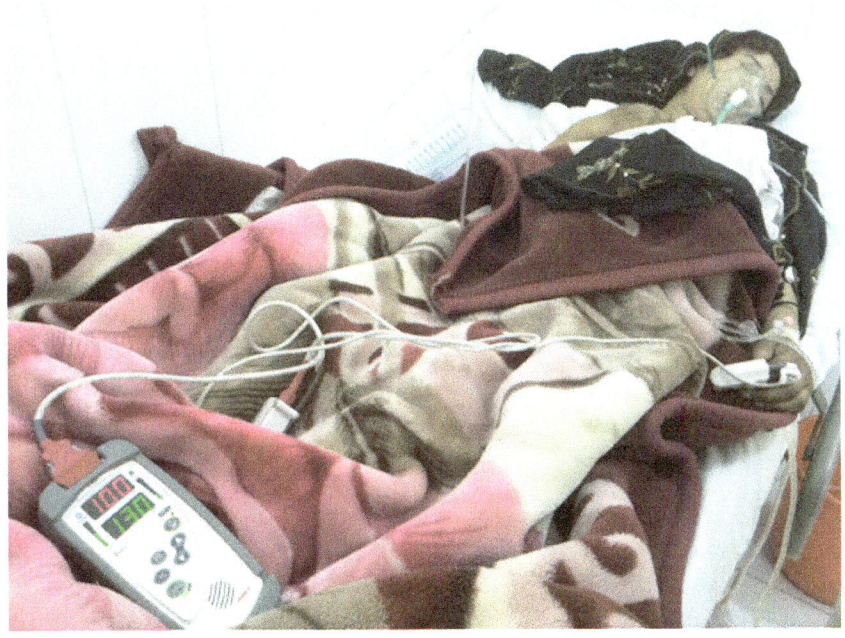

Não é fácil arranjar sangue, muito menos a meio da noite, mas eu sei que se for eu a falar pessoalmente, as situações podem resolver-se de outra forma. Peço ao técnico de laboratório que venha falar comigo ao bloco de onde eu não podia sair e ele confirma-me que já tentou tudo, todos os contactos da sua lista de pessoas que poderiam vir dar sangue B- e nada. Pergunto-lhe se ele tinha B+, e ele diz-me que sim... Bem, que dilema!! Já tinha lido muito sobre transfusões sanguíneas nestes cenários e sei que posso transfundi-la com sangue não compatível (+/-) e ela sobreviver, mas também a posso matar num ápice, não há forma de o prever. Apetece-me chorar, ter que tomar esta decisão sozinho é duro demais. Sinto-me sozinho como nunca estive.

Primeira Regra da Deontologia Médica: Não Fazer Mal! Eu posso matá-la com esta decisão, mas se não o fizer tenho poucas dúvidas de que ela irá morrer. Estou literalmente agarrado a ela e a vida dela agarrada a mim, numa conexão entre dois seres humanos como poucas existirão, e com uma decisão a tomar. São segundos que parecem vidas. Decido transfundi-la. Respiro fundo, encho-me de coragem e assumo o risco. Se a matar, aprenderei a viver com isso.

Parece-me ver a minha vida toda em cada de gota de sangue que lhe vou transfundindo, mas estou convicto na minha decisão. A transfusão decorre sem intercorrências e eu fico mais leve dezenas de quilos. Os sinais vitais vão melhorando, a tensão arterial sobe, a frequência cardíaca desce e, aos poucos, os rins confirmam as melhorias deste jogo mágico da medicina. A água dos pulmões diminui e a respiração torna-se mais autónoma. É o milagre da vida!! A probabilidade de a matar era grande, mas assumi o risco e ganhei. Enquanto recuperava eu também a minha frequência cardíaca, sentia-me um super-herói e não cabia em mim de tanta felicidade.

A guerra não acabou, mas eu salvei uma criança e uma rapariga. Alguém ficará para contar a história de um grupo de médicos, e não só, que veio de diferentes países, para que ninguém tenha dúvida de que: nós preocupamo-nos! Nós e todos os que nós representamos, enviamos esperança e não bombas. Neste mundo mágico, viajam os meus pensamentos enquanto se consolida a melhoria fantástica do estado crítico desta rapariga.

Relaxo um pouco, e sinto os níveis alucinantes de adrenalina a descer do meu corpo. E o Badid? Como estará o Badid? Entretanto, estava nos "Cuidados Intensivos", que de Cuidados Intensivos não tinha nada a não ser enfermeiros com um pouco mais de atenção... Quase que me esquecia do Badid, estava mortinho por saber como ele estava. Quando entro nos Cuidados Intensivos, vejo o Badid com uma compressa a evitar que o queixo caísse! "O que lhe aconteceu???" "MORREU!" Foi a resposta curta e seca, quase desprovida de emoções, do enfermeiro. "Mas como!?!?! O que aconteceu!?!? Porque não me chamaram?!?!" "MORREU!"

Dei meia volta e desfiz-me em lágrimas. Estava tão cansado, estava exausto e levei um murro no estômago como poucas vezes na vida. Fui para fora do hospital, chorar e pensar na vida. Estava gelado e já quase não sentia as mãos, mas não queria que me vissem chorar. Chorei, chorei, chorei, e limpei a alma até à última gota. Salvei uma vida, perdi outra, ganhei e perdi. E se a rapariga tivesse morrido, talvez eu tivesse salvado a vida ao Badid? Será que eu fiz alguma coisa de errado? De que é que ele morreu? Das toxinas da reperfusão do intestino? Não sei!

Será que eu podia ter feito melhor?

A Ignorância

Esta história que me marcou de sobremaneira, simboliza também o reforçar de uma das primeiras conclusões humanitárias, se assim lhe posso chamar. A intensidade de viver não só o problema, mas viver no problema, para além do meu trabalho clínico e de formação, leva-me obviamente a uma reflexão diária dos "porquês", destas catástrofes humanitárias que tenho vivido de bem perto.

Se nos países ditos desenvolvidos, a esperança média de vida anda à volta dos 80 anos, há por outro lado, uma série de países em África, mas também outras zonas, dos quais o Afeganistão é um exemplo, em que este número anda perto dos 40 anos. Dá que pensar! É uma vida pela metade das nossas! E como podemos de uma forma muito simples dissecar este número trágico? Se a guerra que aqui dura desde o início dos anos 70, de uma forma quase ininterrupta, tem matado muita gente, é em mortes estúpidas e evitáveis que teremos que concentrar o nosso foco. A falta de cuidados de saúde explica na quase totalidade esta discrepância catastrófica nesta e noutras zonas do planeta que, entenda-se, é sem dúvida de uma forma indirecta imputável ao perpetuar da guerra. E não é por não se fazerem cirurgias muito diferenciadas, ou por falta daquele último medicamento ultra caro, que este número cai para metade. É pelas crianças que morrem por tudo e por nada, pelas infinitas mortes durante o parto, basicamente devido à ausência ou falta de qualidade total dos cuidados de saúde mais básicos. Por isso, o orgulho de trabalhar para os Médicos Sem Fronteiras não cabe sequer dentro de mim.

Salvamos vidas que mais ninguém salvaria, de uma forma totalmente gratuita, indiscriminada e imparcial. A canalização das nossas forças é apenas e só proporcional às necessidades e isso é lindo! Deixamos um legado de boas intenções, de paz e sementes de esperança do ocidente, assim como boas doses de conhecimento a profissionais de saúde, e não só. Talvez nesta perspectiva formativa, não imediata, reveja as minhas maiores motivações, principalmente a longo prazo, porque as milhares e milhares de vidas que nós salvamos não chegam, temos que deixar um legado de continuidade.

A conclusão "brilhante" a que cheguei no fim da minha primeira missão e que reforcei em todas as outras, é que a Ignorância é a "doença" que mais mata nos países subdesenvolvidos, o que me leva a concluir também que embora eu ache que ser médico é a profissão mais bonita do mundo, não seja provavelmente a mais importante. Bem mais difícil, mas mais relevante, seria ter uma rede fortíssima de Professores Sem Fronteiras. Difícil, eu sei, mas deixem-me sonhar! Embora os Médicos Sem Fronteiras façam um trabalho incrível fora dos hospitais com "Promotores de Saúde", que andam de porta em porta, de comunidade em comunidade, a explicar coisas básicas e essenciais sobre cuidados de saúde primários e a importância de recorrer aos nossos hospitais antes que seja tarde, muitas vezes a ignorância é de tal ordem, que negam ou desconhecem a medicina como nós a vemos.

Já vi um sem número de vezes, doentes ou as suas famílias a recusarem tratamentos *"life-saving"* por ignorância, descrença ou desconfiança. Quando eu estive no Noroeste do Paquistão, havia para mim um "bicho-papão" chamado Peshawar! Cidade linda e maravilhosa (onde eu adorava ir e nunca fui), capital de província do Noroeste do

Paquistão, de uma importância estratégica brutal pela ligação "directa" a Kabul, e uma das cidades mais intensas e "bombásticas" da resistência Taliban e da Al-Qaeda. Eu estava a cerca de 5 horas a norte de Peshawar, num hospital pequeno, mas de enorme qualidade dos Médicos Sem Fronteiras e este "bicho-papão" chamado Pesahwar, engoliu-me logo no primeiro dia em que cheguei, numa história que já escrevi e chamei, "Bem-vindo ao Paquistão!".

No sul do Afeganistão, o "bicho-papão" chamava-se Paquistão! Na cabeça daquela população que vivia em cenário de guerra desde "sempre", onde os cuidados de saúde eram paupérrimos, o Paquistão parecia ser o El Dorado, a cura para todos os males, mais concretamente a cidade de Quetta, capital de província, que ficava a cerca de 6 horas de viagem desta terra de Pashtuns, cuja fronteira política pouca interessava. Nos casos clínicos mais complicados, a população procurava ali por "algo mais", o que talvez para os médicos locais fosse um alívio, que estes doentes fossem pelos seus meios para fora da sua vista. Para mim, era uma dor de alma, saber que este Paquistão pouco mais poderia oferecer aos doentes, e em muitas situações certamente com muito menos qualidade que o *standard* fantástico dos MSF.

Lembro-me bem numa manhã como as outras, que chegou às urgências do hospital, um rapaz novo, previamente saudável forte e robusto, nos seus 20 anos, em coma. Ou seja, inconsciente, rijo como uma barra de ferro, numa respiração de stress e a espumar-se pela boca. Família em pânico, por um lado, o que não era para menos, e médicos afegãos, por outro, num rodopio de pensamentos médicos que pareciam fazer pouco sentido. Tentei saber o que se tinha passado, que era sempre o mais difícil para mim.

O rapaz estava a trabalhar, a rachar lenha e subitamente sentiu uma dor de cabeça muito forte. Depois, caiu para o lado, ficando naquele estado de coma. Isto, obviamente, acendeu várias luzes na minha cabeça e o facto de ter já uma boa experiência em doentes neuro-críticos em cuidados intensivos, fazia-me pensar que provavelmente tinha tido uma hemorragia cerebral espontânea, mais concretamente uma rotura de aneurisma cerebral, ou malformação arteriovenosa. Com toda a humildade o digo, que a partir deste momento, nenhum dos locais está capaz de seguir o meu raciocínio e sou olhado com uma mistura de descrença e admiração. Na ausência de TAC cerebral, só me restava uma alternativa para lhe fazer o diagnóstico: fazer uma punção lombar na procura de sangue no líquido cefalorraquidiano. E assim foi, com alguma dificuldade em posicioná-lo lateralmente, pico-lhe as costas e, surpresa não tive quando com o líquido cefalorraquidiano sai também sangue numa quantidade impressionante. Até repeti o procedimento na dúvida de se não lhe teria picado uma veia, mas não, era mesmo líquido cefalorraquidiano cheio de sangue. Na minha mente estava feito o diagnóstico e resignadamente também o prognóstico. Não há nada a fazer. Pela história clínica, pela profundidade do coma, pela quantidade de sangue que tem no cérebro, este rapaz vai morrer e até mesmo no 1º mundo, com acesso a Cuidados Intensivos, Neurocirurgia, Neurorradiologia de intervenção, provavelmente morreria ou ficava um vegetal. É triste, é frio, é terrivelmente doloroso para a família deste rapaz, mas enfrentei-os e com a tradução de um médico afegão, expliquei-lhes o sucedido detalhadamente, oferecendo a possibilidade de fazer cuidados paliativos e uma morte digna e em paz. Dando-lhes a hipótese de me interrogarem para qualquer esclarecimento, a única pergunta que me fizeram foi: "Podemos levá-lo para o Paquistão?" É difícil travar o ímpeto de quem quer fazer tudo pelos seus, mas esta família pobre iria ter que vender tudo, endividar-se, passar por zonas de conflito aberto, atravessar a perigosa cidade de Kandahar, pagar a fronteira, e ainda pagar rios de dinheiro por sabe-se lá o quê no hospital em Quetta, no Paquistão, transportando, num carro banal, este rapaz em coma, com uma hemorragia cerebral, estando eu absolutamente seguro que seria em vão. Não consegui dissuadi-los. Dei o meu melhor por este rapaz, que neste caso tristemente era apenas deixá-lo morrer em paz e nem quis olhar ou imaginar o transporte e o trajecto de todo este cenário mórbido de um triste fim de vida. A ignorância ganhou mais uma vez e eu acumulei mais uma pesada derrota.

De entre os casos clínicos que mais me marcaram, mais me intrigaram, está o de uma rapariga nova, com 20 e poucos anos, que um certo dia nos apareceu no hospital. O que ela tinha, até hoje, não sei ao certo, mas a sua história clínica já arrastada há meses/anos não tornava a leitura nada fácil. Esta doente tinha uma espécie de infecção crónica que envolvia a pele e os tecidos moles de todo o abdómen/pelve, raiz das coxas e zona perineal. O aspecto era assustador, com um misto de carne viva e crostas e as consequências eram ainda mais dramáticas. Estava totalmente acamada há muito tempo, completamente desnutrida, sem massa muscular nenhuma, com escaras de pressão e anérgica. Sem expressão, sem sentimentos, até aparentemente demasiado fraca para ter sofrimento, ou seja, se o tinha, não o expressava. Dramático! Admirei muito o Dr. Amid, director da cirurgia que teve a coragem de a tentar tratar e assumi com um misto de perplexidade e entusiasmo o desafio de a tentar manter viva, durante as cirurgias e o internamento prolongado, num dos maiores desafios médicos que já tive. O plano era complexo e as perspectivas muito realistas: lavagens cirúrgicas, antibióticos, transfusões sanguíneas pela anemia, uma nutrição adequada e com objectivos de fisioterapia.... A família estava super preocupada, e já tinha tentado vários tipos de tratamentos, sabe-se lá onde ou em que condições e com que medicamentos, uma vez que estamos a falar de um país, onde existia uma enorme força de uma pseudo-medicina e mercado negro de medicamentos de qualidade muito duvidosa ou mesmos falsos. E assim foi, levámo-la ao bloco sem saber se ela aguentava a intensidade da anestesia/cirurgia e fazendo lavagens do que parecia infectado. Hidratá-la, alimentá-la, quase dia sim, dia não, uma transfusão sanguínea, antibióticos sem fazer ideia que tipo de microrganismo poderia ser responsável por esta infecção, ou que antibióticos já teria feito antes... Foi uma duríssima batalha, mas parecia que muito lentamente estávamos a dar alguns passos positivos, nomeadamente na reabilitação e no seu estado geral. Agarrei-me aos livros à noite, a tentar estudar várias coisas e nem sei bem o quê, tudo o que me pudesse orientar a contribuir para a evolução deste caso dramático, numa rapariga tão nova. Passava por ela, 2 ou 3 vezes ao dia para me certificar da sua evolução, e na tentativa de orientar os enfermeiros motivando-os para a sua reabilitação/recuperação. Perdi a conta às vezes que ela foi ao bloco operatório nas 2-3 semanas que esteve connosco. Estava a melhorar, mas claro, ainda num espectro de gravidade e complexidade muito elevados, sabendo que depois de lhe tratar a infecção, iria precisar de meses ou anos para recuperar da caquexia e da sua limitação funcional. Até que, numa manhã em que chego ao hospital, deparo-me com a cama dela vazia! "Onde está a doente?" Um enfermeiro responde-me prontamente: "Foi para o Paquistão!"

Foddaaa-ssssssseeeeeeee!! Que merda! Dediquei juntamente com o cirurgião, horas e horas, fomos exaustivos nos cuidados e até nas explicações à família e levam a doente sem sequer nos dizer nada?! O Dr. Amid, apesar de todo o seu esforço, mostra-se mais resignado por certamente já ter vivido tantas e tantas vezes isto. Mas eu revolto-me! Na ingenuidade utópica de quem não quer aceitar que mais uma vez a Ignorância me tivesse derrotado outra vez. Estávamos no caminho certo, longo e penoso, mas o certo e a família não compreendeu... Queriam uma cirurgia ou um medicamento mágico que lhe salvasse a vida, e assim renunciaram aos nossos cuidados de qualidade e gratuitos, para transportá-la em condições inimagináveis e perigosas, gastando todo o seu dinheiro, para um hospital onde lhes iriam cobrar a peso de ouro, sem nada mais que nós para lhe oferecer...

A rapariga até estava a melhorar, mas mais uma vez, perdi para a Ignorância. Para além de profissionais de saúde, a solução para estas catástrofes humanitárias passa pela formação, pela educação, pela luta contra a terrível doença que mata mais do que todas as outras – a Ignorância!

Pão e Laranjas

Há qualquer coisa mágica sobre o Afeganistão. Todos os países têm o BI do seu povo e da sua terra e o do Afeganistão é bem forte. Localizado numa fronteira entre mundos, sempre foi a terra dos Afegãos, gente de carácter vincado, sólido e inspirador. Triste é que aos olhos de quase todo o mundo, se trata apenas de um campo de batalha, quando é tão mais do que isso. Não fui à procura de mais do que o óbvio, a sua história e o seu povo, que por acaso habitam num país lindíssimo.

A sua história intercepta quase todos os grandes capítulos e civilizações da humanidade. Rota da seda, a ligação do médio-oriente ao extremo-oriente, o tampão entre a Rússia e o sub-continente Indiano, passagem de grandes campanhas imperialistas, desde Alexandre o Grande, Genghis Kan e o Império Mongol, os Árabes Muçulmanos, os Soviéticos, os Britânicos e, no entanto, nunca deixaram de ser o que são: Afegãos orgulhosos e fiéis da sua própria língua e identidade, inquebrável ao longo dos tempos.

Esta história é sobre este povo, sobre tudo e sobre nada, sobre pão e laranjas, sobre as maravilhas de um país que me impressionou e me deixou completamente apaixonado. Por isso, gostava que vissem o que eu vi, sentissem o que eu senti e certamente de lá sairiam também maravilhados.

O espírito guerreiro dos Afegãos impressiona. Poucas vezes senti que a expressão "antes quebrar do que torcer" fizesse mais sentido. Admirava-os por isso. A fisionomia não difere muito da dos latinos, morenos mas não escuros e corpos magros mas ultrarresistentes que parecem ser feitos de uma fibra diferente. Até as poucas vestes que usavam num dos Invernos mais rigorosos que já vi, me impressionava. Temperaturas que facilmente baixavam dos -20°C, não lhes mandava a moral abaixo, ao ponto de andarem de sandálias abertas. Mas esta pose confiante, altiva e destemida, era acompanhada na mesma dose duma doçura e duma sensibilidade que conquistava até os mais desatentos. Entre a guerra e a resiliência de quem sabe o que quer e o que não quer, está sempre um sorriso doce e até infantil, de quem dá todo o seu eu a quem vem por bem. Os braços fortes e corajosos que se abrem para dar o corpo às balas, abrem-se também para os abraços mais sentidos que já recebi em toda a minha vida. Um abraço hospitaleiro, onde entre os quatro braços se sente a energia de quem jura pela sua morte que ali residem as boas-vindas, de quem no seu código de honra, depois de deixar entrar alguém na sua vida, ali ficará bem recebido para sempre. Algo de tão bonito e que infelizmente não encontro paralelo no nosso mundo ocidental, dito civilizado.

Este código de honra dos Pashtun não tem paralelo e quem o sente, sente-se tocado para todo o sempre. "Tu estás aqui, tu és meu amigo, tu és meu convidado, tu ficas em minha casa, tu comes da minha comida e eu dou a minha vida por ti!", a isto se tem chamado Pashtunwalli, "o código de vida" ou "a forma de viver dos Pashtun". Sentimos tudo isto num abraço que nos vai conquistando, e que nos deixa encantados com o seu modo de vida.

É por entre estes abraços que vamos fazemos a nossa vida. Sempre stressados ao estilo ocidental, a querer fazer tudo e mais alguma coisa para salvar vidas, e a pôr o hospital a funcionar com qualidade, as nossas mentes são computadores, sempre em *overload*. Estes abraços trazem-nos à terra, relembram-nos onde estamos, quem é esta gente, o que é que ela sente, e o que sente por nós: uma admiração e gratidão eterna por lá estarmos a salvar os seus. Estes abraços fazem-me morrer de saudades do Afeganistão, enquanto prometo a mim mesmo, que se a vida correr como espero, um dia hei-de lá voltar.

Os motoristas, os guardas, os cozinheiros desfaziam-se em sorrisos à proporção da sua falta de inglês de cada vez que me viam. Mal eles sabem quantas vezes me levantaram a moral quando me sentia num poço sem fundo. Percebemos que por trás daquele coração de guerreiro, está quase sempre um homem sensível, que sente e nos sente, e com vontade de nos fazer sentir bem. São sorrisos que nos ensinam, que valem os perigos que corremos, que nos trazem a deliciosa sensação que temos tanto a aprender e que, aconteça o que acontecer, é no nosso carácter e na nossa honra, que reside a magia da nossa felicidade.

Aprendi também a ser feliz nas pequenas coisas, a cada Xai, a cada conversa, e por cada vez que saboreava aquele que classifico como o melhor pão do mundo! O pão do Afeganistão! O "Naan" (pão em Persa), acompanhava todas as refeições do nosso dia e era absolutamente maravilhoso. De forma oval ou rectangular, bem grosso e estaladiço, era cozido em fornos subterrâneos, ou seja, buracos no chão bem fundos onde a massa era colada à parede profunda, ficando fora da nossa vista. Sempre que tinha oportunidade (que era raro dadas as nossas restrições de liberdade), contemplava este incrível processo de como fazer este pão. Para muitos dos locais era alimento único, para nós que éramos "ricos", acompanhava o Keebab (carne), e toda a gastronomia local super-rica em especiarias que quase hipnotizam. Muitas vezes, este pão assumia um formato de prancha de surf, o que me ajudava a sonhar, e a matar saudades do mar. A todas as refeições, chegava-nos pão fresco e fazia as delícias de todos os que como eu nunca tinham provado um pão tão maravilhoso.

E as laranjas? Falta-me a arte da descrição para transmitir o que são as laranjas do Afeganistão. Docíssimas, e de casca solta, ideal para os preguiçosos como eu, e que nos chegavam ao preço da chuva. Eram invariavelmente maravilhosas. Não sei se é a incrível amplitude térmica daquele país que propicia o crescimento desta fruta com uma qualidade, para mim, sem paralelo, o que é facto, é que adocicou a minha estadia, num país e numa região envoltas numa guerra terrível e numa dura realidade.

Viver sem poder sair de casa é duríssimo, sentir que há um país e um povo fantástico a toda a nossa volta e nós quase sempre rodeados por quatro paredes é triste. O pouco que vi da cidade onde vivia (Lashkar Gah), foi através das rotas diferentes que fazíamos de carro, alternadas para que os nossos trajectos não fossem previsíveis, evitando potenciais ataques. Mas dentro de todas estas adversidades, os pedaços de Afeganistão que nos chegavam, foram suficientes para ficar apaixonado para sempre por este país.

A magia da vida está nas pequenas coisas, nos sabores, nos sorrisos, nos olhares e nos abraços. E, nos abraços de despedida, no dia em que me vim embora, senti uma amizade e uma gratidão eterna que gravei na minha memória até hoje. Foram muitos, mas houve um que me marcou em particular.

Questões burocráticas com o visto, fizeram-me ter que regressar uns dias mais cedo do que pensava a Kabul e no dia em que me despedi do hospital onde estive quase três meses, tinha as malas prontas, mas sem saber se havia lugar para mim no avião da Cruz Vermelha que me levaria à capital. Por isso, não houve lugar a despedidas, nem dos meus companheiros expatriados, nem da minha maravilhosa equipa de Afegãos. Quando tive a confirmação de que me ia embora, triste e já nostálgico, engoli em seco e rapidamente percorri o hospital para me despedir de quem encontrei, com fortes e sentidos abraços. Alguns ficaram por dar, principalmente a alguns enfermeiros que trabalhavam comigo no bloco operatório. Senti uma roleta-russa de emoções quando encontrei o Dr. Amid, o chefe de serviço da cirurgia, com quem convivi diariamente e nem sempre foi fácil. O Dr. Amid, ao seu estilo de ditador, liderava todos os acontecimentos cirúrgicos daquele hospital e várias vezes choquei com ele por opiniões médicas discordantes, que me causavam alguma revolta, pois nunca conseguia trazer a discussão ao nível da ciência, e quase sempre vencia a opinião dele, sustentada no "eu sempre fiz assim, quem és tu para me dizer o contrário". Educadamente, tive que partir muita pedra, para conseguir pequenos avanços. Trazia livros, imprimia documentos, provava por A + B o estado da arte da Medicina, mas de pouco me valia. Lembro-me um dia a propósito de um adolescente, com um Traumatismo Cranio-Encefálico grave, vítima de uma bomba, o Dr. Amid insistir em prescrever Corticosteroides, e de eu insistir que estavam contraindicados. Trocámos opiniões médicas de uma forma acesa, mas ele venceu facilmente esta disputa no seu estilo austero, irredutível. Porque haveria ele de ouvir a opinião de um jovem Anestesista com metade da idade dele, ele que já viu tanta coisa, tantos anos de guerra? E ali estava firme e hirto.

No dia a seguir, chego ao hospital cheio de diplomacia e muito humildemente mostro-lhe as *guidelines* de *"Traumatic Brain Injury"*: *"Do you see? According to the international guidelines, the corticosteroids are contra-indicated!"* A resposta dele foi simples: *"Not in Afghanistan!"* KO fácil. Embora estes momentos fossem difíceis de digerir, ia conseguindo pequenas conquistas, com impacto importante para os doentes. Na gestão de antibióticos, na preparação pré- -operatória, ia tendo pequenas/grandes vitórias, mas acima de tudo, respeitava-o, pois era um homem trabalhador, e um médico dedicado aos doentes, pouco frequente naquelas bandas. Ele ia ao hospital a qualquer hora operar se fosse preciso e nunca o vira virar a cara a nenhuma luta que implicasse meter o doente na mesa operatória, e dar tudo para lhe salvar a vida. Era quase desprovido da capacidade de exteriorização de sentimentos, mas parecia-me um homem bom.

No dia em que fui embora, cruzei-me com ele e dei-lhe um abraço, um abraço forte. Acho que foi a única manifestação de humanidade que tivemos em 3 meses. Vieram-me as lágrimas aos olhos e naquele silêncio ficou um "eu sei que tu sabes, que sabes que eu sei!". Travámos duras batalhas um contra o outro, e duríssimas batalhas juntos pelos doentes, e penso que ficou um enorme respeito e admiração recíprocos, de quem ao seu estilo dá o seu melhor!

O Afeganistão é um país maravilhoso, cheio de coisas maravilhosas e com um povo maravilhoso e é importante que o mundo saiba!

Até sempre, Afeganistão

Passamos toda a nossa vida numa deturpação emocional, que nos leva a crer que algumas vidas valem mais do que as outras e eu gostava de lutar contra isso! No fundo, no fundo, escrevo para que se tenha mais honestidade e justiça na forma como olhamos para o mundo. Sabendo que crescemos por defeito, com medo do desconhecido, e encontramos conforto ao afastarmo-nos de realidades que desconhecemos, e por isso as desprezamos, conseguimos condenar os terríveis cobardes responsáveis pelo ataque às torres gémeas que mataram cerca de 3 mil pessoas, mas esquecemo-nos de condenar, moral e politicamente os que sem saber o que faziam nos levaram para a guerra do Afeganistão, com já mais de 15 anos e cerca de 500 mil mortos. O maior esforço que tenho feito nos últimos anos é o de conter a minha revolta perante esta falta de honestidade e justiça.

Tudo isto porque do lado de lá, está um povo que não conhecemos, que diabolizamos, que nos convém descrever como um monstro para que consigamos dormir descansados. Mas não é verdade! Do lado de lá, está um povo com tantas ou mais boas pessoas do que do lado de cá. E se neste caso a cor até nem é grande diferenciador, as vestes, a língua, a cultura e claro, a religião que professam acoplada a uma enorme dose de subdesenvolvimento, resulta num distanciamento emocional enormíssimo. Por isso, escrevo por ter tido a sorte e o privilégio de lá ter estado. Não conheço ninguém que lá tenha estado, com coração aberto e algum sentido de humanidade e que não tenha chegado a conclusões semelhantes às que eu fui construindo na minha cabeça. Está na altura de antes de fazermos julgamentos, ouvirmos a história dos dois lados, porque todos sofremos a morte dos nossos entes queridos com a mesma intensidade.

Num belo dia, uma "bomba" caiu na praça pública. Esta era daquelas que explode aos poucos, mas com muita intensidade: diz-que-disse, que em Bagram, na maior base militar dos americanos a norte de Kabul, foram vistos vários exemplares do Corão a ser queimados. Se me perguntarem a mim se queimar um livro é motivo para deixar alguém furioso, eu diria que não! Mas este livro é sagrado para muitos e penso que devemos respeitar isso. A explicação por parte dos americanos parecia fazer sentido, que os livros queimados estavam a ser usados pelos prisioneiros para comunicar entre eles, no entanto a fúria do povo afegão fez-se sentir por todo o país, com manifestações em todas as grandes cidades contra a presença das forças aliadas no país. Triste é que quando o povo está assim a fervilhar pela volatilidade e clima de hostilidade que paira no ar, nós não podemos sair de casa por questões de segurança, e é uma dor de alma saber que com esta restrição de movimentos, várias vidas podem-se perder por nós não estarmos no hospital. Foram vários os telefonemas que os enfermeiros que trabalhavam comigo me iam fazendo para gerir casos mais difíceis, mas não é a mesma coisa. Perdemos algumas vidas, assim como morreu gente por todo o país nas ditas manifestações que muitas vezes descambavam em violência, pela imprudência de se terem queimado os Corões.

Foi isto, e acima de tudo isto, que aprendi ou reaprendi com a minha vida no Afeganistão e fico algo enojado com a dificuldade que as pessoas têm em empatizar com quem é diferente e com a facilidade com que se deixam manipular por alguns líderes, conspurcados numa imoral e ignorância que leva grandes e pequenos exércitos a guerras que deixam rastos de dor na história dos nossos dias. Faço um esforço por não transparecer nenhuma análise politica, mas às vezes torna-se difícil para quem acredita que uma vida é uma vida, por vezes torna-se demasiado gritante e quando "lá" estamos, tudo isto se torna ainda mais evidente. Porque nós somos a mesma pessoa, mas vemos o "teatro" atrás do palco e quando sentimos o pulso ao povo bem de perto, ouvimos os ecos das suas emoções.

Quase todos os dias, éramos sobrevoados por máquinas de guerra dos Aliados, e depois da queima dos Corões, era dia e noite. Aprendemos até a distinguir os diferentes tipos de aviões e helicópteros pelo barulho que nos contemplavam. Nunca pensei aprender estas coisas, pois odeio guerra e tudo o que tenha a ver com ela. Mas como consigo reconhecer a espectacularidade de qualquer grande desastre natural, foi no regresso a Kabul, no final da minha missão, que fiz um *"pitstop"* no aeroporto de Kandahar onde vi dos maiores espectáculos da minha vida. O aeroporto de Kandahar era civil e militar, mas em boa verdade, era 99% militar, e o nosso pequeno avião teve que ali parar e fazer troca de mercadoria. Os cerca de 15 passageiros tiveram que sair do avião e ficar na borda da pista, à espera de seguir viagem. Foi cerca de uma hora que eu estive embasbacado a ver aquele festival de aviação militar, jactos, caças grandes e pequenos, helicópteros de todos os tamanhos e feitios, drones em bandos que levantavam e aterravam de seguida sem parar, em grupos ou isolados. Foi absolutamente incrível. Assisti a tudo de olhos bem arregalados, pois as regras de segurança são rigorosíssimas, e proibiam qualquer captação de imagem. Na minha memória ficaram também os sentimentos que aquela maravilha da tecnologia militar me fez sentir. Enquanto os drones aterravam aos bandos alinhados em V, eu perguntava-lhes(me): Quantos mataram hoje? Correu-vos bem o dia? Quantos Taliban mataram? E quantos inocentes? Quantos ficaram para a estatística dos "danos colaterais" e dos "Ooooppsss, enganámo-nos no alvo"? E mulheres e crianças, quantas mataram? Será que mataram algum amigo meu que trabalhava no hospital? Será que mataram algum dos meus doentes que me custou tanto a salvar? Mas não obtive respostas.

Em Kabul ainda estive uns dias, a tratar da burocracia do visto de saída, o que deu ainda para me fazer de útil num pequeno hospital dos MSF, e para umas pitadas de *"sightseeing"* que confirmou o meu primeiro *"feeling"* inicial: Kabul é das cidades mais bonitas, magníficas e história e culturalmente interessantes que já vi. Imponente arquitectura milenar, com um dos Bazars mais antigos do mundo, conta bem aquele que foi o cruzamento de tantas culturas, tudo isto rodeado por uma cadeia de montanhas a 360º, ladeando e circundando aquela que será das capitais mais imponentes que conheci até hoje..

Tinha saudades de todo o meu mundo, da minha família, amigos e da minha ex-namorada, que neste momento me esperava na Índia para umas merecidas férias, e o meu voo era no dia seguinte, mas alguém não me queria facilitar a vida. Na véspera da minha partida, somos abalados pela transtornante notícia: um soldado americano em Kandahar (a 200 quilómetros de onde eu estava), num acto inesperado enquanto caminhava pela cidade, sem qualquer contexto bélico, entra em várias casas, arrastou pessoas pelos cabelos, disparou uma arma à queima roupa, alguns dos disparos na boca das vítimas e ateou fogo aos corpos e por aí fora... Matou cerca de 20 civis e deixou outros tantos gravemente feridos, na sua maioria mulheres e crianças, que se encontravam dentro das suas casas, e que foram atingidos por balas que ninguém esperava. Há quem diga que foi mais que um. Há quem diga que houve actos de violência sexual antes da matança. De qualquer das formas, a versão que ficou escrita foi a de que Robert Bales, de 38 anos, chegou ao seu quartel general e disse: *"I did it!"*. Como podem imaginar, o povo afegão ficou revoltado e saiu à rua em várias cidades a manifestar a sua indignação. Pediam que fosse julgado no Afeganistão, mas como sempre, cobardemente, foi levado para os EUA, para ser julgado, ficando em prisão perpétua.

Mas o que mais me entristece neste acto bárbaro, é a facilidade com que os media e todo o mundo ocidental relativizam a vida de quem vive do "lado de lá", talvez porque não existam filmes de Hollywood a mostrar a vida destas pessoas. E como tal, para nós, são estatística!

Sendo Kabul o foco de todas as tensões políticas, anteviam-se demonstrações populares com um enorme potencial explosivo e quando assim é, pelo elevado risco de incidentes de violência, os MSF decretam que ninguém mexe! Ninguém sai de casa! Zero movimentos! E eu que tinha que ir para o aeroporto? Se eu só dependesse de mim, estava tranquilo, mas tinha a minha namorada à espera na Índia, com voos marcados. Seria dramático ficar preso em Kabul uns dias, ainda para mais com a cidade "explosiva", graças ao Robert Bales. Primeiro os MSF disseram-me que nem pensar e até me vieram as lágrimas aos olhos, ao pensar que ia rebentar com os meus planos e os dela e ter que explicar à minha família que não podia sair do Afeganistão durante uns dias porque o povo estava na rua furioso com o mundo inteiro! Mas depois de reflectirem, os MSF deixaram-me sair para o aeroporto às 5 horas da manhã, bem antes da cidade acordar para não correr qualquer risco. Se o sair da guerra e reencontrar a pessoa que eu adorava, passados 3 meses, já eram motivos para uma libertação excessiva de adrenalina, todo o contexto daquele momento nem me deixou dormir! Saio de casa de noite, regelado com -20 e tal graus, e com um nevão soberbo. Como sempre, vou colado à janela do carro para levar comigo tudo o que conseguisse reter. Nas paredes dos edifícios, os desenhos são artísticos, sem serem grafitis. São rajadas de balas que contêm muitas histórias. Impressionante também a quantidade de gente que passa a noite na rua com aquele frio, juntinhos e à volta de uma fogueira. À medida que a luz do sol vai entrando, Kabul exibe-se esplendorosa como nunca... Que cidade tão bonita, situada bem na cordilheira do Hindu Kush!

Sem incidentes, cheguei ao aeroporto que não deixa dúvidas de que estamos em guerra e já preparados para os dias de confrontos que se avizinhavam. Homens armados e tanques de guerra são a face do aeroporto de Kabul. Perdi a conta aos *"checkpoints"* de segurança, cães, detectores de metais, raios x, tudo, várias vezes! Esperei uma hora a mais para entrar no avião por causa do nevão e já dentro do avião, esperámos ainda mais. Havia dúvidas quanto à possibilidade de o avião levantar e cada vez nevava mais. Passou-me a vida toda pela cabeça. Se eu não levantasse, ficava retido no aeroporto, talvez uns dias, sabe-se lá. Parecia que a guerra estava a sugar-me para dentro dela e de lá não me queria deixar sair, que tensão! Amei aquele país e quero muito voltar, mas naquele momento só queria sair de lá. Quando passadas 2 ou 3 horas de espera, o avião começou a dirigir-se para a pista de descolagem, ouviram-se gritos de alegria de muitos como eu. Ao descolar deste país que despertou em mim tantas emoções, a vontade louca de ir ter com quem eu gostava e o alívio de ver a guerra pelas costas, faz-me chorar como se tivesse perdido a minha família toda. Era muito intenso! Tinha muita coisa acumulada no peito, e aquele era o momento de o libertar.

Já nas maravilhas da Índia, assisti atento às consequências do caso do Massacre de Kandahar. Embora apenas como um comum espectador que lê as notícias, sentia que ainda tinha deixado para trás um pedaço de mim, que sofria em aperto as dores daquele povo de quem tanto gosto. Morreu muita gente que se manifestava contra a presença dos Aliados no seu país. Cinco anos passados, ainda lá tenho esse pedaço de mim, com a promessa de que um dia vou lá voltar e deixar outro pedaço.

Quando há Sol, não é para todos

Estava com medo. Não sou diferente dos demais, uma guerra assusta e os contornos que esta guerra civil atingiu, com uma enorme exposição mediática, faziam-me crer que seria diferente das outras. Esta foi a minha quarta guerra, enquanto médico, a trabalhar para os Médicos Sem Fronteiras, depois do Congo, Paquistão e Afeganistão. A experiência ajuda a lidar com as emoções, pois esta missão não seria claramente para principiantes. No entanto, é doloroso entrar no avião, deixar a sofrer as pessoas de quem mais gosto. Ao olhar para baixo, pela janela do avião, despeço-me da minha querida cidade do Porto com uma lágrima no canto do olho, não sabendo se não será a última vez que vejo este meu grande amor, e tudo o que ele representa para mim. Tenho medo, mas nem hesitei, quando me foi proposto ir para a Síria. As minhas motivações superam largamente os meus medos.

Por vezes, perguntam-me: "Como é possível arriscares a tua vida?" Normalmente sorrio, enquanto respondo para dentro, em silêncio: "Como é possível não o fazer?"

Fui sozinho, directo para a Turquia, com o meu cachecol do FC Porto, que tem superpoderes, porque representa os que levo comigo, enche-me o coração, e faz-me sentir mais forte. Aterrei já bem perto da fronteira com a Síria, onde se reunia esta equipa que iria reabrir o hospital no norte do país, que foi evacuado meses antes por razões de segurança. Não há tempo a perder, fui directamente para uma reunião, onde nos explicavam o plano de como iríamos entrar na Síria, esmiuçando todos os cuidados a ter, assim como todas as regras de segurança. O coração aperta e sinto um nó na garganta quando vejo no mapa os cerca de 250 quilómetros que teríamos que fazer de estradas na Síria, com diversas zonas, onde os bombardeamentos são frequentes. Aqui começo a sentir a guerra.

Nessa noite, parece-me ouvir bombardeamentos, pois já estava muito perto da Síria, mas provavelmente foi a minha imaginação. No dia seguinte, viajámos para a fronteira, e nas imediações, o nosso campo de visão é invadido por campos de refugiados sírios. Vemos nas suas caras, a dor de um povo, órfão de um país, com uma alma sofrida e massacrada. Nessa noite, a última antes de passar a fronteira, vamos beber a última cerveja porque na Síria estamos proibidos, e nesse que era o único bar da cidade, um grupo de homens Sírios bebem e dançam uns com os outros como se não houvesse amanhã. Leio no seu desprendimento, uma mistura explosiva de alegria por terem fugido à guerra, mas com a tristeza profunda de quem abandonou a sua amada pátria. Foi muito intenso e fez-me pensar.

Bem de manhãzinha, atravessamos a fronteira a pé, pois não são permitidos veículos. A polícia turca carimba o nosso passaporte, e depois fazemos uns quilómetros a pé bem carregados, em sentido contrário ao dos refugiados. Do lado de lá, na Síria, não há ninguém para nos carimbar o passaporte, mas sim, uma série de homens armados, de aspecto duvidoso, do *Free Syrian Army* (moderados), a oposição ao regime que luta pela democracia contra o ditador Bashar Al Assad. Aqui, temos duas carrinhas à espera, e partimos em direcção ao nosso destino, perto de Idlib, bem próximo das linhas da frente do conflito. As nossas duas carrinhas têm o logótipo dos MSF, assim como escrito em árabe "Médicos Sem Fronteiras". É apenas isto que nos protege. Atravessámos uma boa parte do norte da Síria, e eu fui sempre colado à janela a absorver esta paisagem, absolutamente lunática, com vilas e aldeias abandonadas, onde as marcas de guerra, com casas bombardeadas não deixam dúvidas dos porquês de quem largou tudo. Em alguns momentos, passamos por 4x4s de caixa aberta com metralhadoras enormes, que nos dão um friozinho na barriga bastante desconfortável, mas vamo-nos habituando. Torna-se normal a presença da máquina de guerra.

Talvez o momento que guardo com mais carinho até hoje, tenha sido a nossa chegada à vila que seria a minha casa e onde se encontrava o pequeno hospital. Os locais sabiam da nossa chegada, e celebraram este momento de uma forma que até dói na alma tentar descrever e não consigo segurar as lágrimas ao transmitir-vos isto: gritos de alegria, olhos húmidos de emoção, palavras e abraços quentes a pessoas (nós) que não conheciam. O excitamento daquele povo transbordava em cada respiro: Os Médicos Sem Fronteiras voltaram, o que significa que a ausência total de cuidados de saúde num raio de dezenas ou centenas de quilómetros, acabou. Muito mais do que isso, sentem que nem todos os abandonaram. A nossa presença personifica a esperança de quem já não sabe a que se agarrar e é aí, sem ainda ter salvo nenhuma vida, que clarifiquei na minha cabeça, que valeu a pena ter deixado os meus queridos a sofrer em Portugal. Percebem agora?

As pessoas viviam com medo duplo: do sanguinário ditador, que não hesita em matar quantos pode, e este oportunismo de grupos radicais islâmicos, que moldavam e aterrorizavam todo um povo bastante moderado e humanamente fantástico.

Numa gelada manhã de Inverno, na minha inocência, apreciava um bonito nascer do sol, num céu azul até perder de vista, e comentei com os locais que trabalhavam comigo: "Que lindo dia de sol!", mas a resposta foi pronta e muito clara: "Está um dia horrível, o céu está limpo, eles vão voar!" Engoli em seco, e congelei em silêncio, e não tardou muito a avistar um MIG da força aérea Síria a sobrevoar a zona, a escolher os alvos a bombardear. É no mínimo estranho sentirmo-nos um alvo só porque sim e aí, dei por mim a desconstruir uma verdade universal da minha visão mágica e holística da vida e da sua verdadeira essência: "Quando há Sol é para todos!" Não! Para alguns, um dia lindo, significa temer pela vida, e olhar os céus à mercê de maldades atrozes, e impotentes perante a força da ganância pelo poder.

"Quando há Sol, NÃO é para todos!"

Várias vezes refugiávamo-nos num *bunker* do hospital quando éramos sobrevoados por aviões ou pior ainda por helicópteros. Passei também noites no *bunker* de casa, quando os *rockets* aleatórios faziam tremer o chão estrondosamente, contudo, senti-me bem, pela magnitude do significado que dava à presença dos MSF, num cenário tão complicado.

Sou médico, fico feliz quando sinto que faço a diferença, quando salvo vidas. Salvamos muitas crianças, mulheres, velhos e novos, inclusive homens de grupos extremistas, que se calhar noutra circunstância nos poderiam querer fazer mal, mas nós não julgamos, nós salvamos vidas! Guardo com um prazer indescritível, momentos de horas e horas de trabalho para cumprir a missão a que me propus, e que define todos aqueles que acreditam nos mesmos ideais que eu! Será essa a minha grande conquista pessoal, as vidas que eu salvei e que no imediato me fazem sentir especial, e me motivam para continuar. Esta é apenas uma das razões que me faz tanto querer ir. A outra é bem maior! A outra é por ti que me estás a ler, é por todos aqueles que sei que os MSF representam por este mundo fora. É pelos milhares que não se conseguem fazer ouvir, que não querem mais guerras, que preferem mandar ajuda ao invés do ridiculamente estúpido contrassenso de mandar mais bombas.

Eu, Tu, Nós, os Médicos Sem Fronteiras, e muitos mais, levam à letra a premissa que sustenta a humanidade: Todos os Seres Humanos são Iguais!

O meu convívio de grande proximidade com o povo Sírio, em cujas histórias de vida me imaginava vezes sem conta, leva-me muitas vezes ao exercício, que embora doloroso, é onde eu encontro a minha alma mais bonita e acima de tudo mais honesta, ao me perguntar: E se fosse a minha família? E se fosse a minha casa? E se fosse o meu país? Que pensaria eu de uma inteira humanidade que (n)os abandonou?

"Quando há Sol, não é para todos!"

Passei lá o meu Natal. Tive saudades, mas não me custou muito. Custou-me sim, o dia em que me fui embora e um dos nossos tradutores, agora amigo Faut, me foi levar à fronteira por questões de segurança. Odeio despedidas, são demasiadas emoções, mas esta foi claramente a pior! Eu vinha embora, a caminho da minha segurança e conforto, e virava costas a pessoas que sei, porque o provaram, que davam a vida por mim. Foi neste turbilhão de emoções que o Faut de sorriso na cara, à medida que me afasto de mochila às costas, me diz: *"Don't forget about us, Gustavo!"*, e de rajada respondi: *"Never, my dear friend, never!"* Bati no coração com muita força e sorri, rapidamente virando as costas, para que ele não visse que me ia desfazer em lágrimas.

E com isto, podia contar-vos mais mil e uma histórias para que exercitassem algo que tem tanto de difícil como de importante: a capacidade de empatizarmos com vidas que nos parecem longínquas, e depois apenas e só agir como gostaríamos que agissem connosco.

Honestidade e Justiça, porque "Quando há Sol, Não é para todos!"

REFLEXÕES APÓS A TRISTE NOITE EM PARIS

A 13 de Novembro de 2015, ataques terroristas em Paris no Stade de France e na discoteca Bataclan fazem 130 mortos e centenas de feridos. O Estado Islâmico reclama a autoria do ataque. No dia 15 de Novembro, a França bombardeia a cidade de Raqqa, "capital" do Estado Islâmico.

O ódio alimenta-se de si próprio.

Opinar é importante, assim como não opinar! Ter a humildade para dizer que não temos opinião, é de uma sabedoria extrema, e sinal de enorme inteligência que poucos conseguem fazer, mas que eu faço questão de usar um sem número de vezes nas questões onde me sinto pouco ou mal informado. Este não é o caso. Aqui tenho uma opinião, aliás, várias e acho que as pessoas subestimam o poder da opinião, assim como o da não opinião! Ouço com frequência: "Há muitas crianças a morrer em África, mas eu não posso fazer nada" e com isto desculpamos a nossa inacção pela dimensão do problema e distância do mesmo. É claro que TODOS podemos fazer alguma coisa, nem que seja ter uma opinião, nem que seja votar nos que têm a capacidade de fazer alguma coisa, neste caso pela fome em África, que me preocupa mais do que se o IVA ou o IRS vão oscilar 1 ou 2%.

Eu tenho opiniões e convicções fortíssimas, dando-me sempre espaço para estar errado, pois as certezas absolutas são sinónimas de estupidez! E aí está uma das coisas que no nosso dia-a-dia podemos fazer em prol da paz no mundo: não ter certezas absolutas!

Certamente que as opiniões mais construtivas e completas, virão à medida que nos afastamos dos tristes eventos de 6ªfeira, 13 de

Novembro. O que me leva logo à primeira opinião: bombardear a já totalmente devastada cidade de Raqqa na Síria, no dia a seguir, é uma atitude inteligente? Não é! Revela uma vingança mesquinha, não ponderada, e provavelmente produz mais lenha para nos queimarmos! Dizem que mataram 130 elementos do Estado Islâmico (EI). É estranho que seja o mesmo número de mortos, não vos parece? E como sabem que são elementos do EI? E como sabem que não mataram civis? Muito estranho! E logo 130? Que coincidência!

O Terrorismo, como quase tudo na vida, depende do ponto de vista! O que aconteceu em Paris é Terrorismo, e penso que isso seja consensual. Mataram pessoas que nada fizeram, civis que não tiveram qualquer acto de violência prévio, que morreram apenas porque estavam lá, e porque alguém na sua plena consciência assim o decidiu! Este rótulo de "Terrorismo" serve para nós ocidentais podermos fazer o que quisermos e quando quisermos. Podemos pôr e tirar o rótulo conforme a nossa conveniência. O Hamas é terrorista, mas o exército de Israel não tem culpa de nada, pois é um exército legítimo! Sadam Hussein é terrorista, e por isso não tem mal, matar centenas de milhares de pessoas inocentes, sem qualquer propósito, contudo, os USA não são terroristas, nem os Ingleses, Espanhóis e Portugueses que os apoiaram em primeira instância... Ou seja, às 130 muito tristes histórias que nos comovem a todos de Paris, multipliquem por dez, e depois outra vez por dez, e mais uma vez por dez, e porque não outra por dez, e transportem as vossas lágrimas para todos estes Iraquianos que morreram sem ter feito mal a ninguém. Digam-me: quem é que são os Terroristas? O que me leva outra vez à questão da gigante importância da nossa pequenez: talvez se não tivéssemos eleito um senhor disposto a destruir um país, fomentando sofrimento e ódios, com um bocadinho de sorte, os outros países também não o tivessem feito e o Estado Islâmico não existia! A nossa opinião conta!

O extremismo Islâmico, na práctica, pode-se dizer que nasce da ocupação dos Soviéticos no Afeganistão e alimenta-se de uma forma sustentada, ideologicamente falando, de uma atitude bélica contra comportamentos Imperialistas em países Islâmicos. No final desta guerra, em 1992, apontam as suas já muitas forças, para aqueles ainda mais imperialistas, com propósitos de dominar e controlar o mundo, os USA, não os perdoando pela sua ambição desmedida de controlar tudo e todos (neste caso preocupados com os estados muçulmanos, claro).

Terrível, este fenómeno extremista, impenetrável na crença divina de interpretações do Islão que nasce não há muito mais de 100 anos no Egipto, mas que nos últimos tempos são centrados nos pensadores Wahabis da Arábia Saudita e países vizinhos. Como derrotar uma ideologia? Matando as pessoas??! Os USA saíram à rua para festejar (como nem no 4 de Julho) a morte de Osama Bin Laden, em Maio de 2011, mas nem vendo a Paixão de Cristo de Mel Gibson se aperceberam que matar uma pessoa só torna a ideologia mais forte! E então o que fazer? Nada, talvez fosse o mais inteligente!

O Islão tem culpa? Eu acho que não! É a religião mais populosa do mundo, tem 1,8 biliões de pessoas (e a brutal esmagadora maioria é pacífica). É verdade que a sua história é recheada de acontecimentos que envolvem a espada, ao contrário da vida de Jesus que é bem mais pacífica, o que não impediu os Cristãos das maiores alarvidades da história, quer em nome de Deus, quer em nome de nada. O Islão é feito de pessoas (grande novidade!!) e a maioria são boas. Na minha leitura, só tenho pena que não exista uma hierarquia mais bem organizada, que permitisse saber quem fala em nome do Islão! Um Papa do Islão para lhe podermos perguntar: O que acha de quem mata em nome de Alá? O que acha dos que apregoam em muitas mesquitas pelo mundo fora, actos de violência numa religião definidora da paz? Acho que deveria haver mais vozes "dominantes" por parte dos Mullahs e dos Imans, a condenar estes criminosos, mas repito: a maioria dos muçulmanos são pessoas maravilhosas que não fazem mal a ninguém, como todos nós!

Quem alimenta o EI? Para se fazer guerra é preciso muito dinheiro, não basta acreditar muito em Alá! E de onde vem esse dinheiro? Certamente não sei nem metade da história, mas eu salientaria três pontos:

1) Islão Sunita, ou seja, em primeira análise, aquilo que a maioria se esquece, não por mal, mas porque não sabe, o maior ini-

migo do Islão é o Islão, assim como acontece na Irlanda entre católicos e protestantes, mas a uma escala bem maior. O Islão que nós vemos como radical é Sunita e odeiam os Xiitas (que também sabem ser radicais), mas como são muito menos (apenas 20%) não nos dão aqui chatices. O EI nasce para combater o poder dos Xiitas no Iraque, imposto por nós ocidentais no pós 2003. Como Bashar Al-Assad, o terrível ditador da Síria também é Xiita, os Sunitas motivam-se para o derrubar neste xadrez do Médio-Oriente. E quem é que os motiva? Os Sauditas e também Dubai, Abu Dabi, Qatar! E quem é que dá maior negócio aos sauditas? Nós ocidentais! *Money talks!* O petróleo alimenta o extremismo Islâmico e somos nós ocidentais os maiores compradores!

2) O petróleo que o próprio Estado Islâmico vende no mercado negro. Quem o compra? Muita gente!

3) Resgates. Tem sido prática corrente, o rapto de ocidentais para comércio. Eu, como não tenho nada contra os USA, aqui lhes faço a minha vénia, porque não negoceiam com estes grupos e muito bem, mas todos os outros Europeus já pagaram milhões por algumas vidas ao EI, curiosamente, muitos franceses. Por isso, deixo aqui já o meu desejo em vida: se eu for raptado pelo EI, ou qualquer outra pessoa de má índole, deixem-me morrer, pois a minha vida, não vale mais do que as vossas!

Onde é que entra a Guerra da Síria? Há vários países ainda de rastos e sem resolução à vista pós primavera árabe (legítima e bonita luta pela democracia, digo eu!). Mas há dois países que estão feitos em MERDA: Síria e o Iémen. O que é que têm em comum? Uma questão Sunita-Xiita fracturante: o Iémen seria importante para explicar o NOJO que é a política externa da Arábia Saudita, entre outras coisas, mas interessa menos porque estrategicamente não tem tanto interesse como a Síria. A Síria vivia em paz, mas uma paz podre, liderada por um ditador sem coração, que nem hesitou em matar o seu povo, pois quem se opôs a ele foram os 70% da população Síria que são Sunitas. Os Xiitas prontamente apoiaram este sanguinário, diga-se Irão, Hezbollah (do Líbano), e outros grupos Xiitas do Iraque, mas também convinha à Rússia que as coisas continuassem como estão, assim como também à China. São poucos, mas bons! A resistência Sunita na Síria (o *Free Syrian Army*) teve o apoio do resto do mundo "indirectamente e às escondidas" e, como disse atrás, os radicais Sunitas do Iraque, também foram de braços abertos lutar contra os inimigos mais odiados, os Xiitas. E assim, a destruição de um país por uma muito triste guerra civil, tornou-se terreno muito fértil para a proliferação do extremismo Islâmico, numa questão absolutamente oportunista e parasitária!

E os Refugiados? Eu aqui talvez responda de uma outra forma, a ver se não me perco no meu raciocínio! Quem me conhece, sabe que eu estive na Síria, o que não me dá razão em nada, simplesmente me dá algo que é insubstituível, a vivência, a opinião bilateral (necessária para qualquer julgamento) e o incontornável exercício de nos pormos na pele dos outros antes de opinar! Ver pessoas na televisão é incomparável a viver com elas, daí a magia de viajar, seja qual for o motivo ou o destino. Para mim, a solução para este que é o maior problema do séc. XXI, passa pela proximidade, passa pelo cruzamento de vidas, pela compreensão mútua, para chegarmos ao respeito pela diferença! Tenho a forte convicção de que qualquer um dos que me lê, que tenha a sorte como eu tive, de viver no Afeganistão, Paquistão e Síria, países chave, nesta problemática, perceberão que as pessoas são igualmente maravilhosas como todos nós, e jamais terão grandes dúvidas sobre o que são estes povos. O médico que fez o meu parto era preto, como poderei eu ser racista? No dia em que as vossas vidas forem tocadas por alguém que reza de joelhos cinco vezes por dia, nunca mais irão tolerar um discurso anti-Islâmico!

O Ódio é exponencial e alimenta-se de si próprio. Lembrem-se que o vosso dia-a-dia é a solução para a paz no mundo! A vossa opinião, conta! É mais forte do que parece!

É tão óbvio que precisa de ser dito: AMEM e AMEM-SE, FODA-SEEEEE!!

SÍRIA
PROVÍNCIA DE IDLIB - 2013

Área - 0,19 milhões de km²
População - 18 milhões de habitantes

É aqui que começa a história das civilizações, na Mesopotâmia. E por isso, as suas principais cidades com mais de 3 mil anos contam a história da humanidade e do percurso das religiões judaica, cristã e muçulmana.

Fez parte do Império Otomano e quando este perdeu a primeira guerra mundial, o Médio-Oriente foi dividido a belo prazer entre a França e o Reino Unido, sendo que a Síria calhou aos franceses.

Após se libertarem da influência dos europeus, sofreu grandes lutas pelo poder até se tornar num estado independente, o que aconteceu logo após a segunda grande guerra.

Período de políticas turbulentas e à semelhança de todos os estados árabes da região, vários conflitos com Israel levaram a instáveis alternâncias de poder até à chegada de Hafez Al-Asad (1970). Um ditador que tomou o poder à força e sempre abafou toda a resistência interna com crueldade, tendo ficado na história pelo massacre de Hama, onde ordenou o seu exército a matar dezenas de milhares de civis apenas porque levantaram a voz em tom de protesto.

A sua morte no ano 2000 levou ao poder o seu filho médico, Bashar Al-Asad. Houve esperança de renovação, mas não durou muito. Bashar deu continuidade ao regime ditatorial, repressor e sanguinário do seu pai.

Importa dizer que a família Asad é xiita e estes 13% da população sempre dominaram os quadros do poder, contra uma maioria de 75% de sunitas. A completar o quadro das religiões há ainda uma fatia de 10% de cristãos.

Embalados pelas diferentes revoltas populares da Primavera Árabe, o povo sírio sunita em 2011, sai à rua em protesto contra o poder instituído, exigindo liberdade e democracia. A resposta do presidente Bashar foi brutal ao não hesitar matar todos que a ele se opusessem.

A guerra civil instala-se em todo o território, dividindo essencialmente os sunitas de todos os outros protegidos pelo regime. Os curdos aproveitam para tentar ganhar controlo sobre os territórios onde habitam.

Há uma grande quantidade de dissidentes do exército sírio que formam o exército libertador do Síria (Free Syrian Army).

Diferentes interesses internacionais tentam influenciar o resultado do conflito. A apoiar o regime sírio declaradamente temos o Irão e o Hezbollah por quererem que os regimes xiitas dominem a região, e os russos porque têm interesse em manter os seus únicos portos no mediterrâneo. A apoiar os revolucionários, temos os países árabes sunitas: Arábia Saudita e EAU assim como o ocidente e a Turquia por outros interesses.

Há vários grupos extremistas que pela sua natureza sunita abraçam a causa do lado da oposição, como a Al-Qaeda, e mais tarde vindos do Iraque em 2013, o Estado Islâmico. Estes grupos têm agendas muito diferentes daquela que deu origem à revolução e por isso dentro da oposição há inúmeros confrontos.

Catástrofe humanitária sem precedentes, pelo número de mortos que ronda os 500 mil, pelo êxodo de refugiados que ultrapassa os 5 milhões e mais ainda pelos cerca de 9 milhões de deslocados internos.

Chegou a hora

A carga emotiva é tão grande que parece que as ditas vivências da Síria nunca foram suficientemente processadas, mas chegou a hora de enfrentar o touro pelos cornos, e começar a deitar cá para fora, como sempre sem saber muito o que daí virá…

Foram muitas noites sem dormir, cesarianas a meio das noites gélidas, várias situações de grandes influxos de vítimas dos bombardeamentos e noites passadas com o coração nas mãos a sentir a casa tremer com as bombas a cair. Ainda assim, terá sido nos momentos de entrada e de saída que tive os momentos de maior intensidade nesta minha missão, no norte da Síria, na província de Idlib, não muito longe de Allepo, bem nas linhas da frente de combate, em finais de 2013. A guerra caminhava para o 3ºano, num momento duma viragem catastrófica que nos enchia de calafrios até ao dia de hoje: o aparecimento do Estado Islâmico.

A viagem começa no processo de decisão e até esse foi doloroso. O ano de 2013 foi o pior ano da minha vida, por problemas pessoais cuja responsabilidade só posso imputar a mim. Sofri horrores, bati muito tempo com a cabeça nas paredes em desespero e tive que ir buscar forças que não sabia que tinha. Como quase sempre, na face de grandes problemas, a vontade instintiva era a de fugir e eu tinha uma fuga muito fácil e que adoro, que se chama: Médicos Sem Fronteiras. A tentação de ir, de fugir estava sempre ali tão perto, mas eu fiz-me homem, segurei-me e fiquei, e consolidei a passagem pelo cabo das tormentas o melhor que soube. Nada disto passa, mas vai passando. E passado um ano, para ter a certeza que nenhuma decisão era tomada a quente, decido mudar de vida: sair do hospital que me formou e viu crescer como pessoa e como médico durante 15 anos, e oferecer-me pela quarta vez para trabalhar com os MSF. Mal podia esperar voltar a sentir o coração a bater na esperança de dar vida, e alimentar a minha. Tinha chegado a hora, e que alívio que era, sair um pouco da prisão que tinha criado dentro de mim.

Lembro-me, com memórias de transparência cristalizada, de ler, e reler, e reler, e reler, e reler outra vez, quase como um robot autómata, o *email* que me propunha a ir na próxima missão na Síria – Idlib. Sinto o corpo todo a tremer e não sei diferenciar ou dosear o chorrilho de emoções que me atravessam o corpo como choques eléctricos, enquanto releio o *email* já sem o ler. Tinha medo de morrer, vontade de viver. Medo de magoar quem mais gosto, vontade de voltar a voar. Medo de me voltar a perder, vontade de fazer a diferença. Medo que seja cedo, vontade que seja agora. Penso no mal que tenho feito aos que mais gosto, mas tenho que ser honesto com o meu coração. Vejo a minha vida toda em minutos e depois em horas, mas a decisão estava tomada à partida, chegou a hora de voltar a ser feliz: e fui!

Tento sempre estar atento ao que se passa no mundo e acompanhei bem de perto os momentos principais de toda a Primavera Árabe. A história de vida simbólica do vendedor ambulante tunisino que se imolou pelas injustiças de uma sociedade opressora, criou em todos que acreditam na democracia e liberdade, uma força que ficará na história como catalisadora de uma mudança. Vários regimes ditatoriais do mundo árabe abanaram e caíram perante um povo que exigia uma vida mais digna e um mundo melhor. Tunísia, Líbia e Egipto expulsaram os respectivos líderes e ditadores e na Síria um grupo de adolescentes, em Março de 2011, escreveu um graffiti na parede da escola: "O próximo és tu, doutor!", referindo-se a Bashar Al Assad que é médico. Estes jovens foram presos, torturados e electrocutados durante semanas. O povo saiu à rua, exigindo que os libertassem e a resposta foi à lei da bala por parte do exército Sírio: estava instalada a revolução e a guerra civil, das mais mortíferas e maquiavélicas de que há memória.

A minha vontade de ir, vinha na mesma proporção dos apertos no coração que as imagens e relatos de sofrimento deste povo me faziam sentir. Já tinha estado em três guerras, mas esta adivinhava-se como muito mais impactante na minha história de vida e despertava em mim um medo que me congelava os pensamentos, mas que teimei em resistir.

Marcou em mim, um antes e um depois. A importância desta missão enche-me de orgulho, pois mais do que nunca, o propósito dos MSF fazia sentido. Muito mais do que os feridos de guerra, que são muitos, é toda uma população que ficou despida de cuidados de saúde básicos e diferenciados, tornando a mortalidade exponencialmente superior à causada pelas bombas.

Às vezes, perguntam-me: "Porque é que vais?" Eu não digo nada, sorrio em silêncio e respondo para mim: "Como é possível não ir?"

Em Sentido Contrário (1)

Tudo começa naquele local repleto de magia, o aeroporto, onde sinto o romper do cordão umbilical ao passar o controle de segurança. Respiro fundo e estou sozinho. Eu contra o mundo! Gosto dessa sensação, a de já não poder olhar para trás e de só para a frente estarem concentrados todos os meus pensamentos, nesta missão que me marcará para todo o sempre. Olho à minha volta e sou apenas mais um, mas dentro de mim, sinto uma força, uma energia, uma vontade de vencer inabalável. A cada contacto com desconhecidos, há uma voz dentro de mim que me domina: "E se soubesses para onde eu vou?"

Em três voos seguidos, ponho-me já bem na fronteira com a Síria e aí, pelas caras, pelas roupas dos MSF apercebo-me que neste último voo já vinha parte da minha nova família. Ali já estávamos cinco elementos da futura equipa do hospital do norte da Síria. Não nos conhecemos, mas identificamo-nos de imediato, com expressões e linguagem comportamental semelhantes, um misto de excitação, cansaço, medo, entusiasmo e muita vontade de trabalhar.

O hospital onde eu trabalhei tinha sido encerrado semanas antes pela crescente presença de grupos radicais a que nós hoje chamamos hoje de Estado Islâmico. O Verão de 2013 foi um período de transição/modificação daquela que era a conjuctura dos territórios controlados pela oposição ao regime. Esta crescente presença e repressão de grupos radicais, rapidamente criou enormes condicionalismos na população síria, e claro no trabalho dos Médicos Sem Fronteiras. Mullahs e Imãs, na sua maioria vindos do Iraque, povoavam as mesquitas da região, alterando as "regras do jogo", e assim impondo uma versão do Islão altamente repressora e punitiva, algo completamente diferente da prática da esmagadora população síria, bastante moderada e equilibrada na sua forma de estar na vida. Cabia-nos a nós reabrir o hospital e assim dar de novo alguma esperança àquele enorme pedaço de terra no norte da Síria, totalmente desprovido de estruturas de saúde.

Do aeroporto vamos directos para o hotel, onde nos esperava a nossa chefe. Ela já estava lá, há várias semanas, a planear e orquestrar o regresso à Síria, e a reabertura do hospital. Ainda estava meio desorientado da viagem, e já estava a ser bombardeado com informação. A minha chefe, tinha 60 e muitos anos, era enfermeira de profissão base e já com uma experiência de MSF absolutamente incrível. De imediato, entre cigarros consecutivos, começou a abrir mapas por cima das camas do seu quarto, sobre aquilo que seriam os nossos próximos dias. Pouco tempo antes, a Turquia facilitava a passagem de elementos dos MSF por uma fronteira improvisada que não era mais que um arame farpado (que eu viria a conhecer mais tarde) e que encurtava bastante o trajecto, mas com esta opção posta de parte, teríamos que dar uma enorme volta passando pela fronteira oficial na cidade turca de Killis. E o grande problema começa a partir daí, quando a minha chefe nos mostra no mapa as inúmeras áreas em que ao fazer os cerca de 300 quilómetros por dentro de território sírio até chegar ao destino final, estaremos bastante expostos aos bombardeamentos frequentes. As estradas são escolhidas minuciosamente na tentativa de serem protegidas pelas montanhas, mas algumas partes sombreadas a lápis cor-de-rosa no mapa, colocam-nos à mercê dos bombardeamentos frequentes do regime sírio. É difícil não engolir em seco com a antevisão destes perigos, mas paralelamente, a importância da nossa missão parece crescer ao minuto e a vontade de fazer o que me propus assim acompanha.

Esta cidade, embora a escassos quilómetros da fronteira com a Síria, parecia ter todo um funcionamento normal. A sul, uma parede de montanhas separava aquela cidade turca do maior inferno na terra do momento, a guerra da Síria. Depois da dita reunião, fomos beber um copo para descontrair e nos conhecermos. A conversa é boa, mas não consigo parar de pensar no que está a acontecer mesmo a sul, embora pareça tudo tão calmo e normal. Fui dormir cheio de vontade do dia a seguir, mas durante toda a noite, ouvi bombardeamentos ou achei que ouvi, porque pelos vistos tinha sido o único. Era tudo da minha imaginação.

A viagem da cidade até à fronteira não me deixou grandes memórias, mas a aproximação da fronteira, começou a abalar a minha estrutura. Campos e campos e campos de refugiados até perder de vista, a nascerem por todos os lados. A fuga da guerra, e a esperança de voltar mal esta acabasse, estacionou-os logo ali no primeiro ponto possível de quem saíra do norte da Síria em linha recta com Allepo e de tantas outras cidades importantes. É sufocante, asfixiante, desconcertante ver tanta a gente viver em tendas de plástico, mais ou menos improvisadas, com condições limítrofes de sobrevivência. É assustador e revoltante.

O assistente sírio da minha chefe dá a notícia pelo telefone a elementos do hospital na região de Idlib para onde íamos, informando que já estávamos na fronteira e que em breve iríamos reabrir o hospital. Do lado de lá do telemóvel, ouvem-se gritos de alegria que nos aquecem a todos o coração. Nessa noite, dormimos ali, antes de passar a fronteira bem de manhãzinha. Escusado será dizer que há um "nervoso miudinho" que nos domina antecipando toda uma aventura que ainda nem começou. Vamos beber um copo e fumar shisha ao único bar da zona que vende álcool. Seria o último durante muito, muito tempo, pois na Síria a tolerância é zero por questões de segurança. Nesse bar, o avançar da conversa, a troca de diferentes sabores de shisha, e a construção de espírito de família de quem ia viver e trabalhar junto dia após dia sem folgas num ambiente de grande stress, é contagiado por um grupo de sírios todos do sexo masculino, com roupas de quem estava bem na vida, e que começa a dançar com um ânimo e uma festividade como se celebrassem um casamento. Trocavam sorrisos na nossa direcção e já bem bebidos, dançavam como se não houvesse amanhã. Até aí, tudo normal, o detalhe que me marcou até hoje foi quando começaram a lançar notas para o chão e quanto mais dançavam, mais notas atiravam para o mesmo chão onde dançavam. Seriam uns sete ou oito, de várias idades, que se abraçavam, riam, gritavam e dançavam aos ritmos hipnotizantes árabes e/ou turcos. Observava-os disfarçadamente, mas dominavam completamente os meus pensamentos. A energia que transmitiam era uma mistura de alegria dum casamento com a tristeza de um funeral. Imagino uma salada de emoções de quem sente alívio por passar a fronteira e fugir a esta guerra estupidamente mortífera, com a tristeza de quem deixa para trás a sua amada pátria, sabe-se lá com quantos entes queridos ainda à disposição das atrocidades desta guerra.

Imagino que deixar/desistir da sua pátria e tudo que ela representa, será como abandonar para uma morte certa, a nossa própria mãe.

Em Sentido Contrário (2)

Nunca me esquecerei desse dia, pois entrar para dentro (perdoem-me a expressão) de uma Guerra não é todos os dias. Dormi algo em sobressalto, num enorme quarto para quatro homens, num hotel muito antigo. De imediato, sinto aquele friozinho na barriga, do "é hoje!", que me deixou com todos os sentidos muito alerta. Ainda houve tempo para aquele café pensativo, onde vemos a vida toda a passar pela frente, e nos perguntamos algumas vezes: "O que estás aqui a fazer?" Mas na verdade, nenhuma hesitação, a determinação domina-me! Fomos de carro até à fronteira, e depois a fronteira propriamente dita terá que ser atravessada a pé. Há fronteiras e fronteiras, mas atravessar aquela fronteira para a Síria, é como mergulhar para dentro de um vulcão onde ninguém quer estar.

A mochila às costas e todos os sacos que conseguíamos levar para o projecto, deixaram-nos a todos muito carregados. Na fronteira, à parte de milhares de refugiados, tudo parecia normal. Carimbo no passaporte de saída do país e pernas ao caminho. Mas, ao contrário do normal, em que um carimbo leva a outro, aqui era um carimbo para lado nenhum, ou pelo menos para nada normal no que a um país diz respeito, porque do outro lado, o "controlo fronteiriço" era feito por uma série de homens armados de barbas longas e túnicas negras, que simplesmente viam quem estava a passar, e intervinham se lhes apetecesse. Naquele momento, metiam-me medo, mas depois passou a ser o meu dia-a-dia.

Ainda na travessia a pé, muito carregado, estava mergulhado pela sensação de estranheza por ir em sentido contrário. Milhares passavam ou tentavam passar esta fronteira para entrar na Turquia, mas ninguém queria/quer entrar na Síria. Muito perturbante absorver os olhares dos que se cruzam por nós no sentido contrário, com tanta dor e sofrimento às costas. Por esta altura, a guerra aproximava-se dos 3 anos, e já todos, mas todos têm histórias de famílias desaparecidas, ou familiares mortos, casas destruídas, vidas arruinadas, e uma total luta desesperada pela sobrevivência. Tudo isto em cada olhar de tantos e tantos que passaram por mim, lado a lado, naquela travessia de 1 ou 2 quilómetros. Triste, mas ajudava-me a reforçar a compreensão do porquê de estar ali.

Já na Síria, esperavam-nos carros para darmos início a uma viagem que seria muito longa.

Ainda passámos por um projecto/hospital dos MSF logo ali na fronteira, antes de começarmos a percorrer os muitos quilómetros por onde iríamos passar nas estradas rurais, tentando ficar o mais "escondido" possível pelas montanhas, no que diz respeito aos bombardeamentos extremamente frequentes. Pelo menos, era isto que me explicavam, pois eu não percebo nem metade do que se está a passar ou o porquê! Esta viagem marcou-me bastante, como não poderia deixar de ser. Estive horas e horas colado à janela do carro, a tentar perceber como é que era possível deixarmos chegar uma desgraça a tal dimensão. Quase todas as vilas e aldeias estavam desertas, sem vivalma, sem nada ou ninguém para contar a história, com casas semidestruídas pelas bombas, onde conseguíamos espreitar e ver que um dia lá tinha vivido alguém. Demasiado triste ver tantas aldeias desertas, e pensar nas tantas histórias de vida de quem tudo deixou para trás para fugir das bombas. Haverá tristeza maior do que uma guerra destas?

Pelo caminho, passavam por nós várias carrinhas todas com o mesmo estereótipo: uma *pick-up* com homens com cara de mau, de barba comprida, lenços pretos na cabeça, cheios de metralhadoras, e a levarem na parte de trás da carrinha uma enorme metralhadora montada com um ou dois homens, prontas a disparar. As histórias de que grupos radicais islâmicos ganhavam mais e mais preponderância por estas áreas, com uma atitude repressora e ameaçadora para com tudo e todos, deixava-me sempre em sobressalto a cada passagem duma destas *pick-ups*, nunca sabendo quem é quem, assim como nas muitas paragens em *checkpoints*, onde nunca sabíamos muito bem o que esperar. Por estes grupos fomos por exemplo proibidos de levar máquinas fotográficas ou de tirar uma fotografia com outro aparelho qualquer.

Ainda nos faltava um pedaço quando começou a anoitecer, pelo que tivemos que pernoitar num outro projecto dos MSF, ainda longe do nosso destino. Foi a minha primeira noite na Síria, e como regra a saber, a primeira coisa que nos explicam, é como e para onde fugir no caso de as "coisas se complicarem". Aqui já há gente e uma pequena cidade que vai funcionando (por estar algo protegida pelas montanhas). Sinto-me melhor, pois estou no meio da população. De alguma forma, é bom ser apenas mais um. Não há tempo a perder, todos os elementos da equipa médica fazem uma reunião nessa noite para começarmos a alinhavar a distribuição de funções. Tivemos que reiniciar um pequeno hospital, os desafios eram mais do que muitos, e a vontade de ser útil era enorme.

Dormi muito mais tranquilo e cheio de vontade de começar a trabalhar e logo cedo fizemo-nos à estrada. A parte do caminho que faltava, já era bem mais populosa, e assim vou começando a ver/conhecer a gente e o país. Muitos mais também eram os *checkpoints* de grupos armados, e eu sempre com a mesma apreensão, não fazendo a mínima ideia sobre quem era quem, no momento em que nos param na estrada. Depois, explicava-nos o nosso tradutor de quem se tratava e o que tinham dito. Uma ou outra vez, preocupei-me ao ver feições europeias em alguns destes homens pois sabia que esses seriam certamente radicais... ainda que as barbas e as vestes fossem as mesmas.

Depois de curvas e mais curvas numa zona bastante montanhosa, finalmente chegámos à aldeia que durante uns tempos eu iria chamar de casa. A perplexidade dos locais ao verem-nos chegar é indescritível, imagino eu num misto de agradecimento com incompreensão, de como poderia estar a chegar gente de tão longe àquele inferno. Mas naquele momento, os sorrisos e um brilho bem forte nos olhos dominam as suas expressões: "Os Médicos Sem Fronteiras voltaram!" Pelos menos este dia, era um dia bom naquelas vidas.

Pousámos as coisas na nossa nova casa, homens para um lado e mulheres para o outro, e depois fomos para o hospital que ficava 2 ou 3 quilómetros montanha acima.

O hospital não era mais do que um grande armazém transformado de uma forma muito simples, com serviço de urgência, bloco operatório, internamento, laboratório e maternidade e como as notícias correm rápido, já nos esperava uma boa parte do nosso *staff* sírio! Foi um êxtase, nunca senti uma recepção tão calorosa, ninguém se conhecia, mas a alegria de nos verem era enorme. Fomos recebidos com palmas, abraços e sorrisos de quem estava maravilhado por nos ver.

Uns meses antes, os MSF tomaram a decisão de evacuar este projecto por razões de segurança. O hospital ficou "abandonado" durante uns meses, suspendendo todas as actividades médicas, o que terá levado certamente a que morresse muita gente que poderia ter sido salva.

Emoções muito fortes! Ainda não tinha feito nada como médico e já dava a minha missão como recompensadora ao ver a alegria desta gente ao perceber e sentir que iríamos reabrir o hospital. Numa guerra terrível e mortífera, a serem chacinados às centenas de milhares, durante quase 3 anos, e com a crescente ameaça dos grupos radicais, o povo Sírio não tinha muitos motivos para sorrir. Mas, hoje, completamente em sentido contrário, Os Médicos Sem Fronteiras voltaram! E eu estava super feliz por ali estar.

Sou um Alvo

A Síria tornou-se no palco de guerra mais sangrento que há memoria! Imaginam se fosse no vosso país? Imaginem, porque eles também não o imaginavam. A tristeza de ter esta ferida tão sangrenta e tão aberta, fez também com que viesse ao de cima o melhor de muitos seres humanos. Encontrámos uma motivação para trabalhar que vai muito para além do humanitário. Não há palavras para descrever a dedicação e entrega dos que "lutam", trabalhando e arregaçando as mangas sem armas, salvando vidas pelo seu país. Trabalhar lado a lado com o povo Sírio foi de longe dos maiores privilégios que tive na minha vida.

E assim, durante uns dias, a nossa equipa de expatriados, juntamente com a maioria do nosso *staff*, trabalhavam de gás a fundo, para que o hospital voltasse a estar operacional. Com isto, as vidas iam-se cruzando, e as histórias de vida de cada um, iam-nos apertando o coração até não conseguir respirar. A cada passo, mais certeza tinha que mais do que tudo era ali que queria estar. A mim coube-me de início ver se o bloco operatório estava operacional, no que à minha parte de anestesista dizia respeito, assim como a zona de reanimação do recém-nascido. Rapidamente me mostrei disponível para ajudar noutro sítio qualquer, pois o nosso bloco tinha tudo e bem organizado. Dei uma mão e uma vista de olhos na esterilização, que por sua vez funcionava com umas senhoras de muito pouca conversa (em inglês), mas muito rigorosas, metódicas e profissionais. E depois, enquanto os meus colegas faziam as suas tarefas nas diferentes áreas do hospital, como a farmácia, serviço de urgência, maternidade, enfermaria, ambulâncias, eu fui parar ao laboratório. Quem diz laboratório, diz Banco de Sangue, pois eram as suas funções praticamente exclusivas.

Os MSF, com a sua superorganização, têm um livrinho só sobre transfusão sanguínea. E eu que nada percebia sobre o lado laboratorial do tema, pus-me a estudar esse livrinho de uma ponta à outra. Uma vez no Congo, vi uma rapariga de 17 anos a morrer nas minhas mãos porque alguém se tinha enganado na grupagem sanguínea. Traumatizou-me bastante esse momento, pois foi daquelas mortes completamente evitáveis, e em frente aos meus olhos. E tudo o que eu não queria era que isso acontecesse, e juntamente com alguns locais que já tinham experiência, recapitulámos as regras vezes sem conta, até termos os passos todos automatizados nas nossas cabeças. No frigorífico estava ainda bastante sangue com meses de colheita e tudo teria que ser deitado fora. Como sempre, há muita coisa que fica *"lost in translation"*, pois o meu árabe só dá para meia dúzia de palavras. Nestes entretantos, ainda o hospital não estava aberto e já tinham feito correr a palavra de que estávamos disponíveis para colher sangue. Quando ponho a cabeça de fora do compartimento que era o laboratório, vejo uma fila interminável de gente, novos e velhos, homens e mulheres, desejosos para dar sangue! Vieram-me as lágrimas aos olhos de ver aquela gente, tanta gente, com tanta vontade de "lutar" pelo seu povo, mas sem levantar armas. Enquanto se deitavam na cadeira das colheitas, não hesitavam perante a grossura da agulha ou as mãos firmes do enfermeiro, e diziam-me: "Tudo farei para salvar a minha pátria", "Não sei se não serei eu a precisar", "Já perdi muitos da minha família por falta de sangue". E assim, ia conhecendo o coração daquela gente e o seu inspirador amor à pátria. Pediam-me para encher dois sacos e perguntavam quando podiam vir outra vez. Os que recusávamos por idade avançada, davam meia volta com olhos húmidos por não poderem contribuir para salvar o seu país... "Doutor, eu sou forte, eu posso dar sangue!", imploravam-me, ainda que se o seu aspecto exterior fosse de quem já não comia há uns dias. Gente humilde com um coração como eu nunca vi.

No sangue a correr, eu via a história recente daquele povo e eles viam uma forma corajosa de lutar pelo seu país, pela liberdade e democracia. Para mim, a inspiração chegava a cada segundo.

Assim, enchemos o frigorífico de sangue verificado para as principais doenças contagiosas, com o grupo sanguíneo ABO e Rhesus, confirmado e reconfirmado. Reabrirmos o hospital e sabíamos que seria apenas uma questão de muito pouco tempo até precisarmos de muito mais sangue. Eu, para além de aprender muito sobre a vida, aprendo também sobre muitas áreas da medicina que normalmente me estão demasiado distantes. É agradável a sensação de saber o que é preciso para fazer um banco de sangue.

Já era bem de noite e estava bastante frio, quando acabei o meu dia de trabalho e saí do hospital para respirar profundamente sobre os meus pensamentos. Ao cruzar-me com os guardas do hospital, fico sempre maravilhado pelos seus sorrisos, no entanto, apetecia-me estar sozinho, como tantas outras vezes e dei uns passos em direcção à vista (ainda que nocturna) para as montanhas. Começo a imaginar o tudo e tanto que se passa em redor destas montanhas ensanguentadas, quando começo a ouvir, primeiro muito ao longe depois bastante mais perto... Não tenho dúvidas, mas como a minha mente já me pregou algumas partidas, dou uns passos atrás no sentido dos guardas do hospital, que claramente lêem nos meus passos e nos meus traços, a surpresa de quem está a ouvir aquilo pela primeira vez. "Sim, Doutor, é a música da Síria!!", dizem-me a rir-se. Bastou-me chegar ao segundo dia para ouvir de bem perto os bombardeamentos.. "Pum, pum, pum... pum, pum, pum !!!" Bem ritmado, bem intenso, bem forte cada estrondo das bombas cair, sei lá onde. Esta era a minha quarta guerra, mas tal nunca tinha ouvido, e bem que me impressionou. O humor resiliente destes amistosos guardas ajudaram-me de sobremaneira a aliviar o aperto que tinha no coração. Um homem desconhecido que ia a passar na rua disse-me: "Doutor, o Bashar Al-Asad disse que no final desta guerra só ficarão seis milhões de Sírios!", num inglês muito básico, fazendo referência à vontade do regime exterminar os 70% de Sírios sunitas. "Mas nós, Doutor, estamos preparados!! Por cada um de nós que ele mate, nós fazemos dois filhos!!", concluiu rindo-se às gargalhadas.

Foi o primeiro dia de muitos, a sentir-me uma potencial vítima dos bombardeamentos, e abriu-me o pensamento para áreas nunca antes viajadas. Era um alvo! E embora goste muito pouco de clichés, esta missão mudou por completo a minha vida.

Céu Limpo

Nunca compreenderei, nem nunca vou deixar de admirar a resiliência de alguns povos. Se acreditar e lutar pela democracia parece algo tão linear, quando nos apontam uma arma à cabeça, nunca saberemos até onde tremem as nossas convicções.

Tendo em conta que a minha passagem pelo norte da Síria, coincidiu com o Inverno, vejo no frio um dos maiores desafios ao carácter e à resiliência. Já passei por vários locais com temperaturas muito baixas, como o Afeganistão por exemplo, abaixo dos -20ºC muitas vezes, mas nunca tive tanto frio como na Síria. Apesar de dormir numa casa de tijolo, e com alguns aquecedores a lenha, passei dias e noites a morrer de frio. Estava sempre com frio, sempre! Durante o dia, usava dois pares de calças e trabalhava permanentemente de casaco de penas, e ainda assim quando estava sentado, passava o tempo a esfregar as pernas para me aquecer, o que parecia nunca acontecer. De noite, dormia com dois fatos de treino e vários pares de meias, dentro de um saco de cama de alta qualidade (tipo subida do Everest), com três cobertores grossos por cima. De gorro a tapar as orelhas, pouco ficava da minha cara para respirar. De manhã, a temperatura dentro e fora da casa era quase igual, e assim divertia-me com o meu bafo de vapor de água ao acordar, ou então ao abrir o frigorífico, com a ironia de estar mais quente lá dentro do que na cozinha. O chuveiro era quente e era dos poucos momentos em que me sentia confortável com o meu corpo. E assim os dias iam passando, cheio de frio! Mas claro, eu não me podia queixar, tinha condições de vida muita acima da média dos que me rodeavam. Ao fechar os olhos de noite, as imagens que dominavam os meus pensamentos eram dos milhares ou milhões de refugiados e deslocados, que estavam a passar por este Inverno rigorosíssimo, em tendas de plástico congeladas, e sem as condições mínimas de vida. Crianças, mulheres, velhinhos, doentes a morrer de frio, sem um pingo de conforto, sem laivos de humanidade. E se da guerra, são as mortes de sangue, que mais nos assustam, estarão certamente muito mais mortes na cruel contagem das consequências indirectas da guerra, como os milhares que morreram de frio, quer na Síria, quer nos países que mais albergam refugiados Sírios, ou até mesmo já na Europa. Milhares morreram de frio ao fugirem das bombas e é triste.

Um dia de manhã, contrastando com os dias quase sempre cinzentos de frio e neve, estava um céu limpo e um sol radiante. Aquilo a que todos nós chamaríamos de um dia bonito. E assim, dentro do carro, que me levava de casa para o hospital, comento com o chauffeur: "Que dia tão bonito de sol, finalmente!" A expressão do chauffeur quase me disse tudo, mas ainda acrescentou: "Não, Doutor, isto não é um dia bonito. O céu está limpo, eles vão voar!" Congelei sem resposta e engoli em seco a minha *gaffe*. Fiz o resto do caminho, hipnotizado a olhar para o céu limpo, e este novo sinónimo de dia de sol nesta parte do mundo.

Depois de chegar ao hospital, não tardou muito a sermos sobrevoados. Rapidamente soam os alertas de todos para todos: " MIG, MIG, MIG!!!" "Avião, avião, avião!!" O alerta é claro, e os passos a seguir também são bem conhecidos por todos. Vai tudo para o *bunker*! Não há lugar a perguntas ou hesitações. Vai tudo para o *bunker*.

E assim, todo o *staff*, assim como todos os doentes com condições para se deslocarem, metem-se entre as paredes, escuras, frias e grossas do *bunker*. Algumas grávidas em trabalho de parto, em grandes dificuldades, outras acabadas de ter o bebé ainda muito fracas, com a ajuda das enfermeiras, lá iam para o *bunker*, bem como muitos outros doentes, cujas doenças ou traumatismos não os impedissem de dar uns passos e ficar de pé. Os outros ficavam no hospital mais vulneráveis, embora na realidade o *bunker* servisse apenas para diminuir as probabilidades, pois se uma bomba nos caísse em cima, já não teria histórias para contar.

Estes momentos no *bunker* do hospital são estranhos. São frios, húmidos e muitos escuros e reconfortávamo-nos uns aos outros, com risos e piadas nervosas, na esperança de não sermos nós os escolhidos para ser o alvo. Os céus são vastos, e os potenciais alvos daquele dia imensos, mas sabe-se lá o que vai na cabeça daquele piloto, pronto a deixar cair morte, tragédia, sofrimento e destruição. Tenho muita dificuldade em compreender os líderes raivosos embriagados pela sede poder, responsáveis por tantas mortes, mas também aquele que prime o gatilho. Como pode dormir este homem à noite? Como pode viver com a sua consciência ao chegar a casa, sabendo que largou bombas com mais ou menos critério e que matou dezenas ou centenas de inocentes, de mulheres e crianças? Quem são estas pessoas que não se questionam? Só podem estar com o cérebro lavado e paralisado por maldade e ódio.

Uma ou outra vez, ao sermos sobrevoados, ficámos no bloco operatório, e assumíamos o risco de ficar mais vulneráveis para não deixar morrer um paciente. Parece-me óbvia e inquestionável a opção, mas apenas nós, os envolvidos na cirurgia e os doentes mais graves ficávamos para trás. Probabilidades, é tudo uma questão de probabilidades.

Se os MIG assustavam bastante, pelo menos na minha pele, os helicópteros muito mais. A cada passo que um destes dois se aproximava do hospital, lá íamos todos para o *bunker*. Talvez por voar mais perto e mais lento, ou por fazer mais barulho, ou até talvez pelas imagens tenebrosas que tinha na cabeça a deixarem cair *"barel bombs"*, muitas vezes em mercados, escolas ou hospitais, os helicópteros causavam-me particular desconforto. Nestes momentos, restava-nos esperar que aquele dia não fosse o nosso dia, e que aquele que nos sobrevoava, não decidisse premir o gatilho por cima das nossas cabeças.

Foram dias e dias de entra e sai do *bunker*, sem saber o que nos esperava. Algumas das vezes acabávamos por ouvir o mega estrondo ao longe, e mais tarde a chegada de dezenas de feridos. Nunca fomos um alvo do regime Sírio de Bashar Al Asad, enquanto eu lá estive, no entanto, alguns dados atestam que apenas em 2016, pelos menos 70 estruturas de saúde foram alvo de bombardeamentos, fazendo do ataque a hospitais uma declarada forma de guerra. Veremos algum dia os responsáveis por estes actos hediondos sentados no Tribunal Internacional a ser julgados por crimes de guerra?

Talvez preferisse o frio e a neve aos dias de... Céu Limpo!

Estado Islâmico

Como eu o vi. Como eu o senti. Como o povo Sírio mo fez ver. Não pretendendo substituir os grandes conhecedores e especialistas destas temáticas, mas há algo que me leva a ter legitimidade de dizer algo construtivo: EU ESTIVE LÁ! Essa vivência pessoal é insubstituível, incomparável e pretendo que seja sempre construtiva no meu crescimento pessoal, mas também sinto que tenho a responsabilidade de a partilhar.

Há aqui 2 ou 3 questões que têm de ser passadas ao de leve para que se compreenda como nascem estes movimentos radicais e fundamentalistas. Em 2003, os USA e seus aliados, inclusive Portugal (onde foi iniciada a guerra, Base das Lages), decidiram invadir o Iraque sob falsos pressupostos de existência de armas químicas. Deposto e morto Sadam Hussein com toda a classe política e executiva do país na sua maioria Sunita e todos estes sunitas que não foram mortos, foram presos, humilhados e torturados e consequentemente radicalizados contra a nova dominância Xiita e todo o poderio internacional que os subjugou. Ora estes não demoraram muito a organizar-se naquilo a que se veio a chamar a Al-Qaeda do Norte do Iraque, região esta de clara maioria Sunita, cujo objectivo principal é a de um dia recuperar o poder do país entregue aos Xiitas. Compreender estas duas grandes subdivisões do Islão, não está na auto-proclamação de cada indivíduo, mas sim na forma como quem gosta de brincar às marionetes rótula, aumenta ódios para uma eventual solidez e estabilidade governamental, seja a nível regional, nacional ou internacional.

ISIS, ISIL, Daesh, Estado Islâmico, são tudo sinónimos para confundir os mais desatentos. Curiosamente a mim foi me apresentado como *Dawla* (sinónimo de Daesh em Árabe que significa Estado). Ainda nada se sabia, e nada se falava sobre este grupo extremista radical islâmico que, entretanto, se demarcou da Al-Qaeda por ter uma agenda diferente e talvez ainda mais radical e maléfica, quando eu entrei no norte da Síria, na região de Idlib. Poucos meses antes da minha/nossa chegada para reabrir este hospital improvisado, o projecto tinha sido evacuado por razões de segurança. O facto destes a pouco e pouco dominarem a população local através da opressão, medo e terror, fez com que regras comportamentais fossem impostas a todos os Sírios e obviamente trabalhadores humanitários da região. Proibição do álcool já há muito se fazia sentir, mas agora havia também uma restrição de comportamentos, vestes (mangas compridas, véus, burcas, etc.) e até mesmo proibição de fumar. Ora, nunca vi um povo que fumasse tanto como o povo Sírio, mas confesso que é preciso que se perceba a envolvência para que não se façam juízos de valor instantâneos. Estão bombas a cair todos os dias, em que medida é que os riscos para a saúde do cigarro a longuíssimo prazo, refreiam aquele pequeno prazer da vida, de quem não sabe se passará mais uma noite neste mundo? As mesquitas foram tomadas por Mullahs e Imas radicais que impunham a palavra de deus de uma forma cada vez mais castradora e punitória. E assim, um povo que sendo quase todo ele muçulmano, mas com condutas de vida bastante moderadas, ia-se transformando e virando para dentro, com caras tapadas, amedrontadas e subjugadas pelo medo que a palavra de deus lhes impunha. E as consequências à desobediência desta nova "lei divina" era terrestre: prisão, tortura e morte.

Foi assim que entrámos na Síria, eu e a restante equipa dos Médicos Sem Fronteiras que iria reabrir o hospital, entre uma crescente pressão sufocante de grupos extremistas e a agressividade bélica sempre em crescendo do regime Sírio. Muitas vezes não sei quem é quem, nem tenho que saber, pois eu estou lá é para salvar vidas, e não para análises políticas ou julgar quem quer que fosse e, por isso, esta minha "apresentação" ao Estado Islâmico veio essencialmente de uma forma indirecta, através dos relatos do povo, dos doentes e dos trabalhadores Sírios dos MSF. Para mim era tudo novo, pois no ocidente só se começou a badalar o nome Estado Islâmico após o degolar em directo no *Youtube* do jornalista americano. E ainda bem que desconhecia a sua fama, pois assim não fui dominado pelo medo e pude fazer o meu trabalho com a tranquilidade possível de quem está no meio de uma guerra e com bombas a cair todos os dias.

O que mais me chamou à atenção foi o terror na cara das pessoas quando se falava no *Dawla*. As pessoas tremiam de medo, ao ponto de eu pensar tratar-se de uma pessoa em concreto. Sentir o medo que o povo Sírio sentia é dilacerante, pois para além do medo das bombas, viviam com medo de todo o seu dia-a-dia condicionado com tudo que é proibições.

Determinado dia, um dos motoristas pergunta-me num inglês simples: *"Doctor, where from?"* e eu respondo, "Portugal". Ele continua: *"Doctor, Portugal, whiskey good?"*, e eu respondo: *"Portugal, whiskey good!"*. E ele continua: *"Dawla, no whiskey"*, fazendo caras de reprovação e sinais de vómito como desprezo. Gesticula ainda sobre ter a barba feita, em sinal de reprovação total às imposições radicais deste grupo de fanáticos. Muitos gestos, poucas palavras, que me chegavam para ler um povo que admiro e me apaixona pela resiliência com que lutam pelos seus ideais.

Há uma psique colectivamente afectada por traumas psicológicos que vão para além da perda de tantos entes queridos, e de uma pátria amada a sangrar diariamente.

Não sei, nem consigo imaginar o que é viver a todo o momento, o MEDO! Medo das bombas de Bashar Al Asad, medo do sufoco dos grupos extremistas, medo de fugir como refugiado para o desconhecido, medo de tudo e de nada, corrói todo e qualquer discernimento, e desfaz talvez para todo o sempre a estrutura do nosso ser, transformando as nossas gavetas de pensamentos em salas de terror sem fim.

Uma das áreas em que me tenho diferenciado é no Ecocardiograma (Ecografia ao Coração), e como tal, várias vezes fazia uso do ecógrafo que tínhamos na minha prática clínica. Certo dia, uma das enfermeiras vem ter comigo a dizer que tem problemas no coração. Há aqui várias questões a compreender para que possam ter os olhos e o coração nesta história: esta enfermeira não fala inglês (e eu não falo Árabe), e fazia parte das muitas (não todas) que se cobria totalmente de preto, deixando apenas à vista uma pequena frincha nos olhos. Ao perceber que quase como que por magia, eu conseguia ver o coração através do ecógrafo, pede para ser consultada por mim, claro está, através de uma tradutora. Esta enfermeira tem 20 e poucos anos, e para mim é "uma das que anda de preto", pois eu não as distingo! É triste, mas é verdade. Já há muito que me sinto algo formatado para salvar vidas, e questões menores geram em mim pouca atenção, o que mais uma vez, é triste, mas é verdade... Através então da tradutora, explica-me os seus sintomas, que são altamente inespecíficos e com uma associação clara a um stress traumático de um dia-a-dia de terror. É nestas fases que preciso de ter uma mente muito plástica para ter uma medicina adaptativa ou se quisermos ser mais honestos, inventiva, que não é nada o meu género pois sou um homem da ciência e ultra pragmático.

Aceitei consultá-la e examiná-la e com uma boa dose da conversa *"lost in translation"*. Percebi que para ela era muito importante que eu lhe visse o coração, pois no seu subconsciente era dali que vinha o problema. Há uma parte de mim que sabe bem que estou a fazer aquilo para nada, mas dadas as circunstâncias tenho que adaptar a minha "ciência". Explico-lhe que tem que levantar a roupa e tirar o *soutien*: DRAMA! Vejo-a chorar e em lamentações com a tradutora, que me parece bastante sensata. Até onde chegam os meus conhecimentos e as limitações do ecógrafo (que era básico), o coração da rapariga era perfeitamente normal, tal como era de esperar. Expliquei-

-lhe isso em detalhe e, tal como os médicos à moda antiga gostam de dizer, disse-lhe: "Esse coração vai durar para sempre!!"

Que fiz uma boa acção e um acto de piedade pareceu-me claro. Não sei se lhe dei anos de vida, pois a vida na Síria é uma roleta russa, mas dei-lhe sem dúvida alguma paz de espírito. O que este episódio gravou na minha memória, não na altura, quando as minhas preocupações eram de ser médico e salvar vidas, mas mais tarde, foi a infinidade de corações dilacerados que estes conflitos deixam para trás, que nem a ciência consegue ver.

É Aqui Que Eu Quero Estar!

Nunca haverá um retrato fiel da guerra da Síria, são infinitas histórias vistas de diferentes ângulos, com um exponencial de interpretações maior que o universo, ainda para mais quando quase sempre a razão dá lugar às emoções e a verdade passa a ser um conceito abstracto, intocável e inatingível. Eu vi e vivi num pedaço tão pequenino, quer de tempo quer de espaço, e no entanto, as emoções são tão fortes que não tenho dúvidas de que, naquele momento, ali está o centro do mundo. o que sem dúvida me ajuda a reforçar as minhas motivações e a convicção que de todos os lugares do mundo, É Ali Que Eu Quero Estar, no meio da guerra! E porquê? Talvez esta história me ajude a transparecer esse sentimento.

Há bombas a cair todos os dias, e como tal, mortos e feridos com todas as histórias possíveis. Eu para além de ser o Anestesista, durante um bom período de tempo, era também o médico responsável pelo Serviço de Urgência.

Num belo dia, chega uma criança à urgência, vítima de mais um bombardeamento. Se eu percebi bem a história, a bomba caiu na casa ao lado e o menino de 3 anos caiu com o estremecer e bateu com a cabeça no chão. Aquilo a que nós chamamos na medicina de TCE

(Traumatismo Crânio-Encefálico) pode ir de uma simples "turra", até a uma lesão com elevadíssima causa de a mortalidade. O Ahmed chegou-me às mãos 24 horas depois do sucedido. A família no dia anterior já o tinha levado a um hospital, onde lhe tinham feito exames, e dado alta, mas os pais preocuparam-se, pois o Ahmed estava a piorar – mais adormecido, com o discurso mais lentificado, com muita dificuldade em se alimentar e bastante pior do que estava no momento do acidente, apesar de não ter nem um arranhão no corpo. Isto para um leigo é difícil de compreender, mas do ponto de vista científico é quase sempre verdade. O processo inflamatório ganha uma vida própria após qualquer que seja a agressão ao nosso corpo, que faz com que inevitavelmente pioremos, antes de melhorar (se for caso disso).

Por incrível que pareça, o Ahmed no dito hospital, no dia anterior, fez uma TAC Cerebral, coisa que no nosso hospital não tínhamos. Pego no CD da TAC que os pais traziam (sem relatório) e analiso com todo o cuidado. Diga-se que tenho uma experiência razoável com TCE graves e com a interpretação de TAC cerebrais, mas apenas em adultos! E tenho a consciência que transportar esta experiência/conhecimento do adulto para a criança pode ser perigosíssimo na medicina. A TAC é de ontem, o que faz com que o cérebro deste pequenino possa estar muito diferente, ainda assim dá-me bastante informação. Não tem nenhuma hemorragia cerebral, e tem apenas edema difuso, ou seja, inflamação, "está inchado". No entanto, mesmo sem hemorragia, "apenas" o edema pode matar uma criança ou adulto pelo aumento da pressão intracraniana e consequente não irrigação sanguínea de estruturas nobres no cérebro.

O edema cerebral está ainda numa fase de crescendo, e estou francamente preocupado. Neste tipo de situações em que as nossas competências e capacidades estavam ultrapassadas, tínhamos a hipótese de transferir os doentes para a Turquia, na teoria, porque na prática nem sempre era fácil por uma série de questões. Na minha honestidade intelectual, sei que tenho de transferir este miúdo, ainda que talvez o conseguisse tratar. Mas como posso eu lidar com este "talvez"? Converso com o pai, dentro daquilo que é uma conversa super difícil, mais ainda quando há um tradutor pelo meio cuja qualidade da tradução eu desconheço! Já seria difícil quando se fala a mesma língua, quanto mais traduzido para Árabe. O pai de Ahmed diz-me que não tem documentos e que quando foi chamado para o exército para matar o seu próprio povo a mando do Bashar Al Asad, fugiu/desertou e ficou sem passaporte. No imediato, ele não poderia passar a fronteira e o Ahmed teria que ir sozinho. A mãe está a amamentar outra criança e a cuidar dos outros filhos... A Turquia nestas situações, que eram absolutamente excepcionais, aceita doentes em casos de vida ou de morte, mas não aceita famílias inteiras para o efeito. O pai do Ahmed faz-me, então, aquelas perguntas que dilaceram o meu coração, às quais eu preferia caminhar sobre brasas a arder a ter que respondê-las: "O Doutor não consegue salvá-lo?", "O que lhe acontece se ele ficar aqui?" "Quem é que vai cuidar de um miúdo de 3 anos na Turquia sozinho, onde já estão quase 2 milhões de refugiados Sírios?" Nestes momentos, apetece-me chorar e fugir, mas engulo todos esses sentimentos instintivos e faço-me homenzinho! Respondo a todas as perguntas com toda a transparência possível, ainda que eu próprio não saiba qual a melhor decisão. Arriscar a tratar o miúdo ou mandá-lo sozinho para a Turquia?!

Eu tenho que tomar a decisão, não para salvar a minha consciência, mas sim a vida desta criança! É uma tempestade de dores e angústias, entre a ciência e a ética. Tentando pesar a evolução sempre imprevisível do edema cerebral e o que será da vida de uma criança refugiada sozinha talvez para sempre separada da sua família, parecia-me também cobarde passar essa decisão para as mãos daquele pai, que não tem os conhecimentos que eu tenho e que ficaria assombrado para a vida toda pela sua decisão.

Decido tratar a criança e assumo a responsabilidade.

O pai agradece-me, o que me rebenta o coração, pois sei lá porque é que ele me está a agradecer. Explico-lhe que o Ahmed ainda vai piorar, vai ficar mais adormecido, e tudo o que eu posso fazer por ele é hidratá-lo e alimentá-lo até que o seu cérebro comece a "desinchar". E que isto são dias, e eu não sei quantos são e que também não sei se ele vai recuperar ou não, e se sim, com que sequelas neurológicas.

O Ahmed vai para o internamento, enrolado em cobertores, porque este hospital improvisado é gelado, e assim fica rodeado de um entra e sai de familiares e de rezas a Alá, sendo que a figura que está lá sempre ao lado é a do pai, pois a mãe por imposição fica mais dedicada às outras crianças.

A minha vida continua, pois trabalho não me falta e entre o bloco operatório e o serviço de urgência, perco a conta aos doentes que me vão passando pelas mãos. Cesarianas, e mais cesarianas, feridos de guerra, pneumonias, etc.

Volta e meia, vou passando a ver o Ahmed que, entretanto, já não se alimenta e por isso tem cateteres, soros e sonda naso-gástrica. As poucas palavras que dizia já não diz, e a muito custo abre os olhos quando estimulado. O meu dia continua, e cada vez que passo na porta daquele internamento, ouço o pai a estimular o filho: "Ahmed, Ahmed!", de uma forma incansável. Nessa noite, tenho que voltar ao hospital, e muito mais audível no silêncio da noite ouço ecoar por todo o hospital: "Ahmed, Ahmed", o que me assombra e repisa a minha decisão.

No dia seguinte, é claro, a sonolência de Ahmed evolui para um estado de coma. Ele não reage, não abre os olhos e só a estímulos dolorosos mexe os membros de uma forma errática. Na minha cabeça de médico, ouço a minha voz a dizer-me: "Tu sabias que esta seria a evolução natural deste traumatismo craniano... Na minha cabeça de Ser Humano só ouço: "O que é que tu fizeste?" As dúvidas em mim multiplicam-se, e só vão sendo resfriadas pela enormíssima quantidade de trabalho que vou tendo.

Quando me aproximo do pai e do Ahmed, o pai olha-me com um olhar de quem tem ainda mais perguntas do que eu, mas não me culpa, não me julga, enquanto me mostra a flacidez dos membros de Ahmed e a não resposta às suas chamadas incontáveis. Eu não tenho TAC, não tenho análises, não tenho nada para acrescentar ao meu raciocínio clínico que cada vez mais se mistura com as emoções e punições de quem já não sabe, se sabe ou não sabe o que está a fazer. Teria sido tão mais fácil mandá-lo para a Turquia...

Passam-se muitas horas, passa-se mais uma noite, e eu revejo na minha ciência possível que a alimentação e hidratação são as adequadas e que a posição da cabeça e do tronco é a indicada para diminuir a pressão intracraniana, mas eu estou destroçado pela sensação de ter tomado uma má decisão. Como estará aquele pai? Ele não sai de ao pé dele nem por um minuto, e insiste à espera de um milagre: "Ahmed, Ahmed". Mais uma noite que ecoa na minha cabeça com este pai a chamar pelo filho e mais uma noite que Ahmed passa totalmente inconsciente.

Há uma fase de ciência, e depois há uma fase de F#%&%# eu já não sei! É um desespero, é uma angústia, também eu estou a morrer aos pouquinhos... Eu não tenho culpa da guerra, nem dos bombardeamentos, mas tomei uma decisão reflectida que tirou a vida a uma criança! E é nestas alturas que eu quero ir embora, não pelo medo das bombas ou do Estado Islâmico, mas por ter falhado. Nesta profissão, os erros pagam-se muito caros, e viver com eles é insuportável!

No dia seguinte, eu já não sei se é real ou do meu imaginário, quando ouço: "Ahmed, Ahmed!" Aproximo-me do quarto do menino, pois nunca fujo às minhas responsabilidades e examino-o como sempre. Ele volta a esboçar alguns movimentos dos membros, e o meu coração dispara: "Há esperança!" O pai lê todos os meus movimentos e expressões faciais e eu não consigo deixar fugir um sorriso, e ele sente que eu senti que algo mudou.

O pai intensifica: "Ahmed, Ahmed". Há 3 dias que ele está inconsciente e eu sigo o meu trabalho, com uma dose de realismo que me domina sobre o prognóstico da criança. A meio da tarde, os enfermeiros a pedido do pai vieram-me chamar. Foi a primeira vez que me chamou. Os olhos do pai brilham a olhar para os meus: "Ahmed, Ahmed!", e o menino abre os olhos, e dirige o olhar para o pai, o que representa um sinal extremamente positivo de que muitas das funções nobres do seu cérebro estão preservadas. Ainda não era a altura de mandar foguetes, mas eu não consegui evitar chorar de uma forma descontrolada ao sentir um vendaval de emoções a entrar e sair do meu corpo.

No dia a seguir, o Ahmed voltou a falar e depois a comer, e quando eu o vi a caminhar pelos corredores do hospital de mão dada ao pai, como se fosse uma criança qualquer, explodi de felicidade!!! O que é que é ganhar o Euromilhões comparado com salvar a vida a uma criança e mantê-la ao lado da sua família?

E por isso, mais do que nunca: é ali que eu quero estar!

Esta história feliz não apaga os mais de 500 mil que já morreram na guerra da Síria, apenas realça a importância da vida de cada um deles!

Dormindo com o Inimigo

Quem está no epicentro do conflito, fica a saber mais e a perceber menos. Aquilo que muitos tentam, do alto de grande sabedoria, explicar ao povo ignorante é sempre insuficiente, falso, incompleto, desactualizado ou apenas de visão curta. Mas claro, tem de haver análises e leituras macro, e ainda que falíveis, são necessárias. Bons e maus há dos dois lados, e como tal, tomar a parte pelo todo é sempre um erro colossal! Há pessoas que transpiram maldade, crueldade e ganância e assim, numa memória fugaz, são quase sempre esses que andam a brincar aos rótulos de "terrorista" ou "terrorismo". Eu não quero aprofundar demasiado visões políticas, pois esse nunca foi o meu objectivo, mas se considerarmos que todas as vidas são iguais, este rótulo de terrorista que cabe a, por exemplo, Osama Bin Laden, pelas mortes que causou, não caberá também a G.W. Bush que matou muitos mais? Eu saliento esta troca de "rótulos" de terrorista, como algo de gravíssimo pois quem os atribui sente-se depois na legitimidade de tudo fazer na "Guerra contra o Terror", e afirmação mais hipócrita que esta não haverá nos últimos tempos. Não precisamos de olhar muito para trás na história para chegarmos ao tempo das bruxas na fogueira, ou da nossa querida Santa Inquisição em que, com um rótulo, ganhavam-se poderes para toda e qualquer forma de tortura e morte!

Tudo isto para dizer que esta guerra de rótulos é perigosíssima! O que é Oposição, Rebeldes, Libertadores, Conquistadores, ou Terroristas é um terreno muito pantanoso, e que merecia mais da nossa atenção. Ainda assim, se eu não tenho qualquer elogio a fazer a Vladimir Putin, Bashar Al Asad, George W. Bush, Donald Trump, também não tenho nada de positivo a dizer sobre o Estado Islâmico, Al-Qaeda ou Taliban. E também lá dentro haverá gente boa, não tenho dúvidas, mas são dominados por gente má! Toda e qualquer forma de desrespeitar os direitos humanos tem de ser condenada com a mesma firmeza, independentemente se nos dá mais ou menos jeito.

A oposição ao Bashar Al Asad e ao regime Sírio é de uma complexidade imensa. A revolução ou insurgência (dependendo dos pontos de vista), foi feita pelo povo Sírio, na luta pela democracia, liberdade de expressão e fim da ditadura. Disto tenho poucas dúvidas, mas é claro que é uma opinião pessoal não aceite por muitos.

Acontece que inimigo do meu inimigo é meu amigo (seja ele quem for) e assim, a oposição Síria revolucionária abriu os braços a uma série de grupos extremistas, de bases não-Sírias, patrocinados pelos grandes dominadores do tabuleiro de poder Sunita: Arábia Saudita, e restantes Emirados, o que fez com que muito rapidamente a Al-Qaeda tivesse uma posição preponderante nos territórios dominados pela oposição Síria, e mais tarde pelo grande bicho-papão, Estado Islâmico, com Jihadistas vindos de todo o mundo. Se virem as subdivisões destes grupos que mudam quase ao dia, perdem-se em nomes Árabes para todo o sempre. Eu não estou com isto a tentar explicar os porquês da guerra da Síria, nem o que a alimenta em termos geoestratégicos do Médio-Oriente, mas sim a tentar mostrar o que passou a ser o dia-a-dia da grande maioria da população Síria, que queria lutar pela democracia, mas foi recebida com a maior guerra dos nossos dias e que, ainda para mais, viu-se rodeada e consequentemente amordaçada, amedrontada e condicionada por grupos de gente muito má, que por acaso professam a mesma subdivisão do Islão, mas que nada têm em comum. Mais do que nunca, a expressão estar "entre a espada e a parede" fez/faz sentido naquilo que é o dia-a-dia de toda a população Síria que eu conheci, que por sinal são gente boa, de carácter, trabalhadores e, para mim, uma enorme fonte de inspiração!

Num certo dia, recebemos no nosso hospital um ferido de guerra, que era um combatente. Nós nunca fazemos perguntas sobre quem é quem, muito menos num cenário da complexidade da Síria, e como não percebemos Árabe, há todo um mundo de informação de sotaques e de expressões que nos escapa, mas eu estou lá para salvar vidas e não para julgar ninguém. Torna-se óbvio que é um combatente pela tensão com que os médicos e os enfermeiros sírios o abordam e pela quantidade de gente que no início entra com ele no hospital de uma forma pouco simpática para com os demais. Mais tarde, ficámos a saber que seria mesmo alguém "importante" na sua organização, dada a preocupação com o seu estado de saúde de mercenários de todo o lado.

Eu não consigo deixar de pensar o que é que ele ou pessoas como ele já fizeram, quer na Síria, quer por esse mundo fora, mas naquele momento, eu (e imagino que também o cirurgião) sou uma máquina sem sentimentos, em que o corpo humano é algo que eu tenho que compreender e, nestes casos, "resolver" os problemas que tiver. Mas claro, consciente ou inconscientemente, estas situações deixam-nos desconfortáveis. Nunca me aconteceu, mas não são poucos os casos de médicos que tiveram armas apontadas como forma de pressão.

Este homem tinha uma lesão no olho causada por um estilhaço, que parecia ser impossível salvar o dito, e tinha levado também um tiro no abdómen. O seu estado clínico era relativamente estável, mas a indicação cirúrgica é óbvia e imediata. Com o ecógrafo, vejo que tem líquido no abdómen, e fosse sangue ou líquido intestinal, naquelas circunstâncias tem que ir para o bloco operatório. Explicamos isso ao doente, que está nervosíssimo e algo agressivo, e muito mais preocupado com o olho do que com o tiro no abdómen. Eu até compreendo essa percepção, mas ao olho nada havia a fazer e não iria morrer disso, quanto ao tiro no abdómen, se não se fizer nada, pode facilmente ser fatal! Através dos seus companheiros combatentes, cuja conversa foi muito cordial e construtiva, conseguimos convencê-lo a aceitar a ser operado.

No momento da indução anestésica, aconteceu-me algo relativamente raro, mas expectável com este tipo de doentes: nos escassos segundos entre anestesiá-lo (anestésico geral, analgésico e relaxante muscular) e colocar-lhe o tubo endotraqueal (para ventilação e protecção dos pulmões), o doente tem um vómito brutal e a consequente aspiração pulmonar desse conteúdo alimentar/gástrico. Esta situação é um dos pânicos dos anestesistas, pois pode ser uma complicação grave. Felizmente, tenho comigo enfermeiros fantásticos e ultracompetentes, que reagem ao segundo em meu auxílio para aspirar o vómito, bascular a posição da mesa operatória para que o vómito não vá para os pulmões e o quanto antes colocar o tubo endotraqueal na traqueia. Nunca me cansarei de elogiar a astúcia, competência, dedicação de todo o staff Sírio que trabalhou comigo, muitos quase sem formação superior. Iam trabalhar com amor à pátria e ao seu povo, e não por um salário!

O pânico e o pico de adrenalina são segundos e a cirurgia segue em frente e só no fim ou mesmo nos próximos dias, saberei as consequências desta aspiração pulmonar de vómito, que mesmo nos Cuidados Intensivos mais tecnológicos da medicina dos ricos, pode ser fatal. É apenas um mau momento em que a "culpa é da doença", no entanto, abala a minha tranquilidade. Fico literalmente agarrado ao doente, pois não temos ventilador automático e a ventilação/respiração tem que ser feita manualmente por mim, criando ali uma relação tipo cordão umbilical. A vida dele está ligada às minhas mãos, enquanto ele dorme, melhor dizendo, está anestesiado, mas na cabeça da maioria das pessoas não ligadas à medicina, o Anestesista adormece os doentes e assim estava ele, a dormir um sono muito profundo. Enquanto o cirurgião opera, a minha mente divaga entre uma série de automatismos, mas que decorrem, até prova em contrário, quase em piloto-automático. Cada vez que com as minhas mãos lhe insuflo os pulmões com ar, penso que estou a dar vida a uma pessoa má, ou presumivelmente má, já que não sei nada sobre ele. Os meus pensamentos fogem: "Será que ele matou?", "Será que ele torturou?",

"Será que ele me mataria?", "Será que ele poria uma bomba na minha querida cidade do Porto?", "De que é que ele seria capaz?!?!" Nem por um segundo estas divagações interferem com as minhas atitudes como médico, no entanto, elas estão lá!

A cirurgia é longa e trabalhosa. Eu acho sempre que eles tiveram sorte, porque os que não a tiveram, nem nos chegam às mãos. A bala entrou na cavidade abdominal e perfurou o fígado, mas sem atingir nenhum dos grandes vasos, nem o intestino ou algum outro órgão. A revisão da cavidade abdominal tem que ser muito cuidadosa e minuciosa, pois nunca se sabe bem qual o percurso da bala, e é tudo menos linear como seria de prever. A hemorragia era importante, mas não dramática. A sua origem era proveniente do fígado e foi estancada pelo trabalho do cirurgião.

O final da cirurgia e da anestesia pode também ser um momento crítico, principalmente neste caso em que houve uma grave aspiração pulmonar. A transição de ventilação artificial para ventilação espontânea, nestes casos, pode não ser simples, mas foi. Tudo suave e sob controlo, e a cirurgia para o que poderia ter sido (em potencial), correu muito bem.

O doente vai para o internamento com oxigénio suplementar, mas em baixa concentração e a evolução do primeiro dia até parecia estar a correr bem. Mas no segundo, a história foi bem diferente: a inflamação/infecção pulmonar agrava, apesar do antibiótico, e o abdómen começa progressivamente a ficar cada vez mais distendido. O que nós chamamos por um Ileus paralítico, quando a inflamação do intestino (causada pela cirurgia neste caso) faz com que este perca a capacidade de se contrair (peristaltismo) e emitir gases, causa uma enorme distensão abdominal que prejudica também em grande escala a respiração, pela elevação do diafragma. Então, o doente está com uma ventilação/respiração péssima, apesar de todo o oxigénio que lhe podemos dar, está a oxigenar mal, e está cheio de dores pela distensão abdominal, e sudorético. E com isto tudo, francamente agitado e algo agressivo. Mas isto da agitação e agressividade não é por ter mau feitio, mas faz parte da manifestação das suas doenças graves do momento.

Passei essa segunda noite a ser chamado ao hospital, para meu desespero e exaustão. Eu não tinha ninguém que me substituísse. Era eu ou eu e caso fosse preciso, todos os dias!! Ele arrancou a sonda-nasogástrica várias vezes, dificultando a vida aos enfermeiros, que tinham muita dificuldade em recolocá-la porque ele era uma homem forte e muito agitado. Para as dores/desconforto abdominal que ele tinha, a morfina é essencial, mas também perpetua em larga escala o não funcionamento intestinal. De todos os medicamentos laxantes para aumentar a cinética do intestino que tínhamos à nossa disposição, um deles (a neostigmina) sendo extremamente eficaz, tem efeitos adversos cardio-circulatórios potencialmente graves, o que fazia que só com a devida monitorização é que eu o administrava. Foi um desespero, todo o consumo de atenção e energia que este doente nos fez passar a todos e a mim em particular, tirou-me três noites de sono. Quase enlouquecia! Mas eu tenho que fazer o meu trabalho e as bombas continuam a cair, e as cesarianas seguem no bloco operatório.

Tenho a vida de um combatente nas minhas mãos, e as perguntas frequentes dos seus companheiros combatentes sobre o seu estado de saúde, sempre de uma forma cordial, mas assertiva: "Ele vai sobreviver?", "Porque é que ele não respira bem?", "Porque é que tem a barriga tão distendida?" Sugestionado ou não por saber quem são, deixam-me um certo desconforto, mais ainda porque realmente a situação não estava fácil de resolver.

Foram uns dias de muito desgaste para o doente e para mim, até que o seu quadro clínico começou a dar a volta, e tudo evoluiu a caminho da recuperação total. Ainda surgiram da parte dele e dos companheiros, perguntas difíceis sobre o tal olho, mas nada tínhamos a fazer.

Salvamos-lhe a vida, eu, o cirurgião e todos os enfermeiros. Salvamos a vida a alguém que nos poderia, noutras circunstâncias, querer tirar a nossa só porque sim. Que dilemas éticos levanta este acontecimento dentro de mim? O que significa salvar a vida a alguém capaz de tirar tantas outras, e talvez a minha ou a dos meus queridos? O que significa ajudar um inimigo da humanidade?

A minha cabeça está claramente dividida entre o Médico e a Pessoa: Como médico, é muito simples, eu não faço julgamentos, eu sou uma máquina desprovida de sentimentos que executa aquilo que sabe, que responde apenas à ciência que fui absorvendo ao longo dos tempos, estou formatado para salvar vidas!

Como pessoa, a questão é bem diferente. Se eu estou a ajudar alguém que perpetua o mal, estou a ser conivente ou cúmplice dessa maldade. Se esta pessoa representa exactamente o contrário de todos os ideais que eu defendo, estou a ser altamente incoerente. Se eu acredito que no mundo não deveriam haver pessoas como esta, porque estou eu a salvar-lhe a vida? Poderia talvez ser um objector de consciência e não trabalhar para determinadas pessoas, mais ainda quando me deram tanto trabalho e noites sem dormir!? Não! A resposta para mim é Não, Não e Não! E talvez no meu íntimo, exista uma parte de mim que acredite piamente que do ponto de vista significativo a médio/longo prazo estas serão as vidas que mais vale a pena salvar, na luta pelo mundo melhor. Porque este homem, dentro do seu fundamentalismo religioso e comportamental, que encontra as suas raízes essencialmente na ignorância, um dia vai pensar sobre a sua vida e porque é que está vivo! E vai pensar que um não-muçulmano, não-árabe, não-Sírio ou Iraquiano (nem sei qual a sua nacionalidade) e não-amigo Lhe salvou a vida! E eu acredito mesmo que esta é a solução para os grandes males do mundo: aproximar estas gigantes clivagens entre povos, culturas e religiões! Acredito mesmo que só respondendo ao ódio com amor é que conseguiremos diluir e diminuir os fundamentalismos de parte a parte e que ninguém acredite que o fundamentalismo é só islâmico. Há fundamentalismo de Cristãos, Hindus, Budistas, Brancos, Pretos e de muito mais, sustentado em ódio, medos, e ignorância que nasce de uma não convivência emotiva entre diferentes grupos de pessoas.

Para mim, salvar esta vida e muitas outras de combatentes e grupos fundamentalistas, de vários países que já me passaram pelas mãos, leva-me a crer que enviar cuidados de saúde é muito mais eficaz do que enviar mais bombas que só exponenciam os ódios.

"Se acreditarmos no olho-por-olho, o mundo vai ficar cego", Martin Luther King Jr.

Eu nunca deixo de ter uma mão firme na crítica, na condenação de todos os que perpetuam a maldade e desrespeitam os direitos humanos, mas depois de várias vezes dormir com o inimigo, todas as minhas reflexões me levam a acreditar que se dermos Amor e fizermos o Bem, de uma forma ou de outra, será isso que vamos receber, e a probabilidade de salvarmos o mundo é muito maior.

Que nunca deixemos que o ódio e o fundamentalismo sejam a resposta a quem não gosta de nós, porque aí seremos tão culpados quanto eles na destruição do nosso sentido de Humanidade.

Pátria Perdida (1)

Várias vezes éramos sobrevoados. Dificilmente imagino situação mais assustadora. Num segundo, o pânico domina-nos por completo e o som dos aviões a rasgar os céus, transforma o nosso estado de espírito num clique. Os primeiros a ouvir estas máquinas de guerra saíam a gritar por todo o hospital: "MIG, MIG, MIG!!" lançando o alerta para recolher ao *bunker*. Contudo, é bem pior quando são helicópteros, muito mais intenso e assustador. O som é ensurdecedor, a percepção de proximidade das nossas cabeças, muito maior, e o tempo que demora, parece infinito. São segundos que parecem horas de medo e inquietação. "Será que é em cima de nós que este piloto vai largar o seu terror?", é o pensamento que me domina. Penso muitas vezes sobre o que se passa na cabeça destes pilotos, que ao carregar no botão deixam rios de sangue e sofrimento. Como será a sensação de ver e ouvir o seu próprio povo a ser esmagado e esquartejado, em directo ao vivo e a cores, consequência directa e imediata das suas acções? Apontamos sempre o dedo aos decisores superiores, mas será mais culpado o que dá a ordem ou o que prime o gatilho?

Num dia em que estávamos algures nos corredores gélidos do hospital, somos invadidos pelo som das hélices de um helicóptero! É agoniante. O nosso cérebro congela de medo e agimos por automatismos. Recolhemos todos ao *bunker*, largando tudo o que estamos a fazer (desde que não seja de vida ou de morte, vezes houve que fiquei no bloco operatório numa decisão consciente de não deixar o doente morrer) e ajudamos todos os doentes que conseguem deambular a entrar na porta estreitinha do *bunker*, inclusive mulheres em trabalho de parto, aos gritos de dores pelas contrações, que vão entrando a custo neste *bunker*, que é um corredor de paredes reforçadas, gélido, húmido e quase sem luz. É neste buraco negro que imagino se será naquele dia, que aquele homem dentro do *cockpit* do helicóptero decidirá deixar cair as suas bombas em cima das nossas cabeças. Entenda-se que a ida para o *bunker* é apenas uma questão probabilística. Diminui em alguma medida o risco, mas se formos bombardeados directamente, de nada nos serve.

Ficamos dentro do *bunker* alguns minutos, desconhecemos por completo quais as intenções deste pássaro maldoso. Vamos ouvindo o afastar e o aproximar do barulho, até que começamos a ouvir as bombas a cair! Caem mais perto do que qualquer um gostaria, mas longe o suficiente para saber que não eram para nós. O estrondo é brutal, e sentimos a vibração do chão a tremer. Pela intensidade do som, conseguimos mais ou menos aferir a que distância de nós foram largadas estas bombas e quanto tempo demorarão a chegar os feridos destes ataques impiedosos. Assim foi, à medida que deixamos de ouvir o helicóptero, saímos do *bunker* e começamos a preparar-nos para receber um grande número de feridos. Cerca de 20 minutos depois, começam a chegar. As bombas caíram a 5 quilómetros de nós, numa vila onde a maioria do nosso *staff* vivia.

Nunca se está preparado para isto, embora já tenha vivido algumas situações desta intensidade, é sempre difícil uma situação de catástrofe pura e dura! O hospital começa a ser invadido por feridos ensanguentados e cheios de pó das casas destruídas. Os gritos tornam-se a banda sonora deste filme de terror e o *staff* sírio do hospital, ainda que tenha visto mais vezes este tipo de situações, está em pânico. É o seu povo, a sua gente, alguns até seus conhecidos e absorvem cada palavra do seu sofrimento. Eu sou "protegido" por não compreender

Árabe e talvez também por algumas características que me são inatas, em termos da frieza com as quais consigo gerir as minhas emoções no imediato. Sinto-me uma máquina desprovida de emoções.

Neste tipo de situações, temos de tomar decisões difíceis e o pior são os casos que pela gravidade e complexidade das lesões não vamos sequer tentar tratar, ou seja, vamos literalmente deixar morrer pessoas que ainda estão vivas, mas que consideramos ser demasiado tarde. O lema é salvar o maior número de vidas, e como só temos uma equipa cirúrgica, apostar tudo num doente demasiado grave, pode significar perder três cuja vida conseguiríamos salvar. Explicar este raciocínio a quem não tem o mesmo treino clínico é muito difícil, e totalmente impossível de o explicar aos familiares dos doentes que gritam desesperados. Não há palavras para descrever a intensidade emotiva destes momentos, mais ainda quando há homens com armas dentro do hospital com cara de poucos amigos. Mas eu sinto-me uma máquina, frio como uma pedra, muito calmo e a tentar passar essa calma que é vital para estas situações de stress. Nunca corro, não falo alto, sou assertivo sem gritar e sempre que posso, olho todo o *staff* médico nos olhos e digo: "Tenham calma".

A arte do diagnóstico aqui passa para segundo plano, a primeira prioridade é estabelecer o nível de gravidade de cada doente e fazer a triagem. Eu não tomo nenhuma decisão sem ver todos os doentes que vão chegando. Friamente quero ter um *overview* da situação antes de ir para a acção propriamente dita. Há uma certa tentação de ir para o bloco operatório com o primeiro que terá indicação, mas temos que inibir esse instinto. Quando tudo à minha volta parece estar a andar em *fast forward*, eu tenho que lentificar o meu pensamento e não deixar entrar as emoções. A primeira decisão é muito triste, mas fácil em termos clínicos: deixo morrer dois doentes, não tenho dúvidas que o esforço seria infrutífero. Claro que num cenário em que não tivesse mais nenhum, iria tentar salvar um deles, mas não é o caso. Ao comunicar a decisão ao staff Sírio que está à volta deles, sinto alguns olhares acusatórios de quem quer dar tudo por todos. É normal, mas eu tenho que sobreviver também a esses olhares para poder gerir esta situação, tentando salvar o máximo de doentes possível. Não errei, os dois morrem em minutos, seria inevitável. O "possível" aqui é uma palavra chave e que varia imenso com diversos factores: o meu raciocínio clínico, o número de vítimas, os nossos recursos e as alternativas possíveis (por exemplo, transferir para outros hospitais).

A segunda decisão é bem mais difícil. O terceiro doente a merecer a minha atenção está inconsciente por um Traumatismo Crânio-Encefálico (TCE) Grave (Glasgow 6-7), e eu para fazer tudo o que tenho a fazer por ele, implica algum tempo e transferi-lo para a Turquia. Vou fazer um ponto da situação dos outros doentes que precisarão de tratamento cirúrgico e da sua gravidade. Juntamente com o cirurgião que era fantástico a todos os níveis, concluímos que eu devia tentar salvar este homem com o TCE, ou seja, que 1 a 2 horas das que eu iria estar sem poder ir ao bloco, não seriam cruciais para os três ou quatro doentes que planeávamos levar ao bloco. E se não fizesse nada por este homem, ele iria por certo morrer.

Este é o momento em que eu arregaço as mangas e me atiro para cima do doente. Tenho de me certificar que não há mais nenhuma outra lesão grave para além do TCE, e não há. Para fazer o que tem de ser feito, este doente precisa de TAC, Neurocirurgia e Cuidados Intensivos – três coisas que nós não temos e por isso tenho de o transferir para a Turquia, o que é uma pequena aventura. O que eu posso fazer por ele é tentar minimizar os danos cerebrais, induzindo a anestesia geral e, para isso, tenho de o ventilar artificialmente com um tubo na traqueia. Isto é o ABC para um anestesista, e o dia-a-dia de um intensivista. Como tal, esta é a parte mecânica, que faço com naturalidade. O problema é que os 20 a 30 minutos até à fronteira com a Turquia, são também cruciais e como tal, eu tenho de ir na ambulância, pois esta responsabilidade de gerir anestésicos gerais, relaxantes musculares e ventilação artificial, não a posso passar a ninguém. A minha chefe autoriza, fazem-se os contactos com os serviços de emergência turcos para um médico estar na fronteira para receber o doente e eu preparo-me com o tradutor para esta curta, mas perigosa viagem.

Nestes preparativos, lembro-me da importância de pôr a família do doente a par da situação, até porque ninguém pode passar a fronteira a não ser o doente e a família pode ficar sem saber nada dele durante muito tempo. Pergunto quem é, e descubro o pai no meio da multidão que está fora do hospital. Faço o senhor entrar para conversar com um pouco de privacidade. Este senhor já tem uma certa idade, um fácies sofrido e está coberto em pó dos pés à cabeça. Percebo que estava na mesma casa que o filho aquando dos bombardeamentos, mas teve a sorte de não ter sido atingido pelas explosões. Toda esta conversa é feita com um tradutor, pois eu não falo árabe e o senhor não fala inglês. O senhor está ao meu lado, mas não olha para mim, pois para ele, a conversa vem apenas do tradutor e eu fico como sendo o narrador ou um observador. Tento explicar o que se está a passar, o porquê de ir para a Turquia, que o filho tem um TCE grave e sinto-me transparente no que diz respeito à gravidade/prognóstico (ainda que de uma forma precoce com os dados que tenho). Disse ainda que há uma grande probabilidade de ele vir a morrer.

O senhor começa a chorar, sem gritos, sem mais nenhuma palavra, naquele choro de quem quer, mas não segura as lágrimas que lhe caem pela cara. E eu choro ali à frente dele também, talvez porque me sinto um observador da conversa e não dentro dela. Já dei más notícias centenas de vezes na minha vida profissional e nunca tinha chorado, mas naquele momento não aguentei! Naquelas lágrimas, eu não vi só um pai que perdia um filho, vi um povo que perdia a sua amada pátria a esvair-se em sangue.

Pátria Perdida (2)

O lema que me domina é fazer o melhor com o que está ao meu alcance, ainda que a complexidade e a dimensão do conflito da Síria, ultrapassem os piores dos horrores a cada dia. A nossa função não é política, é humanística. Não vamos à procura dos "porquês", vamos salvar vidas. Vemos a maldade do homem no seu expoente máximo, mas vemos também o melhor de um povo que nos piores momentos, deixa vir à tona uma beleza extrema de actos, cuja coragem e inspiração me marcarão para todo o sempre. Desistir nunca será uma opção.

As emoções saíram mais cedo do que eu esperava, mas ainda tenho muito a fazer. A viagem com este doente com o traumatismo crânio-encefálico (TCE) até à fronteira com a Síria é curta, mas perigosa, porque passamos por uma área das montanhas bastante exposta aos bombardeamentos. Preparo o material e sigo com o condutor da ambulância e o tradutor, que ultrapassa largamente as suas funções e muitas vezes me ajuda no meu trabalho. Dentro da ambulância aos solavancos, com um doente anestesiado e totalmente dependente de mim para que a chama da sua vida se mantenha acesa, pouco tempo tenho para pensar sobre esta viagem e a viagem dentro da viagem que estou a viver! A estrada é má e já foi também vítima de muitas bombas, o que faz com que eu ande às cabeçadas e encontrões na ambulância. Tenho as mãos ocupadas na ventilação do doente e pouca capacidade para me defender das movimentações erráticas deste veículo, mas queria muito que aquele pai não chorasse a morte deste filho. Com o tubo na traqueia conectado ao Ambu (saco de ventilação), as minhas mãos eram quase automáticas nesta ligação umbilical para o fazer respirar. O tradutor é incansável nestas manobras difíceis, e vai segurando o doente para que não caia da maca, e dando os medicamentos às minhas ordens, porque eu não conseguia libertar as mãos. Penso se não estaria a fazer uma "aposta" errada ao investir tudo neste doente, expondo-me a riscos e largando o hospital durante 1 a 2 horas...

Chegamos à fronteira. Eu já tinha ouvido falar, mas não estava a acreditar quando vi o desafio que tinha pela frente. Esta fronteira era clandestina e implicava uma passagem pelo arame-farpado. Quando chegamos já lá está uma ambulância turca (ufffff, que alívio) e meia dúzia de militares turcos a certificarem-se que ninguém passa, a não ser o doente. Da estrada onde ficou a ambulância até à fronteira ainda eram uns 200 metros, ao longo dos quais tivemos que levar o doente em maca com muito cuidado no equilíbrio para que eu o conseguisse ventilar sem acidentes. Mas a travessia do arame-farpado foi hercúlea. Passa o condutor, e depois o doente sempre suspenso, e depois o tradutor, sempre comigo pelo meio a não poder largar o doente e em pânico com o medo que o tubo da traqueia saísse naquela altura com algum movimento em falso. Os militares turcos e as raparigas paramédicas turcas aproximaram-se, mas não ajudaram até termos transposto na totalidade o dito obstáculo. Parecia-me quase uma posição política e não de má vontade como quem diz: "Nós só trabalhamos a partir daqui, trazê-lo até cá é convosco!" E abro aqui um parêntesis para dizer que a Turquia recebeu quase 2 milhões de refugiados Sírios, e tratou nos seus hospitais muitos milhares, sem qualquer análise política da minha parte: *RESPECT!*

E depois desta espécie de Jogos Com Fronteiras versão *hardcore*, vamos em direcção à ambulância turca, sempre sob o olhar próximo e atento dos tais militares. Pergunto em inglês às raparigas paramédicas: "Quem é a médica?" A resposta é curta: *"No English!"* E eu penso com os meus botões: "F#%#$"&-se, isto vai ser bonito!" O tradutor tenta em Árabe, e as duas respondem em Turco que não falam Árabe, e o tradutor confessa-me que também não fala Turco! E eu penso: "Tanto esforço, e como resolvo este imbróglio?" Eu tinha muito para lhes explicar e informação clínica a passar, vital para o doente! Nisto, um dos militares que ouvia as conversas, aproxima-se de metralhadora em punho a dizer que fala Árabe e fala Turco e eu penso que ainda que longe do ideal, aí está a solução a quatro: eu falo com o tradutor (T) em Inglês, que fala com o militar (M) em Árabe, que fala com as raparigas da ambulância (RAs) em Turco e depois tudo volta neste fantástico quadrado de comunicação.

Eu- T- M- RAs : "Quem é a Médica?"

RAs- M – T – Eu: "Não há médico!"

Eu com os meus botões: "#$%&/"!%&#&#/#(#/"&"&%#$)"#$!%"/"!!!!!! Era crucial ter um médico."

Eu – T – M – Ras: "Vitima de TCE grave, sem outras lesões, anestesiado e ventilado. A quanto tempo estamos do hospital? Como vão ventilá-lo?"

RAs – M – T – Eu: "Adrenalina?"

Eu com os meus botões: "#$"%"&#/"%"%"%, o que é que isso tem a ver com o que disse???"

O que poderia eu esperar daquela conversa com militares a traduzir medicina? E com isto, o militar estava a ficar nervoso, e a dar sinais que não estava a gostar muito desta conversa e do tempo que estávamos a demorar. Por norma, não gosto muito de discutir com quem está com o dedo no gatilho.

Entro para dentro da ambulância com o doente e vejo que têm lá um ventilador automático, alguma coisa corria bem, finalmente!! E programo o ventilador, e conecto-o ao tubo da traqueia do doente. Já estou com as mãos livres, o que acrescenta bastante às minhas capacidades de comunicação nesta encruzilhada na fronteira. Dou o melhor da minha linguagem gestual para explicar a estas duas paramédicas, os pontos chave, mas com um desconforto muito grande, porque a partir do momento em que eu o anestesiei e lhe pus o tubo na traqueia, há demasiada coisa que pode ocorrer e ser fatal para o doente, sem as pessoas competentes, como era o caso.

Os minutos a passar e os militares estão a ficar cada vez mais stressados e eu sem tempo e capacidade para lhes explicar tudo o que deveria. Posicionei a cabeça do doente e o tronco e dei-lhes para as mãos os medicamentos que tinha, juntando algumas dicas em linguagem gestual, de como os usar. Mas a probabilidade de elas estarem a perceber é de 1 para 1 milhão.

Saio da ambulância com um nó na garganta, com a sensação que enviei aquele doente para um buraco negro, com tudo que lhe podia acontecer durante a hora/hora e meia que seria até ao hospital onde encontraria pessoas que podiam dar continuidade ao que eu comecei. Chegaria ele ao hospital com vida? Consigo pensar em dezenas de coisas que poderiam correr mal nesta viagem sem que aquelas raparigas pudessem fazer alguma coisa, com o imenso respeito que tenho por esta profissão. Enviei o doente para um buraco negro e dadas as circunstâncias, estava claramente arrependido com as minhas decisões como médico.

Passado novamente o arame-farpado, e já com os pés outra vez em território Sírio, tomámos um café rápido que para mim foi um misto de descompressão e arrependimento. O sorriso do homem que me vendeu o café, numa tenda de plástico num dia cinzento e frio, aqueceu-me a alma e deu algum conforto à minha pesada consciência.

Voltamos para trás e eu vou a contemplar cada centímetro desta estrada, e dos infinitos campos de deslocados de tendas de plástico que afloram a estrada nas zonas onde as bombas caem menos. É toda uma viagem de sentimentos e pensamentos, tanta guerra, tanta gente, tanto sofrimento... Para não desesperar na minha sensação de impotência, tento levar o meu foco para o que EU posso fazer. Se todos pensássemos assim, tudo melhorava.

De regresso ao hospital, primeiro ouço uma descompostura da minha chefe, por termos perdido a comunicação rádio durante muito tempo. Dou-lhe razão e peço desculpa pela preocupação, mas a cabeça estava noutra sintonia, no doente.

Ainda temos alguns doentes para operar. Foi um dia muito longo, mas entre pernas partidas e estilhaços a desbridar, ninguém corria risco de vida e as emoções finalmente iam encontrando alguma paz.

Ansiava por notícias do doente que levei à Turquia e quando passados uns dias, recebemos *feedback* de que tinha sido operado por neurocirurgia, saiu-me um peso do peito: "Não o matei!", que alívio e que bom que estavam a tratar dele. Embora desconhecesse os detalhes da cirurgia e da sua condição clínica e prognóstico, já não parecia um buraco, muito menos negro.

Passados muitos dias, e com muitos outros doente pelo meio, recebo a notícia de que esse doente tinha morrido. Fiquei muito triste ao saber que as lágrimas do seu pai eram mesmo para ficar e que todo o meu esforço tinha sido em vão, nesta Pátria Perdida!

Mas fiz o que tinha que ser feito. Às vezes ganhamos e outras perdemos, o importante é seguirmos no caminho certo e para mim, o caminho certo é defender todas as vidas como gostava que defendessem a minha e centrar as minha acções naquilo que EU posso fazer.

Noites no *Bunker*

É sempre difícil transmitir uma ideia real do que é este cenário tão intenso que nos faz sentir que estamos no centro do mundo, onde todas as vivências parecem eternas e todos os momentos têm um potencial descritivo infinito. Estamos a meia dúzia de quilómetros das linhas da frente, lado a lado com grupos bons e maus, de homens bem armados, onde até uma ida ao WC parece ser uma história a contar.

A minha ideia é pôr-vos lá, levar-vos comigo nesta viagem. Um gajo normal, igual a todos os outros, que por um motivo ou outro se encontra no meio do inferno, mas também no meio de uma população muito bonita... e é sobre eles que vos quero escrever. E é nesta viagem pelas pessoas que se conhece um país, ou pelo menos parte dele. Foi tudo mau? Não. Tive momentos incríveis de pura felicidade. Partilhávamos a nossa casa com alguns guardas (sem armas, claro), motoristas e tradutores para as idas urgentes ao hospital, e ainda o cozinheiro.

Os Sírios têm muita melodia. Adoram música, poemas, ditados e anedotas. E eu aguardava pelas alturas em que os condimentos certos se juntavam, para a mistura ser explosiva. Sou como uma esponja, pronta a absorver tudo o que me derem. Os guardas que eram os mais engraçados, os tradutores para que eu percebesse o que se dizia, e o cozinheiro que, para além da comida maravilhosa, adorava preparar a shisha, para que a conversa fosse fumada e perfumada pelos diferentes sabores frutados. E assim ficávamos horas na cozinha, porque era onde se podia fumar, a debater vários temas fulcrais para quem está no meio de uma guerra: a comida árabe, música árabe com *videoclips* de mulheres de muita pele à mostra, histórias de vida antes da guerra, os sonhos de cada um... e anedotas! Cada dia que passa, mais gosto de ouvir árabe, principalmente pela forma de histórias contadas. E cada vez mais me encantava o seu sentido poético e humorístico. De sorriso largo e maroto, com jogos desta língua tão rica, cada história tinha dois momentos altos: o primeiro, decorrente da cadência normal da conversa, e o segundo, quando alguém tinha a bondade de me traduzir, em que nos ríamos todos outra vez!

A shisha rola, a conversa flui e o meu coração cada vez mais se enche de magia, de vivências de um país em lágrimas de sangue com uma alma bonita e inspiradora. E esta empatia progressiva de quem mergulha nas histórias das pessoas, leva-nos a uma conclusão muito óbvia, mas que entra com estrondo nas nossas cabeças: eles são iguais a mim! E o que difere a Síria do meu querido Portugal para merecer este fado?

Um dos tradutores que eu adorava, um dia contou-me uma história que eu por acaso até já tinha ouvido falar. Semanas antes de eu ter chegado àquele hospital, num belo dia, uma mulher grávida insatisfeita com a opinião de uma enfermeira estrangeira, tirou uma arma das suas saias e aponta à dita enfermeira com ameaças de morte bem claras. E o que este agora meu amigo sírio fez, foi prontamente pôr-se entre a arma e a enfermeira, dizendo-lhe: "Se a vais matar, matas-me primeiro a mim, porque no fundo é isso que estarás a fazer, matar-nos a todos nós, teus compatriotas!"

Já alguém se meteu à frente de uma arma por vocês? Conhecem alguém que o faria? Um quase-desconhecido que daria a vida por vocês, conhecem?

Isto é muito forte! Arrepio-me cada vez que penso nisto. É este tipo de pessoas de que vos falo, que encontram um sentido poético na vida, que lutam com tudo o que têm, mas sem armas, e fazem-no com um sorriso na cara.

Faltarão sempre as palavras para descrever este carácter, este código de honra e um humor tão generoso, que eu tive o privilégio de absorver aos poucos.

As passagens pelo *bunker* são aqueles momentos em que a capacidade de aceleração do nosso coração, não se esquece. Mas haviam grandes diferenças do dia para a noite. De dia, no hospital eram mais curtas, mas mais intensas, quase sempre motivadas pela passagem de um avião ou helicóptero, em cima das nossas cabeças. O medo era asfixiante, mas curto. Quando os bichos de metal voadores saíam do alcance dos nossos ouvidos, tudo voltava ao "normal". De noite, eram os bombardeamentos que vinham do outro lado das linhas de conflito. Se eu bem percebi, a ciência dos bombardeamentos que eram quase diários, não havia muita ciência! De uma forma que sempre me pareceu aleatória, caíam mais perto ou mais longe de nós, em salvas de muitos, alguns, ou às vezes mais, bem, eram salvas de BUM, BUM, BUM e quando as paredes estremeciam, começávamos a pensar em descer para o *bunker* da casa e claro, aquele friozinho na barriga apertava, embora aparentasse uma certa calma entre nós.

E ali foi, naquela cave/*bunker* gelada, ao som da pior música que se podia desejar, que tive alguns dos momentos mais felizes da minha vida. Pode parecer estranho, mas mais do que nunca, estava onde queria estar, e a criar laços com pessoas magníficas e assim foram algumas horas que pareciam vidas. E vidas bonitas! Eramos aí uns 20, sem internet, naquele tipo de ambientes, tipo à volta da fogueira no meio do nada, embora aqui a fogueira fosse muito grande, e o nada era todo um país. Mas assim era, conectados apenas pelas pessoas que ali estavam, que ali eram o que eram, sem maquilhagem. A troca de olhares é mais verdadeira do que nunca, e mesmo com aqueles que pouco falávamos, era como se tudo soubéssemos uns dos outros. É verdade no seu estado puro. E no meio dos bidões de água e malas de mantimentos que estão pelo chão, caso ali ficássemos uns dias, lançam-se umas cartas para que os pensamentos fujam do BUM, BUM, BUM. As cartas não me agarraram muito tempo, e meio sem saber como juntei-me ao grupo da cozinha...

Mal entro neste círculo de malandros descontraídos, os meus sorrisos atropelam-se uns em cima dos outros e mesmo quando ninguém se dava ao trabalho de me traduzir, esta alegria atraía-me e contagiava-me. E porque não dizer também que a conquista do meu sorriso permanente parecia ser para eles um troféu mais valioso que o ouro? Isto é mágico! Não se explica! E as bombas continuavam a cair ao seu ritmo. Aleatório. E de história em história, a orientação da conversa parte para a galhofa pura e dura. Há um dos guardas que não diz uma palavra de inglês, mas que falava como ninguém a língua dos risos e sorrisos, que se deixava embalar em jeito de aquecimento até ganhar o palco. Quando ele começava a falar com o seu teatro facial, eu desmanchava-me logo a rir. Tinha espasmos abdominais de riso fortíssimos, ao ponto de achar que era mais perigoso rir assim do que estar perto das bombas. E naquela noite, mais do que nunca, vi que numa guerra também vemos o melhor dos melhores.

Foi uma anedota atrás da outra, com gargalhadas gerais sempre a dois tempos! Já em árabe, estava a chorar a rir, e mais ainda quando percebia a piada e como nos rimos dos/com os que se estão a rir por si só, quase que nem precisava de tradução. Todos eles, quando vinha a tradução, matavam-se a rir pelo contágio, e pelo orgulho das suas piadas árabes que são também um embaixador da sua bonita cultura e língua! Esse *rock star* das gargalhadas deixava réplicas nos dias seguintes das suas estrondosas piadas. Nessa noite, "levantou o estádio" com uma anedota que para minha grande tristeza já não me lembro, mas sei que envolvia "um burro" e "pimenta no rabo". Lembro-me também que pimenta em árabe se dizia algo como "flifli". Depois de me levar às lágrimas sempre a duas velocidades com o "flifli", nos dias que se seguiram a esta noite mágica, sempre que passava por mim, ria-se e repetia "flifli", apontando para o rabo de alguém! E daí vinham réplicas das gargalhadas maravilhosas! E por isso (e muito mais) se criou uma amizade na base dos sorrisos, sem que soubesse o nome dele e sem conseguir ter tido uma conversa. Adoro-o até hoje e a muitos outros.

Naquela noite, embora me faltassem horas de sono, havia uma parte de mim que não queria que as bombas deixassem de cair, assim como há uma parte na guerra que faz sobressair o que de mais bonito as pessoas têm. Há uma parte de mim que ficou na Síria, muitas lágrimas, mas também muitos sorrisos!

"Eu gosto de ti" na Síria

A minha missão na Síria pressupunha que o meu Natal se passasse no meio da guerra, longe do meu mundo. Saber que não iria passar o Natal com os meus, não me fez hesitar, tal era a minha motivação para vir, mas com a aproximação do dia, comecei a ficar bastante saudoso. Há muito que não celebro o nascimento de Jesus Cristo porque sou ateu, mas ainda assim adoro o Natal e o que ele simboliza para mim. A família toda à volta da mesma mesa, a memória das mesas anteriores, a celebração dos que ali estão e a memória dos que ali estão no nosso pensamento como a minha querida avó que vivia para unir a sua grande família... E com os amigos, igual ou melhor, a família que os anos foram escolhendo. Quantos desejos de saúde, felicidade e amizade eterna cabem naquele forte abraço que deseja "Bom Natal"? E para mim, muito mas muito longe do que aconteceu há 2 mil e tal anos, o que fica é um momento para dizer aos nossos queridos e queridas: "Eu gosto de ti!"

Passar esta época do "eu gosto de ti" tão longe, quer pelos quilómetros, mas acima de tudo, pela distância gigante que afasta estes mundos, foi difícil, foi triste e muito nostálgico, porque eu não tenho os meus, e sei que eles não me têm a mim. Acho que o mais doloroso não é estar "sozinho" neste dia, mas sim imaginar a tristeza que causa aos que gostam de mim, no momento em que se sentam à mesa e eu não estou. Para além de não estar, no imaginário dos meus e dos que gostam de mim, eu estou a correr perigos inenarráveis e em potencial, esses pensamentos não estão muito longe da verdade. Da minha experiência como médico, entre bloco operatório, cuidados intensivos e INEM, trabalhei quase todos os Natais da minha vida, a 24 ou 25, e o que mais me surpreendeu foi o facto de que no Natal não há só muitas alegrias, mas também enormes tristezas. Nestes dias em que a sociedade nos "obriga" a estar felizes, quando não o estamos, o sofrimento é atroz. Famílias separadas ou gente mal-amada, as saudades dos que partiram, ou talvez o não ouvir o "eu gosto de ti" que esperavam, leva muitas pessoas ao desespero nesta época de alegrias que culmina muitas vezes em tentativas de suicídio. Já vi muitos. É uma época perigosa no que diz respeito à gestão de emoções, e a minha dor e saudade prendiam-se essencialmente com o efeito em potencial que a minha vontade em salvar o mundo pode ter na felicidade das pessoas que mais gosto. É duro.

Nestas alturas (e não só), ouvem-se muitas vezes frases do género: "Rezemos pelos cristãos da Síria" e como eu estou rodeado de muçulmanos cuja vida para mim não vale nem mais nem menos que a dos cristãos, não consigo encaixar estas frases de ânimo leve. Seria assim tão difícil para os que acreditam que as rezas nos levam a algum lado dizer: "Rezemos pelas pessoas da Síria"? Eu desprezo a primeira frase e sendo não-crente, aplaudo todos que se aproximam da segunda.

    É estranho passar o Natal longe, mais ainda num país onde ele não existe. Da mesma forma que nos países ocidentais a celebração do Eid nos passa completamente ao lado, nos países muçulmanos o 25 de Dezembro é um dia igual aos outros. Mas as pessoas que trabalhavam connosco eram muito especiais, e apercebendo-se da importância que o Natal tem nas nossas culturas, decidiram não deixar passar este dia em claro. Enfeitaram as paredes com meia dúzia de coisas improvisadas e fizeram-nos um bolo. Um bolo qualquer, que imagino não corresponder ao Natal de ninguém, ainda assim, a atitude é que conta e foi muito bonita. Juntámo-nos à volta da mesa todos os presentes. Muitos muçulmanos, alguns cristãos e alguns ateus a olhar para um bolo sem saber bem o que dizer ou fazer. Uma convivência estranha, inesperada e inusitada, mas sentida! Com uma amizade e respeito mútuo em crescendo e uma admiração recíproca que fica para a eternidade, a olhar uns para os outros e para o bolo que ia sendo cortado, com os tímidos *"Merry Xmas"*, que se traduziam mais uma vez num "Eu gosto de ti!", com um sabor especial por ali unir pessoas, culturas e religiões tão diferentes que normalmente não se tocam.

    E ali estávamos, tímidos, mas a sentir, quando se ouve o rádio com apelos vindos do hospital!! Cesariana, urgente! E é quase sempre assim, num cenário de guerra, onde quase toda a gente imagina que o nosso trabalho é apenas e só tratar os feridos do conflito, há todo um mundo de cuidados de saúde que fica a nu, que nós tentamos cobrir para minimizar o sofrimento deste povo. E as cesarianas dominam muitas vezes as acções dos blocos operatórios, pois por pior que seja o conflito, a vida continua e ainda bem que assim o é.

    A noite está gelada, mas a urgência dos acontecimentos aquece-nos de emoções fortes. Muitas foram as noites em que assim foi, num silêncio ensurdecedor no meio das montanhas mais sangrentas dos nossos dias, há meia dúzia de pessoas que rompem pela noite para salvar duas vidas, para que hoje e amanhã, ninguém tenha dúvidas de que todas as vidas são iguais!

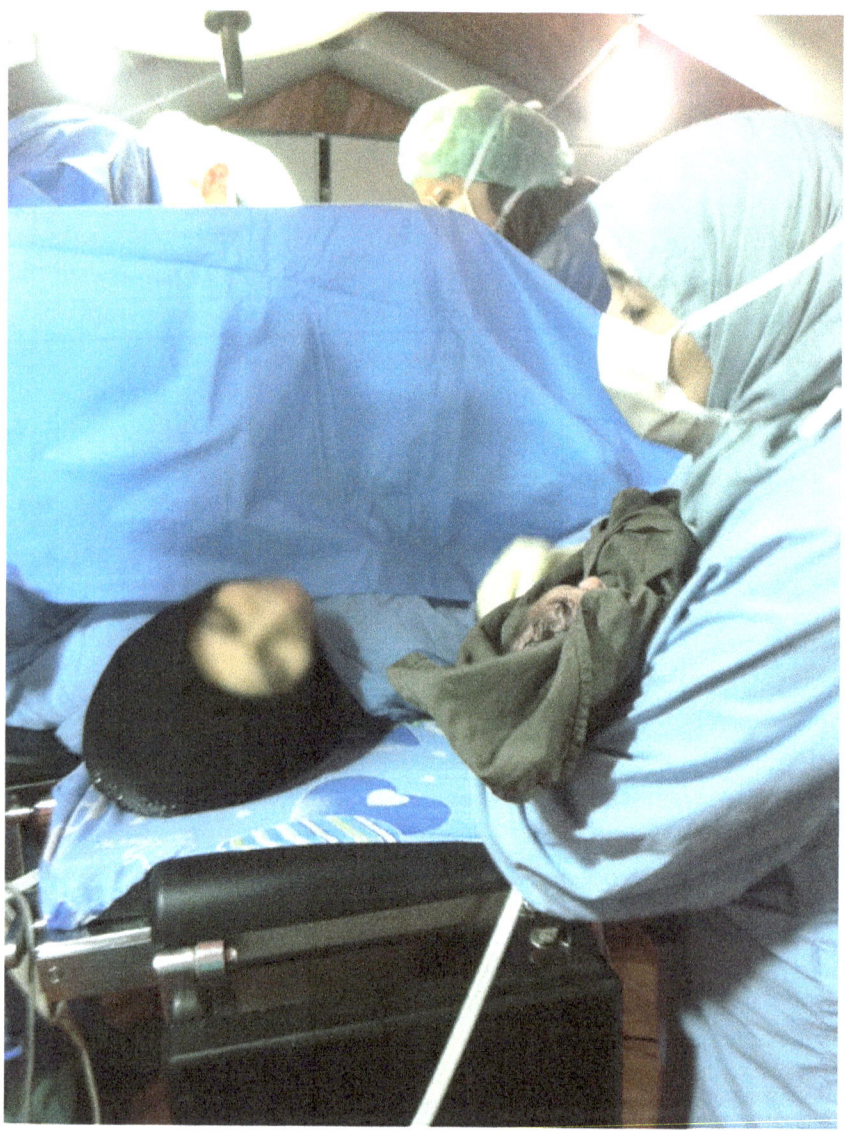

A nossa máquina está bem oleada, e não tarda que este bebé nos esteja a gritar bem alto: "Eu gosto de ti", tudo o que queríamos ouvir. É uma mistura muito grande de emoções, na noite de Natal, a magoar aqueles que eu mais gosto, mas a participar no milagre da vida. No meio de um teatro de morte, faz-nos pensar que se o Natal significa alguma coisa, é um "Eu gosto de ti" para os que conhecemos e para os que nem sabemos quem são, mas que merecem de igual forma o espírito natalício, seja lá o que isso for.

A vinda ao mundo deste bebé natalício, em boa saúde, e um pós--operatório linear da sua mãe, levaram-me a pegar no telefone para ver que notícias vinham do meu mundo (visto que em casa não tinha internet, apenas no hospital). E não há palavras para descrever as emoções de quem lê os seus, num misto de saudades e alegrias de ter tanta gente boa perto de mim, e que me desejam um "eu gosto de ti" de uma forma tão calorosa, que me tranquiliza o sentimento de culpa por ter vindo para tão longe.

Culturas, religiões, aniversários de profetas, bolos, vida no meio da morte... "Eu gosto de ti!" na Síria.

Futebol, Armas e Heróis

Penso que o que mais me marcou no conflito Sírio, ao conhecê-lo "por dentro", para além da intensidade e da dureza desta guerra, foi o quanto me identifiquei com a sua gente. Nós achamos que estamos muito longe de que tal nos aconteça, e assim espero, mas só assim será se olharmos "para o lado" com uma preocupação genuína, para que por um lado possamos ajudar quem precisa e não menos importante a aprendizagem contínua para não cairmos nos mesmos erros que levam a uma desgraça humana literalmente imensurável...

E como se explica que um país de repente, rebente de norte a sul, este a oeste em tiros e explosões? Há sempre uma explicação política, de análise nacional e internacional, dos últimos 10, 20 e 100 anos e por aí fora. E pese estas leituras serem obviamente cruciais, invariavelmente levam-nos a fugir do que devia ser sempre o epicentro da discussão: as pessoas. Porque as análises políticas são quase sempre desumanizadas.

Imaginem agora que de repente Portugal se racha ao meio numa guerra civil. Nós que gostamos de bater no peito, quando vemos a seleção. Imaginem ver o nosso país a sangrar. Imaginem verem a vossa querida cidade a ser bombardeada, com edifícios a caírem em destroços. Imaginem os vossos entes queridos a serem esquartejados perante a vossa impotência. Imaginem serem obrigados a pegar numa arma, para matar os vossos compatriotas, por vezes até familiares. Imaginem as vossas crianças a morrer à fome. Imaginem mulheres a morrer por falta de uma cesariana. Imaginem verem-se a viver numa tenda de plástico num Inverno de neve rigoroso, com pessoas ao vosso lado a morrer ao frio. Imaginem terem que escolher matar ou morrer. Imaginem não saber se vão viver o dia de amanhã!

Foi isto que eu imaginei todos os dias.

E senti esta proximidade emotiva porque as pessoas que trabalhavam comigo mo fizeram sentir. Por terem vidas iguais às nossas, agora adaptadas à mais triste realidade. Porque perder a nossa pátria será como todos perdermos a nossa mãe ao mesmo tempo... E é muito intenso sentirmos tão perto o que este povo está a sentir. Lutam pelo que amam. Uns com armas e outros apenas com a alma.

Não sei em que circunstâncias o faria, ou se poderei dizer com certeza: eu nunca pegaria numa arma. Mas de uma coisa tenho a certeza, muitos dos que pegaram são iguais a mim.

Quando soube que aos Domingos havia futebol na vila onde eu vivia, não descansei até conseguir "representar" o nosso querido Portugal com uns toques na bola. Perguntei a tudo e todos, como, onde e quando era esse jogo, para que não corresse o risco de não jogar. Chegado o dia, parecia uma criança na manhã do Natal, tal era o excitamento para mandar uns chutos numa bola. Pois é. A felicidade das pequenas coisas. Fui com um companheiro de trabalho sírio, e para que não houvesse vacilo, cheguei para aí uma hora mais cedo. Era numa escola, onde se podia ver buracos nas paredes de alguns edifícios bem desenhados pelas bombas que as atravessaram. Aperta-nos o coração. E aquelas paredes já não ouvem aulas desde o início da guerra. E assim a pior doença do planeta se perpetua: a ignorância. Mas o dia era de bola. O campo é de pedra/cimento, torto, irregular e pequeno, mas há balizas, e a bola é redonda. E eu não tardo a começar a brincar com a dita. À medida que os outros jogadores vão chegando, a coisa começa a ganhar forma. E eu como não percebo nada de Árabe, não sei sobre o que se fala, e só quero é que o jogo comece, e quase ninguém diz mais do que duas palavras em Inglês, eu esforço-me por trocar sorrisos. Quando me perguntam, *"Where from?"*, eu solto um rugido e bato no peito com força: "Pooooorrttuuuuggaaallllllllll".

E assim começa o jogo. É sempre complicado jogar sem falar a língua, principalmente para quem tem um bocado de mau feitio como eu. O campo é muito curto para o número de jogadores, e por isso, há muito contacto, muita luta, muita intensidade em todos os momentos do jogo. Eu grito, protesto, primeiro em inglês, mas como não me percebem, mudo para o português. Para pedir bola, pedir faltas, e dar as minhas visões tácticas deste grande jogo. Devo parecer maluco, mas não consigo ser de outra forma. Agarro e agarram-me. Uso muito o corpo, vou ao choque no ar e pelo chão, irrito-me quando as coisas não saem bem à minha equipa, e festejo os golos aos gritos e abraços como se estivesse a jogar o campeonato do mundo. Não os conheço, mas naquele momento é como se os conhecesse desde toda a vida. E isso é lindo!

Chega a vez de dar o meu lugar para outros jogarem e de pernas doridas e coração cheio, sento-me todo transpirado encostado à parede a ver a continuação deste jogo banal, que para mim significa o mundo. À medida que o coração se vai desacelerando, vou observando e analisando todos os que ali estão. Apercebo-me que há ainda gente a chegar, quer para ver, quer para jogar e muitos trazem uma *Kalashnikov*. Fico sempre desconfortável com a presença de metralhadoras, embora já tenho estado no meio delas muitas vezes, mas o que me leva o pensamento é imaginar que estes rapazes que como eu sonham em jogar futebol ao Domingo, trazem consigo uma *Kalash-*

nikov, e que estiveram e estarão bem perto de matar e morrer. E são gente normal. Não são militares no verdadeiro sentido da palavra, são miúdos, alguns deles ainda sem barba na cara que por circunstâncias da vida, lhes foi roubada a inocência. E ali estava eu a jogar futebol e a pensar na sorte que tenho, em viver num país em paz, e a pensar quem seria eu se tivesse nascido neste bonito local na ponta do Mediterrâneo, nesta fase triste da sua história?

Pegar ou não pegar numa arma é uma questão que revoluciona o meu interior. Ser ou não ser violento? Por norma, nunca. Mas todos sabemos que infelizmente este nunca é recheado de utopia. E então, num mundo real, em que circunstâncias estaríamos dispostos a matar? Qualquer pessoa minimamente inteligente terá sempre mais perguntas que respostas...

E porque falamos de pessoas, as que mais me inspiraram até hoje foram aquelas com quem trabalhei lado a lado no hospital. Gente que decidiu lutar sem armas. Amar o seu país até à última gota de sangue, mas sem nunca fazer mal a ninguém, antes pelo contrário, salvando vidas, interrompendo ou comprometendo as suas vidas para sempre. Todos aqueles que connosco trabalhavam no Hospital dos Médicos Sem Fronteiras, por todos os motivos e mais algum, são para mim verdadeiros heróis. Alguns resgatados de uma universidade interrompida pelas bombas, apressaram-se a fazer o papel de médicos e enfermeiros, e com a prática tornaram-se muito competentes. O que eu vi é arrebatador. Uma motivação diária que já se arrastava há uns anos, de quem dá tudo a cada gesto, a cada suspiro, de quem luta para salvar o seu país, sem nunca levantar uma arma, mas salvando vidas. E com isso, aquecer os corações dos milhões que estão à mercê de uma máquina de terror e vulneráveis a todos os tipos de doenças. Uma vontade de trabalhar que arrepia quem vê. Passamos dias e dias e algumas noites a trabalhar. Sempre ávidos a aprender, sempre com um sorriso na cara, sempre agradecidos, com uma garra inigualável entregavam-se a todos e a cada um dos doentes, celebrando cada vitória como sendo mais uma chama na esperança de manter a sua querida e amada pátria viva e de boa saúde, quando tudo parece apontar para o contrário. Mas eles não. Recusam-se a aceitar que o sofrimento e dor seja a única tinta que escreve a história do seu povo. E dia-a-dia não se cansam de me provar que no meio da merda, há pessoas absolutamente mágicas e inspiradoras. Que lição de vida!

Alguns passavam as noites na nossa casa, de forma a estar em *standby* para ir ao hospital no caso de aparecerem urgências, e faziam-no com o orgulho de quem recebe uma medalha nos jogos olímpicos. Para mim, a energia que me transmitiam valia mais que todo o ouro neste mundo! Gente que luta sem armas, que palavras existirão que possam caber em homens e mulheres tão grandes?

O que mais me doeu na alma nos meses que passei no meio destas pessoas extraordinárias, foi quando víamos televisão numa noite qualquer. Como o frio era de morrer, e só tínhamos uns fogareiros rudimentares em algumas divisões, à noite juntávamo-nos todos na sala para estarmos mais quentes e de quando em vez, com a televisão ligada, ora no Al-Arabia, Al-Jazeera ou France24, ora em Inglês, ora em árabe, consoante quem estivesse mais atento entre os muitos Sírios e estrangeiros que ali passavam a noite. Por essa altura, houve um encontro em Genebra a propósito da "paz na Síria". E durante uns dias, ministros, presidentes, daqui e dali discutiram a paz na Síria... E com regozijo todos se congratularam pelo enorme sucesso deste encontro, em que as soluções estavam encontradas para o fim deste terrível conflito. Mas de olhos na televisão, algures no meio da Europa, à nossa volta, as bombas continuavam a cair e eu via as caras dos políticos de celebração, e muito timidamente passava os olhos nas caras dos meus companheiros e amigos sírios, e nunca os tinha visto tão tristes, a falarem deles, das vidas deles e do país deles. E, no entanto, palavras ocas, nuas, desprovidas de conteúdo, sem qualquer ponta de verdade.

Na televisão passava em rodapé a letras gordas: "Paz na Síria" e nós a ouvir os bombardeamentos. Eu não tive coragem de dizer nenhuma palavra, limitei-me a sofrer em silêncio.

Era com os tradutores com quem eu mais falava, porque eram eles a sombra do nosso dia-a-dia no hospital, que nos permitiam interagir com os doentes, e porque a qualidade do seu Inglês nos permitia aprofundar mais as conversas. Tinham formações bastante diferentes, desde professores, engenheiros, empresários, etc., a quem a guerra desfez por completo a vida. Foram todos encostados à parede pelo regime para se juntar ao exército e matar os seus, e perante a recusa de o fazer, foram obrigados a fugir e desertar ficando sem documentos e muitas vezes com as famílias do lado de lá das linhas de conflito. São muito moderados e abertos na sua visão da cultura, religião e mundo. Falávamos de tudo e de nada. Sonhos interrompidos pela guerra e sem notícias das suas famílias. Ouvíamos música, fumávamos shisha, falávamos da vida e quando a situação no hospital apertava, não se inibiam de nos ajudar, metendo as mãos em doentes ensanguentados.

Lembro-me uma vez, quando recebemos dezenas de feridos ao mesmo tempo, e de todo o *staff* do hospital entrar em alvoroço, de eu lhes dizer numa voz forte e firme: "Calma, calma, vamos trabalhar com calma!" É difícil ter calma, quando as pessoas estão aos gritos e a morrer nas nossas mãos, mas é isso que temos que fazer para salvar o maior número de vidas possível. E muitas horas mais tarde, quando a situação já estava sob controlo, depois de alguns mortos e outros salvos, um dos tradutores vem ter comigo e diz-me: "Você nem imagina o quão importante é para nós nestas situações ouvir os seus apelos à calma. Já tivemos outro médico há uns tempos que nos dizia a mesma coisa, e faz toda a diferença. Sentimo-nos apoiados, protegidos pelo vosso discernimento e pela vossa experiência. Nós sabemos que temos que ter calma, mas é difícil. Já vimos muita gente a morrer, e não estamos preparados para isso. Eu era um empresário bem-sucedido, e agora sou tradutor porque vos quero ajudar a salvar a minha gente, a salvar o meu país. Mas nós não estamos preparados, e já vimos demasiada gente a morrer. São a nossa gente. Obrigado por nos vir ajudar."

Eu olhei para ele e engoli em seco. Não chorei ali, chorei mais tarde. Às vezes precisamos de pessoas francamente inspiradoras para que nos mostrem aquilo que estamos a fazer.

E são muitas destas pessoas que agora vemos a morrer nos barcos, atrás de arames farpados, enjaulados e tratados como lixo. São estes a quem chamamos de refugiados. Alguns deles, meus amigos, alguns deles uma fonte de inspiração eterna para mim. São verdadeiros Heróis.

Quanto vale a minha vida?

Estranhamente depois de já ter estado em muitas guerras, o sítio em que tive mais medo foi no Porto. A primeira razão reside no facto de que a projecção das missões nos locais mais complicados, leva-nos a sofrer por antecipação aquilo que depois vivido assume uma dimensão completamente diferente, para melhor. A criação de monstros e fantasmas baseados na nossa ignorância levam-nos a ter medo, essencialmente do desconhecido. E isto é verdade em diferentes dimensões da nossa vida. Mas a pior vivência da minha vida até hoje, foi logo após a minha missão na Síria.

Dois dias depois de ter chegado ao meu Porto seguro, de ter distribuído beijos e abraços aos meus queridos, com uma sensação de missão cumprida, alegria de voltar a casa e até algum alívio de ver a guerra agora pelas costas, recebi a notícia de que cinco meus amigos e companheiros foram raptados, levados à força da casa onde eu vivi.

Recebi a notícia por *email* de um dos meus companheiros que por sorte não foi raptado porque estava no hospital. Ao ler este *email*, o meu mundo desabou... Congelei, incrédulo, tentando perceber se as palavras que eu estava a ler, construíam efectivamente a informação que estava a rebentar com o meu cérebro. Fiquei desesperado. Desamparado.

A história do rapto propriamente dito, não me cabe a mim contar. Aquilo que sei, não me sinto no direito de partilhar, pois pertence a estes cinco de diferentes nacionalidades, que um dia contarão ou não o pesadelo que viveram.

Por isso, o que vos vou contar foi como eu vivi, e que reflexões tive e tenho em resposta a um dos piores momentos da minha vida. Como sempre, da dor, do sofrimento, do trauma advém um crescimento interior muito sólido e profundo, embora o grande desejo é que este abalar de carácter e personalidade nunca tivesse acontecido.

Sozinho no Porto, sem poder partilhar esta informação com ninguém, e sem que ninguém me compreendesse, sofri em silêncio. Eu adoro a minha família e os meus amigos, mas a verdade é que nós ultrapassamos uma barreira que faz com que ninguém nos compreenda, ou se calhar, sendo mais honesto, nem tento fazer-me explicar. Estes cinco "estrangeiros", para a maioria das pessoas, são uma pequena notícia no jornal, mas para mim são amigos, companheiros, com quem convivi 24 horas por dia, e partilhei experiências fortíssimas que criam laços para a vida. Vivemos e trabalhamos juntos em condições extremas, e no final da missão, deparamo-nos com uma admiração e amizade muito genuína.

A sensação pior é a de não saber. É angustiante e asfixiante passarem-se dias, semanas, meses e nada se saber... Não sabemos como vivem ou como estão a ser tratados, tudo é uma incógnita que me causa dor, com uma probabilidade considerável de serem mortos. E quando extrapolamos o nosso sofrimento para os familiares mais próximos, todas as palavras pecam por escassas, para que se consiga imaginar como estarão dilacerados os seus corações.

Eu tinha saído da casa que foi invadida pelos malfeitores dois dias antes do sucedido, dois dias! Podia ter sido eu... E se um dia for eu? Valerá a pena correr este risco?

Esta pergunta dominou os meus pensamentos durante uns tempos: "Vale a pena o risco?" E esta pergunta levou-me a uma encruzilhada: desisto ou luto com mais força?

O obstáculo que eu enfrentava era enorme. Um rapto pelo Estado Islâmico passou-me uma tangente. Mas ao mesmo tempo, pensava em tudo o que vi e vivi na Síria e o quanto estas pessoas precisavam de nós. E de uma forma algo filosófica, pensava no quanto vale a minha vida. Sim, tenho medo. Tenho medo de morrer, tenho ainda mais medo de ser raptado, mas talvez tenha mais medo de não viver, ou de não viver uma vida que me orgulhe e faça sentido.

Quanto vale a minha vida? Valerá mais do que qualquer outra? Valerá mais do que muitas das que salvámos nos meses que estive na Síria? Que fique bem claro que eu tenho reflexões maturadas que reflectem as minhas convicções profundas, mas não sei se em todos os momentos conseguiria ser coerente com tais pensamentos. O que é certo, é que tenho uma velha máxima, a de que todos devíamos acordar de manhã e olhar para o espelho e dizer: "Todas as vidas são iguais!", "Todas as vidas têm o mesmo valor!" e depois, então, começar o nosso dia.

Deixar de acreditar nos meus propósitos humanitários ou deixar de os pôr em prática porque tenho medo, não me parecia o caminho a seguir. Não por ter dificuldades em enfrentar as minhas fraquezas, mas acima de tudo porque sentia que essa inação seria alimentar os males deste mundo, os ódios e o terror.

Sim, tenho medo. Mas se acredito que todas as vidas têm o mesmo valor, se sei que o risco da minha pode salvar muitas outras, dou por mim a construir uma promessa muito sólida: "Desistir, nunca! Vou lutar com mais força!"

Alguns meses depois, para minha felicidade e êxtase, os cinco foram libertados. E eu continuo a tentar ser fiel à minha promessa.

Nunca Vos Esquecerei

A grande diferença entre ver uma guerra na televisão ou ao vivo e a cores, é que quando estamos lá sentimo-nos parte dela... e sentimo-nos parte deles, da população Síria que sofre, que grita, que sangra, que chora, que não compreende porque lhes aconteceu tamanha desgraça. Estamos lá porque sentimos compaixão pelo seu sofrimento, e quando corremos os mesmos riscos, tornamo-nos parte. Nada substitui a nossa vivência pessoal, e esta tem muito que se lhe diga.

Durante a missão temos limitações tremendas. Não podemos beber um copo, não podemos sair de casa, não temos grande diversão, nem temos grande escape. Vivemos intensamente o nosso trabalho, e as tristes vivências de um país em guerra.

E há um momento em que o fim da minha missão se aproxima e irá outro fazer o meu trabalho. A alegria de voltar a casa, mistura-se com a tristeza de deixar para trás todo um país que precisa tanto de nós e da nossa atenção. Custa-me sempre deixar uma missão. O final é sempre um tempo de reflexão, de análises, de ponderação sobre tudo o que aconteceu, tudo o que foi vivido e os pedaços do nosso coração que ficam para trás.

As pessoas que nos morreram nas mãos, os que salvámos, as bombas a cair quase todos os dias com o chão a estremecer, ser sobrevoado por helicópteros e aviões e o terror que isso nos causa, ver toda uma população que ficou sem escolas, sem hospitais, sem vacinas, sem água e luz, esquecidos pela humanidade, as histórias de vidas e famílias destroçadas pela guerra, a dor que é sentir o seu país a sangrar a cada dia, um ditador maquiavélico, grupos extremistas que sufocam a vida das pessoas, o Estado Islâmico, a jihad onde até muitos europeus vieram acrescentar maldade, a guerra e a sua geoestratégica, de Russos e Americanos, Iranianos e Sauditas, Xiitas e Sunitas e todas as pessoas que cruzaram o meu caminho – tudo isto se desenrola nos meus pensamentos no momento de preparar o adeus.

Odeio o adeus. Gostamos de acreditar que algum dia vamos voltar a ver pessoas que foram tão importantes para nós, mas no fundo sabemos que não é verdade. Criamos laços e depois cortamo-los e viramos as costas. Mas a sensação de missão cumprida é maravilhosa. Podia sempre ter feito melhor, mas sei que me esforcei, que fui honesto e trabalhador, e que fiz parte de uma equipa que salvou muita gente, mas que acima de tudo deixa um *"statement"* ao mundo e aos Sírios: nós preocupamo-nos, nós acreditamos que somos todos humanos, nós vamos ao encontro do que parece ser a solução para os grandes problemas dos nossos dias com aproximação entre as pessoas. Enviar amor em vez de bombas.

Mochila pronta. Abraços rápidos para não chorar e vou para dentro do carro que me leva na viagem de saída deste inferno a que chamei casa. Vou com um condutor e um tradutor, que era um grande amigo, o F. e vou pensativo com os olhos vidrados na janela. Aldeias destruídas, outras abandonadas, os buracos das bombas nas estradas, nas pontes, nas casas... Os grupos armados que controlam os *checkpoints* a cada curva, a cada esquina e talvez o pior sejam os aglomerados de plástico, que formam os campos de deslocados de gente que vive em condições deprimentes que me fazem engolir em seco de frustração. Estão vulneráveis ao Inverno rigoroso, à chuva que caía nesse dia, a doenças infinitas, às bombas do seu presidente, às torturas e pressões dos grupos radicais, uma vida, que não é vida. Tudo isto se passava à frente dos meus olhos e bem fundo nos meus pensamentos.

Paramos numa pequena aldeia onde era suposto outro carro vir buscar-me. Bebo um café e delicio-me com a recolha das minhas últimas memórias da Síria. Velhinhos resilientes que teimam em não abandonar a sua pátria amada trocam ideias em pequenas lojinhas humildes, mas nobres, num árabe que é delicioso de se ouvir. O carro esperado está atrasado e depois de alguma hesitação apercebemo-nos que não vem. Começo a sentir a minha vida a andar para trás. Será que não é hoje que saio da Síria? Este contratempo deixa-me algo nervoso, mas acabamos por seguir viagem no mesmo carro, e com as mesmas pessoas, o que me deixou supercontente por poder ir com o meu amigo F. até à fronteira que sabia que ia ser confusa e assustadora.

Seguimos caminho e continuam as viagens na minha mente sobre o que a estrada me vai mostrando, até chegarmos à fronteira. Numa palavra: caos. Há toda uma envolvência de milhares de pretendentes a refugiados que faz com que seja impossível compreender como se processa esta confusão. Quem controla esta fronteira é o Estado Islâmico e fico intimidado pelos seus homens de preto, barba comprida, bem armados e sempre com cara de quem não tem amigos. Ainda dentro do carro, passamos por dois ou três *checkpoints*, onde umas conversas que nada entendi, o logo dos MSF e o meu passaporte facilitam no avançar até ao passo seguinte, altura em que paramos o carro, e o F. me diz que a partir de agora, vou ter de ir sozinho. Aponta-me para uma fila cheia de gente, de homens, mulheres e crianças, todos carregados de sacos improvisados.

Ponho a mochila às costas e dou um abraço sorridente ao condutor que eu adorava. Não os queria deixar, mas tinha vontade de voltar a casa e viver em paz. Abraço o F. com força e troco umas palavras de cortesia. Depois de dar os primeiros passos no sentido da fronteira do fim da guerra, ouço o F. a chamar-me: *"Gustavo, don't forget about us!"* Eu virei-me para eles, vejo os seus sorrisos de desespero e respondo a bater no peito com a mão direita: *"Never, my friend, NEVER!"* E rapidamente virei as costas para que não vissem que me desfazia em lágrimas.

É como sair de uma prisão e ouvir a porta a bater por detrás de nós. É fácil entrar quando sabemos que podemos sair, mas para quem está lá dentro e não tem escape a vida é muito dolorosa.

Na fila para sair do inferno, as pessoas estão de cara fechada, a sua expressão carrega a dor de anos de guerra e perdas inenarráveis. Tanto perdem que optam por perder o que mais amam, a sua terra, a sua gente e o seu país. Sou o único não-Sírio que testemunha aquele momento trágico de abandono, rodeado de gente que carrega consigo uma história de desespero escrita a sangue.

Alguém finge olhar para os passaportes e vai deixando passar ainda que sem carimbo. E agora são apenas uns três ou quatro quilómetros de terra de ninguém, que nos separam da entrada na Turquia. Vejo as mesmas pessoas com outra cara. Aquela dor não se descarrega, mas há um brilho nos olhos de alívio por saírem da prisão assassina. E eu não sou diferente. Suspiro fundo, inspiro ar livre, sinto segurança ao meu alcance. O dia está cinzento, eu já limpei a alma com muitas lágrimas e agora vou a sorrir. Saí! Estou livre! Havia umas camionetas por quem as pessoas lutavam para entrar para fazer estes quilómetros e por isso eu senti que era boa ideia caminhar em liberdade, e saborear este novo ar e desfrutar do meu sorriso. E aí vou, sozinho pelo mundo entre a Síria e a Turquia, na rota dos refugiados. Estou quase a meio do caminho, quando um camião de TIR do tipo que transporta carros, mas toda a sua carga são dezenas de pessoas, pára ao meu lado. Um deles, estende-me o braço e foi só saltar lá para o meio, o que tornou os meus últimos minutos da Síria bastante mais calorosos entre olhares, sorrisos e palavras amigas. Estes agora refugiados deixavam bem vivas as minhas memórias de quão triste é a sua história, e quão bonita é a sua gente.

Carimbo o passaporte ao entrar na Turquia e viram-se os mundos, mas até hoje, há um pedaço de mim que ficou naquele país e ecoam-me as palavras que disse ao meu amigo e tradutor F.

"Nunca vos esquecerei!"

Índios e Cowboys

Cresci a ver filmes de Índios e Cowboys e demorei algum tempo a perceber quem eram realmente os "bons" e os "maus"!

Acompanhei desde muito cedo a formação deste Estado Islâmico, ISIS, ISIL, Daesh, ou *Dawla* (Estado em árabe), curiosamente o nome que os Sírios mais frequentemente lhe atribuíam, no local onde eu estive. Poucos ou ninguém ao meu redor, sentiram o terror que os elementos do EI são capazes de causar. Fui dos poucos que não fiquei surpreendido pelas decapitações publicitadas no *Youtube*, no início de 2014, pois já sabia do que eram capazes, e sabia também do seu grande negócio de raptos e resgates, que até então os ocidentais, fingiam e bem, nada saberem sobre o terror que alguns dos seus conterrâneos, quase todos jornalistas e humanitários, estarem a passar. Ao entrar na Síria, num dia em que jamais me esquecerei, a presença das bandeiras pretas, barbas islâmicas, metralhadoras montadas em 4x4, e um ar profundamente ameaçador, fez-me sentir medo como nunca antes. Mas como quase tudo que absorvi na Síria, foi em discurso directo com o povo, que me apercebi da terrível fase a que a já horrenda guerra civil, estava a passar.

O povo tremia de medo, quase com medo de pronunciar a palavra, *Dawla*, que eu no início nem sabia do que se tratava, pois o seu merchandising ainda estava a ser criado nos media do ocidente. A pressão do radicalismo foi de uma intensidade e velocidade gritante. As pessoas tinham medo de falar, medo de rir, proibidos de beber e até de fumar. As mulheres eram obrigadas a taparem-se na totalidade, tudo sustentado numa formatação ideológica imposta à força na ameaça e coação, interpretação essa do Islão que em nada coincidia com os pilares basilares daquele povo.

A minha enorme antipatia por este grupo, crescia em paralelo com a enorme admiração pelo povo Sírio, pelo seu amor à pátria, pela sua resiliência, e firmeza nas convicções contra os actos tenebrosos do seu sanguinário ditador Bashar Al-Assad e pela agora (ainda) maior ameaça do EI. Tive o desprazer de várias vezes me cruzar com elementos do EI, e testemunhei a destruição psicológica que causavam naquele povo, e como se não fosse suficiente, sofri imensamente aquando do rapto dos meus cinco companheiros e amigos. Sofri mais com as bombas do Assad, mas logo percebi que o EI era uma muito maior ameaça!

Penso que a cabeça da maioria dividir-se-á, entre dois extremos:

1) Tratamento cirúrgico: Vamos matá-los a todos. - Certamente o mais rápido e tentadoramente mais fácil, exequível no decorrer das nossas vidas. Mas só os mais desatentos nas aulas não percebem que é impossível. Que o ódio e a violência só metastiza em mais ódio e mais violência. Inviável!

2) Tratamento médico: Compreender a doença e tentar antagonizar os mecanismos que lhes dão força. - Requer mais estudo, mais trabalho e mais tempo, mas é a única solução. Teremos que ter a força para compreender que mesmo no rumo certo, já não seremos nós e também talvez não os nossos filhos a ver o sucesso da diplomacia.

Dissecando o ponto 2). Vejo com mais clareza o que não fazer, do que o que fazer. Certamente, relembrando os mais desatentos, não queremos mais Afeganistão e Iraque. A guerra do Afeganistão "celebra" agora 14 anos, e cada vez está pior. A guerra do Iraque motivou de uma forma directa e óbvia o aparecimento do EI.

Que ideologia sustenta o EI, e de onde vem o seu dinheiro? Islão Sunita, fundamentalmente Arábia Saudita e os demais da Península Arábica. O dinheiro vem da hipocrisia de todos nós, que somos Charlie e Paris, mas continuamos a ser coniventes com os interesses de quem os patrocina, e como se não chegasse, a tentação do negócio das armas forte, mesmo para vender a quem nos quer matar. Moral Ideológica? Dos USA? Só se for para rir! Da Rússia, que com a desculpa que ataca o EI, nem disfarça ao atacar o *Free Syrian Army*, ou qualquer outro inimigo do seu aliado Assad? Da França, que decidiu isoladamente bombardear a Líbia? Porquê? Porque lhes apeteceu, no seu jogo geoestratégico de dinheiro e poder. E agora também a Líbia, grande vítima do crescente poder do EI. HIPÓCRITAS!

Onde é que estás a moral ideológica dos ocidentais? Não existe! Terroristas, mas num uniforme mais bonito! Quem são os Índios e quem são os *Cowboys*? Quem são os bons e os maus?

Nem por um segundo ponderei em ser Charlie, ou em acrescentar a bandeira da França à minha foto (com todo o respeito e até compreensão por quem o fez), mas doeu-me a alma profundamente por ver mais estas 130 vítimas, que acrescem às quase 300 mil na Síria, aos 4 milhões de refugiados, e ainda 8 milhões de deslocados internos Sírios, poupando tantas histórias de tantos países. Por isso, não há dia que passe, em que não pense:

O QUE É QUE EU POSSO FAZER?

1) Não ser manipulado por quem me conta a história
2) Tolerar as diferenças
3) Mandar ajuda e não bombas
4) Escolher sempre o Amor em vez do Ódio
5) Centrar-me que a minha casa é o Mundo.
6) A minha família é a Humanidade
7) Aprender a perdoar
8) E nunca, mas nunca me deixar levar pela indiferença.

Salvar Vidas
(Texto escrito para a "Revista da Ordem dos Médicos")

Eu gostava que vissem. Eu gostava que estivessem lá. Penso que a tomada de conhecimento é o primeiro passo para a solução de um problema, mas compreendo também que a complexidade e a magnitude da fome, das catástrofes, das guerras, da mortalidade infantil, etc, atinge proporções que nos afastam da crença de que é possível fazer algo. Mas tenho a convicção, que se não formos parte da solução, somos por definição, parte do problema!

A pergunta que mais me fazem é: "Porque é que vais?"

A pergunta que eu mais faço a mim próprio: "Como é possível não ir?"

Já tinha estado em Moçambique, mas soube-me a pouco, e foi com 28 anos, com a mochila cheia de sonhos, e uma lágrima no canto do olho, que me despedi da minha família, para ir para as profundezas da guerra do Congo. Envolvi-me e apaixonei-me por uma realidade até então totalmente desconhecida para mim, desliguei quase por completo do "meu mundo", e vivi intensamente uma nova vida. Perdi muitas batalhas, com as vidas que me caíam nas mãos, mas a sensação de dever cumprido, quando somos capazes de dar a volta àquilo que parecia ser o destino, tudo, mas tudo passa a valer a pena. E encontro uma nova dimensão do que para mim é ser médico. O exercício da nossa nobre profissão, torna-se uma extensão à nossa razão de existir, e ao sonho de acreditar num mundo melhor.

Sem nunca escolher o local, mas com uma vontade interminável, de conhecer e compreender o mundo, dou por mim a entrar nas profundezas do Noroeste do Paquistão. Apesar de sufocado pela pressão cultural, de uma sociedade perdida no tempo, dou por mim a aprender muito mais do que ensinei, com um povo sustentado num carácter inspirador. Viver numa zona de conflito leva-nos a pensar que o que de mais importante se passa no planeta decorre em frente aos nossos olhos.

E sempre com o sonho de salvar vidas, onde é mais preciso, vou para o Sul do Afeganistão. Sinto medo, é um nome que assusta, mas as minhas motivações, levam-me a acreditar, que muito mais do que as vidas salvas, as sementes de esperança que deixamos e mais ainda, a mensagem que a solução para os conflitos, passa pela aproximação dos povos, e apesar de "apenas" um médico, sinto que a minha missão na conjectura global é capital e imprescindível para que um dia este mundo viva em paz.

O risco de entrar na Síria, ultrapassou os limites do razoável, e fui obrigado a ir buscar forças que desconhecia, mas mais uma vez,

nunca gostei tanto de mim, como quando lá estou, nunca sinto tanto prazer em ser médico, como quando vejo na nossa profissão muito mais que um título, muito mais que a competência de tratar um doente, mas sim um dever a cumprir pela humanidade.
Salvar vidas, salvar a Vida Humana.

Refugiados Sírios

Muita gente não quererá a minha opinião, pois então não leiam!

Mas sei que a nossa opinião será sempre reflectida, de alguma forma, com menor ou maior expressão em quem, em algum momento seja portador de importantes decisões. E na ausência da possibilidade de opinar de uma forma consequente sobre as atitudes do meu querido país para com aquilo que se passa no exterior das nossas fronteiras, resta-nos a conversa!! E se calhar no meio do bla, bla, bla, se possa esclarecer, e informar os mais desatentos!

Gostava que pudéssemos partir do princípio que para o correcto julgamento do que quer que seja, é absolutamente indispensável absorvermos a genuína visão das diferentes partes envolvidas. Pois, eu continuo recheado de dúvidas sobre as grandes questões que dominam a actualidade e dominam os (des)equilíbrios da humanidade. Quantos é que podemos receber? Quanto é que estamos dispostos a empobrecer para que "outros" deixem de correr risco de vida ou passar fome? Mas há algo que gostaria, ou mais até, que sinto ter a OBRIGAÇÃO de escrever para quem quiser ler. Sentir o pulso a este povo Sírio, não deixaria nem o mais desumano dos críticos dos refugiados indiferente.

Eu ouvi as suas histórias, tentei perceber o que seria ter a minha família dividida pelas linhas da guerra civil e vi nas lágrimas de quem perdia os seus queridos, o reflexo duma alma de quem perdeu o seu país, de quem sente que a sua terra, o seu porto seguro é agora um mar de dor e sofrimento. Muitos foram ostracizados por se recusarem a alinhar com o governo e matar os seus compatriotas, mas nessa convicção tiveram de deixar para trás mulher e filhos. Que escolha é esta? Talvez a última que gostaríamos de fazer! Identifiquei-me com as pessoas! Fiz amigos! Sabia que muitos eram capazes de dar a vida por mim. Acreditam numa causa, na democracia! Mais não querem mais do que todos nós! Liberdade!

Antes de Março de 2011, a Síria tinha 21-22 milhões de habitantes, mas o seu "querido" ditador respondeu aos apelos por democracia e liberdade com a maior violência imaginável, como expressão de uma raiva, inspirada na outrora eficaz estratégia do seu pai, em controlar as vozes de discórdia. Diz Bashar Al Asad, que no final ficarão apenas 6 milhões de Sírios vivos (apenas os Xiitas), e destrói, sem apelo nem agrado, os sonhos (legítimos digo eu) do seu povo, dizima cidades, com recurso a qualquer tipo de estratégia que cause o maior número de mortos. Ninguém me contou, vi e ouvi esta máquina de guerra assustadora, assim como vi e ouvi, os sonhos de um povo, amantes da sua pátria, unidos pela vontade de um mundo melhor.

Mas para a confusão de muitos, os terrores não acabam nesta guerra civil, mas na terrível e arrepiante ameaça a que agora chamamos Estado Islâmico. A opressão de proximidade desta força unida pelo ódio disfarçado de religião, fazia tremer de medo homens e mulheres que mais do que nunca encurralaram um povo entre a espada e a parede! O ódio cego de um ditador sem misericórdia, é capaz de destruir todo o seu país e os 70% do seu povo para ficar no poder, através da ideologia mais sanguinolenta do planeta, que nem é Estado, e muito menos, Islâmico. E assim, são 8 milhões de deslocados e 4 milhões de refugiados, impostos a correr todos os perigos pelo sonho de uma vida digna...

Acho pouco importante o ratio de muçulmanos com que o meu país ou a Europa ficará. É a taxa de humanidade e consequente felicidade, a uma escala global, que deve orientar as nossas reflexões e posteriores atitudes.

Atravessei a fronteira para dentro da Síria, claramente em sentido contrário à maioria do povo e por lá ter estado, gostava de aqui deixar o meu testemunho do povo fantástico que me acolheu e tanto ensinou. Quando meses depois, atravessei novamente a fronteira para a Turquia, antes de respirar fundo e sentir a liberdade, olhei para trás, e prometi a mim mesmo que nunca, mas NUNCA me iria esquecer daquele povo! Pois podia ser o meu!

Façam-se ouvir, é de pessoas que falamos e não de números!

ONE PERSON CAN CHANGE THE WORLD
(texto para o livro "1001 Cartas para Mosul" da minha autoria)

Asalam aleikum, People of Mosul – Iraq

Nobody can feel your pain, as nobody can feel the loss of your loved ones, but it would be inhumane not to try to help you in a moment of need. "Just stop it", you ask me! What if I can´t make it stop? What if I can´t ease your pain? Would you still accept my help?

I travel through your tears, I jump deep into your eyes, and I keep on asking myself over and over the same question: "Who would I be if I was born in your place?" Would I have the capacity to love and forgive? How would I accept the unfairness that was put upon me? I have no answer to those questions, but I struggle to make myself remember every day that all lives are equal. That my life is no better than yours! And every tear carries the same weight.

Deep in my heart I believe in the infinite powers of our individual actions, even when they seem pointless on the larger scale. One person can change the world! One person can change their family, one family can change one community, one community can change one city, one city can change one country, one country can change one continent, and one continent can change the world. What if that person was you? What if you were given great power to influence all around? What would you do? Would you continue to spread hate and intolerance? Or would you rather share joy, happiness, love and compassion?

I wish I needed no inspiration, and I could spend my life only enjoying the great wonders of our nature. But your bravery inspires me so deeply, that in me grows a huge need to reach out and sit by your side to tell you: You are strong, you are brave, you are so much better than me and for that I thank you, and I promise in my heart that I will pay back that strong inspiration that strengthens my character. I will pay it back until my last breath!

May we all have the capacity to love, forgive and live in peace under the same roof. We shall bury deep in our hearts all the evil that once crossed our lives, and live our days multiplying all the good that was ever done to us!

I will never leave you, I will never despise you, I will never forget about you, I will always be by our side.

And remember: One person can change the world!

Your brother,

CONCLUSÃO

Após a minha primeira missão no Congo, fiz uma viagem de sonho por África. Sozinho num autocarro folheava o guia do *Lonely Planet* do Leste de África, quando por curiosidade foi ver o que diziam as poucas páginas destinadas ao meu querido Congo. Quando li que a guerra tinha acabado, o que não podia estar mais longe da verdade, neste guia tão conceituado, tive uma explosão de tristeza e decidi começar a escrever porque "O Mundo Precisa de Saber". O meu grande objectivo era que pelo menos as pessoas que me rodeavam soubessem o que se passava nestes locais do planeta, e absorvessem a história contemporânea através das emoções que é a única forma de a interiorizarmos.

Sei que por uma série de razões, nem todos podemos ir para a linha da frente ajudar quem mais precisa, mas sei também que não sou especial e que o que eu tenho feito está ao alcance de qualquer um.

Pode parecer redundante, mas quando me perguntam inúmeras vezes: "O que é que eu posso fazer?", a resposta mais genuína que tenho é: tomada de consciência.

Consciência que o mundo não é só as ruas por onde passamos.

Não sei se faz sentido ler o meu livro do princípio ao fim, porque também não foi assim que ele foi escrito. Foi escrito avulso, aqui e ali, sem grande planeamento e com uma distância temporal entre os acontecimentos e a escrita que ronda entre um a cinco anos. Não sei se escolhi fazê-lo assim, ou se foi apenas um acaso. Certo é que mesmo algo afastado no tempo, todas as vezes que escrevi, chorei. E choro muitas vezes ao reler-me. Falo muitas vezes das lágrimas porque realmente assumem um papel central no fio condutor deste livro.

Um dos títulos possíveis que gostava era "Atrás das Lágrimas", mas preteri-o por não querer que tivesse uma conotação demasiado triste. Mas a verdade, é que este livro é muito isso: o que está atrás das minhas lágrimas e também o acto de ir atrás das lágrimas, no sentido de tomarmos as grandes decisões correndo atrás daquilo que verdadeiramente nos inspira e nos emociona. Conto isto para vos explicar o quão difícil foi para mim gerir estas emoções de histórias fortíssimas, que o tempo me ajudou a amadurecer o significado e a mensagem a imprimir para a posteridade.

Escrever em cima do momento seria para mim um enorme risco, ao fazer-me pensar no planeamento da escrita, enquanto o vivia, o que seria para mim altamente desonesto intelectualmente.

Sei que o meu caminho foi sendo iluminado por muitas pessoas que me inspiraram pela sua bondade e força de vontade, e não escondo a esperança de deixar sementes humanitárias em tantos quantos conseguir tocar com as minhas palavras. Insisto neste ponto da inspiração porque me parece a pedra basilar da luta por um mundo melhor. Infelizmente, a beleza, a força, o dinheiro, e o poder são muito mais admirados, desejados e procurados do que a bondade, o coração e o altruísmo. E por isso, o Mundo está menos moldado neste sentido. O sucesso parece não passar por ser boa pessoa à luz do que a sociedade nos transmite. Por considerar que esta questão é a resposta para muitos problemas, criei um projecto chamado: "Coração e o Mundo" que pretende valorizar e "idolatrar" pequenos e grandes exemplos que deveriam ser a estrela polar do que nós queremos ser na vida.

Acredito que muitos escolhemos viver uma MENTIRA, quando é imperativo vivermos em VERDADE. Como sempre, alimentei o meu lado científico e com ele a minha plataforma de saberes e reflexões, e não acho admissível nos dias de hoje virarmos as costas ao sofrimento de tantas pessoas. Porque no fundo, só há algo que explica esta inércia, o facto de acharmos que a nossa vida é mais importante do que a dos outros. E isto não só é cruel, como é mentira. Encararmos os problemas de frente e com verdade, pode ser doloroso numa fase de adaptação ao nosso "mindset", mas aos poucos veremos que a busca pelas soluções é um catalisador de felicidade muito maior e quando olharmos ao espelho, veremos que é uma felicidade mais verdadeira e mais duradora.

Dói-me terminar este livro. Parece que estou a deixar partir um pedaço de mim que me faz falta. É um livro de histórias, e de vidas e de sonhos. Será sempre um projecto inacabado, mas também me treino para acreditar que tudo o que está feito, pouco importa. Tudo o que é verdadeiramente importante, ainda está por fazer.